21世纪
经济管理新形态教材
营销学系列

人工智能 与未来营销

理论与案例

邓士昌　谢佩洪◎编著

U0362294

清华大学出版社
北京

内 容 简 介

本书基于营销科学经典框架展开，详细讲解了人工智能对市场营销的影响。本书最大特色在于解读了精心挑选的 43 篇人工智能与市场营销领域的学术研究文献，旨在为读者呈现人工智能技术在市场营销中的最新应用，帮助读者深入理解这一领域的前沿研究进展，掌握先进的市场营销策略，并在实践中自如运用。

本书面向对人工智能和未来营销这一领域感兴趣的广大读者，尤其是营销专业的本科生和研究生。

图书在版编目（CIP）数据

人工智能与未来营销：理论与案例/邓士昌，谢佩洪编著. —北京：清华大学出版社，2023.7
21 世纪经济管理新形态教材. 营销学系列
ISBN 978-7-302-64078-3

Ⅰ．①人…　Ⅱ．①邓…　②谢…　Ⅲ．①人工智能 – 应用 – 市场营销学 – 高等学校 – 教材
Ⅳ．①F713.50-39

中国国家版本馆 CIP 数据核字(2023)第 126800 号

责任编辑：朱晓瑞
封面设计：李召霞
责任校对：王荣静
责任印制：宋　林
出版发行：清华大学出版社
　　　　网　　　址：http://www.tup.com.cn，http://www.wqbook.com
　　　　地　　　址：北京清华大学学研大厦 A 座　　　　邮　　编：100084
　　　　社　总　机：010-83470000　　　　邮　　购：010-62786544
　　　　投稿与读者服务：010-62776969，c-service@tup.tsinghua.edu.cn
　　　　质　量　反　馈：010-62772015，zhiliang@tup.tsinghua.edu.cn
　　　　课　件　下　载：http://www.tup.com.cn，010-83470142
印 装 者：三河市东方印刷有限公司
经　　销：全国新华书店
开　　本：185mm×260mm　　　印　张：13　　　字　数：283 千字
版　　次：2023 年 8 月第 1 版　　　印　次：2023 年 8 月第 1 次印刷
定　　价：49.00 元

产品编号：092855-01

前　言

　　当今市场竞争日益激烈，传统的市场营销手段已经难以满足企业的需求。传统的市场营销主要依靠人力、资源和经验等要素，往往效率低下，且难以精准定位到目标客户并满足其需求。随着科技的飞速发展，特别是人工智能技术的不断成熟和普及，企业的营销实践被极大地改变了。人工智能技术可以实现大规模数据的快速处理、高精度的数据分析和智能的决策支持，从而为企业的市场营销提供了更加高效、智能和个性化的解决方案。企业可以通过人工智能技术挖掘海量数据中的规律和趋势，对目标客户进行精准的定位和细分，制定更加精准、个性化的营销策略。此外，人工智能技术还可以自动化、智能化地完成市场营销中的很多重复性、烦琐性的工作，如推荐产品、客户服务、广告投放等，从而大大提高营销效率。

　　基于上述观察，我们编写了《人工智能与未来营销：理论与案例》这一本教科书，以期整理这一领域的最新研究进展，帮助读者理解人工智能对市场营销的深刻影响。本书基于营销科学经典的 STP+4P 框架展开，详细分析了人工智能对市场营销的影响。其中，第一章讨论了人工智能如何影响市场研究，特别是在数据采集、客户需求分析和市场预测方面。第二章关注人工智能在市场战略中的应用，如市场细分、目标市场和定位战略等。第三章讨论了人工智能对产品和品牌策略的影响，涉及新产品开发、产品服务个性化和品牌管理等。第四章探讨了人工智能如何改变价格策略的制定和实施，以及其在动态定价和个性化定价等方面的应用。第五章着重介绍了人工智能在渠道策略方面的应用，涵盖了智能营销渠道、全渠道管理、渠道体验提升等领域。第六章讨论了人工智能对推广策略的影响，如广告投放、个性化推广和推广效果评估等。第七章介绍了人工智能营销中的伦理问题，讨论了算法歧视、消费者隐私和人工智能对消费者心智的影响等方面的挑战和应对方法。

　　本书的特色在于详细解读了精心挑选的 43 篇近几年的人工智能与市场营销领域的学术研究文献，这些文献来自重要学术期刊、知名商业评论杂志和其他重要出版物，内容涉及人工智能与市场营销领域的各个方面。通过对这些文献的解读，本书旨在为读者呈现人工智能技术在市场营销中的最新应用，帮助读者深入理解这一领域的前沿研究进展，掌握先进的市场营销策略，并在实践中自如运用。此外，本书还分析了大量案例。这些案例涵盖了不同领域的企业，以及多种人工智能技术，如自然语言处理、机器学习、深度学习等，这些案例不仅可以帮助读者理解人工智能技术在市场营销中的具体应用场景，还可以帮助读者分析实际问题并提供解决方案。

　　本书面向对人工智能和未来营销这一领域感兴趣的广大读者，尤其是营销专业的本科生和研究生们，他们正在成长为未来的营销从业者和专业人士。本书将理论和实践相结合，让读者能够更好地理解人工智能在市场营销中的应用。同时，我们还希望那些对此领域感兴趣的业内人士和研究者能够通过本书了解到最新的研究进展和应用案例。我们相信，通过阅读本书，读者将会深入了解人工智能技术在市场营销领域的应用和发展趋势，掌握将其应用于企业实践中的技巧和方法，从而提高企业的市场竞争力和创新能力。

在这本书的编写过程中，编著者所指导的本科生团队提供了大量的内容资料，包括市场营销案例、学术研究论文、企业数据分析等。感谢他们的辛勤劳动，为本书提供了重要的支持和帮助。同时，编著者所指导的研究生团队对这些资料进行了归纳和整理，并在撰写本书的过程中提出了很多宝贵的意见和建议，他们的工作是本书高质量的基础。此外，在这本书的出版过程中，清华大学出版社的工作团队也付出了大量心血。责任编辑朱晓瑞老师在整个出版过程中给予了我们大量的关心和指导，使得本书能够顺利编写与出版。最后，本书在编辑过程中得到了上海对外经贸大学南泰品牌发展研究院和国家自然科学基金项目（72002123）的资助，这些支持为本书的出版提供了有力的保障。

由于我们水平有限，本书一定存在着许多不完善和不恰当之处。而且，随着人工智能技术的不断发展及其对营销实践的持续深入影响，我们相信本书的内容不久就会"过时"。因此，我们有必要定期更新内容，不断推出本书的后续版本。在此过程中，我们非常欢迎读者提供反馈意见。我们认为，只有通过与读者的交流和反馈，我们才能不断完善和改进本书。无论是市场营销领域的学者、从业人士，还是对于广大读者，我们都希望本书能够为您提供有价值的内容和实用的思路。因此，如果您有任何问题、建议或想法，请与我们联系。我们期待着您的反馈，共同促进营销理论和实践的发展。

编著者

2023 年 3 月 18 日

目 录

第一章

人工智能与市场研究

第一节　人工智能与智能化的市场数据感知和处理

一、市场研究的内涵

根据欧洲舆论与市场研究协会(European Society for Opinion and Marketing Research，ESOMAR) 给出的定义，市场研究（marketing research）指的是 "为实现信息目的而进行研究的过程，包括将相应问题所需的信息具体化、设计信息收集的方法、管理并实施数据收集过程、分析研究结果、得出结论并确定其含义等"。显而易见，市场研究是企业进行市场决策的前提和出发点。通常来说，市场研究是将企业、客户、消费者以及大众联系起来的一种管理信息的方式，它的目的是识别市场中的潜在机会和可能出现的问题，并由此制订计划和优化营销政策。因此，市场研究不仅是为了研究并观察消费者和用户的需求以及消费习惯，更是对产品或服务从生产者到消费者这一整个过程的信息收集、整理及分析，从而确定企业自身产品的定位与发掘潜在市场。

按照不同的标准，市场研究可为不同的类型。按照时间来进行分类，可以分为一次性调研、定期型调研、经常性调研和临时性调研；按照调研目的来分类，可以分为探测性调研、描述性调研、因果关系调研。市场研究所需要调研的主要内容大致有以下几方面：

①产品调研。通过对自己研发的产品进行调查，让企业预测潜在顾客喜欢什么样的款式、定位、包装等，进而决定产品的定价和推广。例如，服装公司会针对自己生产服装的特点以及品质来确定价格和对应销售人群，以此来提高销量。

②顾客调研。企业会针对顾客的消费心理、消费行为特征进行调查分析，考察经济、社会、文化等因素的影响到底发生在消费环节、分配环节还是在生产领域。除此之外，企业还会了解潜在客户的需求情况、影响各种需求因素的变化情况、消费者的品牌偏好和对本企业产品的满意度等。

③销售调研。销售调研是指对企业整个销售活动从销量、销售范围、分销渠道等方面进行调研的完整检查研究。例如，食品公司会根据大部分顾客对某一产品的需求量来确定该食品的包装数量和价格，以求更精准地匹配顾客的需求，同时也对本企业与其他同行竞争对手的优缺点进行比较分析。

④**促销调研**。促销调研主要针对企业在产品或服务的促销活动中采取的各种促销方法的有效性进行测试和评价，以考察促销活动是否达到了预期目标。

从上述市场研究的主要内容可知，正确、及时、全面地收集市场数据是进行有效市场研究的先决条件。在智能时代，市场数据感知和处理的效率有了极大进步。接下来将回顾市场数据感知和处理在智能时代的发展历程。

二、智能时代的市场数据感知和处理

（一）感知和处理市场数据是市场研究的先决条件

云计算、大数据和人工智能的广泛应用使人类在计算上进入了智能时代。反映在市场研究中，一方面，产品的市场供求情况受人口、收入水平、市场价格、国家政策方针等多种因素的影响，这些因素将直接或间接地推动大量市场数据的产生，企业必须对这些零碎且混乱的数据进行筛选和处理，以便于进一步使用；另一方面，企业不仅可以通过对市场数据的收集和处理来充分了解市场信息、掌握最新市场趋势和产品份额，还可以为消费者设定标签，总结其行为偏好，从而实现精准化营销。在此基础上，企业可以根据市场数据进行分析和预测，有利于更好地定位企业所提供的产品或服务的类型及价格，使各个细分市场的利益实现最大化。因此，对市场数据进行感知及处理的本质就在于：企业或营销人员可以通过对用户行为特征的深入处理和挖掘，了解到用户的消费偏好和消费习惯，做到"比用户更了解用户"，从而获取最大化的盈利机会。

（二）智能时代的市场数据感知和处理的变化

在智能时代，随着网络技术的发展和移动终端的进步，营销人员可以从各种渠道发掘出越来越丰富的数据，在数据的处理上也更倾向于全面、高效和强相关性，以下是智能时代市场数据感知和处理的几点变化。

①**数据感知系统化**。在传统的数据收集方式下，受调研成本和技术手段的限制，企业只能采集到较小范围内的信息。但在智能时代，企业可将整个市场的数据视为一个有机整体，从中获取更多的、更全面的相关数据，并以各种需要的形式呈现，打破了信息孤岛（例如以更加直观清晰的大数据关联分析，代替基于小样本制作的描述性图表）。

②**数据处理平民化**。传统上，市场研究数据的处理离不开专业的数据分析师。虽然数据分析师是企业宝贵的资源，但这也意味着只有拥有深厚实力的大企业才能享受到高质量的数据信息，小企业只能对着海量的市场数据而不知如何处理。然而，智能技术的迅速发展，使得数据分析从少数专家的手中进入更多的中小企业手中，更多的企业可以通过数据分析平台或自助式分析工具获取想要的信息，使数据处理"飞入寻常百姓家"。

③**数据处理便捷化**。随着智能技术的应用，企业可以通过移动终端来掌握消费者的实时动态，进行客户跟踪，记录产品和服务的消费频率，这相比传统的调研方法，更具有经济性和便捷性。此外，随着微信、微博等社交媒体软件的广泛应用，企业往往通过收集消费者在各种渠道发布的信息等方式来感知和处理消费者的偏好和行为。在智能时代，企业仅需借助合适的平台即能轻松实现跨渠道感知主要的调查数据、行为数据和位

置数据等信息，从而生成完整、细致的消费者档案，并在各种智能工具的帮助下以更快速度、更低成本、更大规模地对收集到的数据进行定性或定量分析，及时获得有价值的信息。

（三）智能时代市场数据感知和处理的应用

1. 预测消费者意图

所有企业都希望通过预知消费者的行为来采取进一步的行动。然而，现代社会正处于一个信息大爆发的时代，企业要在一片信息化的海洋中提取到自身所需要的信息，就需要建立预测数据模型，进行数据筛选和挖掘，从碎片化信息中构建整体思路。当前，许多企业通过机器学习（machine learning，ML）及各种算法来充分利用消费者数据，帮助企业预测消费者的行为。例如，亚马逊（Amazon）根据预测模型来向顾客推荐购买相应的产品，奈飞（Netflix）利用预测模型向顾客推荐电影，从而提高转化率和客户满意度。

2. 构建消费者画像

消费者正期待着越来越精细化、个性化的产品及服务。智能技术帮助企业获取诸如用户的兴趣、购买历史、位置、历史品牌互动以及许多其他方面的数据信息，进而便于营销人员在个体层面了解消费者的偏好，根据客户的需求量身打造个性化的服务体验。例如，QQ 音乐使用智能推荐技术，根据客户过去听过的音乐、当前播放量较高的热门歌曲以及正在播放的音乐来为用户创建定制化的播放列表，确保提供的每一份歌单都是独一无二的、符合用户的音乐偏好。

总之，智能时代赋予了企业及营销人员（在对市场进行感知的过程中）更多的便利性，一定程度上弥补了传统数据感知方法的不足。在大数据环境下，随着企业进行市场感知和数据处理能力的日益增强，企业积累的数据也逐步增多。因此，如何安全有效地存储这些数据，并将之运用到市场预测中，是企业未来市场调查的重中之重（徐东辉，2017）。

研究前沿与相关案例 1-1

互联设备提供了关于消费者活动和环境的丰富数据来源

（一）研究内容概述

该研究原题为《互联消费者：互联设备与消费者情报的演变》（*The Connected Consumer: Connected Devices and the Evolution of Customer Intelligence*），由美国佛罗里达大学（University of Florida）的库克（Cooke）等人发表于 2017 年的《消费者研究协会杂志》（*Journal of the Association for Consumer Research*）。该研究认为技术进步增加了客户与公司、产品之间，以及彼此之间的联系。消费者对互联设备的使用，提供了有关他们的活动和环境的丰富数据，该研究统称这些数据为消费者情报。与此同时，统计算法和人工智能的变化使得消费者行为的自动推断和决策成为可能。这些变化可能的结果是出现了擅长生成和使用客户情报的公司。

在线阅读 1-1

该研究探讨了传感技术、因果建模和智能营销平台的变化如何影响消费者情报的产生和利用。该研究设想将这些传统的独立活动合并到一个拥有庞大的、活跃的客户基础的公司，这个公司有能力快速、准确地收集、处理和应用来自这些客户的数据。该种合并为未来的网络消费者提供了巨大的潜在价值，但也带来了显著风险。

1. 研究背景

随着互联网技术的不断发展，智能设备搭载了越来越多的功能，技术进步正在增加消费者与产品之间、消费者与销售这些产品的公司之间，以及消费者与消费者之间的联系。消费者使用联网设备时会产生的丰富数据，也称为消费者情报。在智能时代，消费者情报被越来越多的学者和商家关注。虽然消费者情报的数据价值很高，但也存在相应的隐私问题。在该研究中，作者通过两个不同渠道的优化模型来集合成未来的消费者情报处理流程，即如何创建消费者情报和如何用消费者情报来改善营销管理。

关于消费者情报创建方面，该过程包括四大阶段：①测量消费者变量；②评估这些变量之间的关系；③建立解释这些关系的因果模型；④对这些模型进行测试。消费者情报创建过程的最终结果是可行的因果模型的概率分布。具有最高概率的模型被暂时接受为对各种顾客、产品和环境因素如何共同影响消费者行为的最佳解释。

关于利用消费者情报方面，利用消费者情报可以帮助企业在长期盈利的同时，以互利的方式向客户提供价值。其包括五个阶段：第一，测量有关消费者的变量；第二，对这些数据应用一个有效的分析模型；第三，优化公司的目标标准；第四，实施预测为最佳的行动；第五，观察消费者的反应。最终，该研究认为他们的消费者情报创建模型和消费者情报利用模型，既能解释智能营销的复杂性，也能解释为何互联设备是智能营销变革的重要组成部分。

2. 研究主要内容

该研究分为三个步骤建立理论模型。首先，介绍了无线传感技术（wireless sensing technologies，如智能手机或物联网所使用的技术）在创造营销智能上的潜在价值，并列出了互联设备的六大关键特征，这些特征将改变营销人员收集和使用消费者情报的方式。这六大特征分别是：①可及性。只有大量的客户使用互联设备，才能通过联网设备收集丰富的客户数据。②便携性。智能设备（如手机）可以随身携带，所以相较于其他技术，互联设备可以更大程度上跟踪个人消费者。③可识别性。智能的互联设备由个人拥有和使用，这意味着智能设备收集的数据可以直接归因于相关个人。④即时推送性。智能手机可通过多种方式来通知用户有电话或其他信息。因此，营销人员能够在一天中的特定时间联系用户，向用户推送信息。⑤被动感知性。无须用户采取任何额外行动，智能设备也能收集关于用户及其环境的数据。⑥多用途性。智能设备功能丰富，且可提供更多行为数据。该研究呼吁：未来市场调查的重点应该放在互联设备上，尤其是智能手机，因为它在消费者情报和智能营销的推动进程中有显著的潜力。

其次，以无线传感技术为例，说明了智能设备在感知消费者情报方面的潜力。无线传感技术通过提供特定类型的信息来生成消费者情报，这些提供的信息包括：顾客在不同时间段的行为偏好，客户的坐标定位和追踪，客户周围环境数据，反馈产品状态，客户的情感状态，客户社会环境和口碑等。该研究认为，在消费者情报中，客户的情感是一个值得特别考察的关键因素。以往研究通过文本挖掘，使用算法来判断品牌情绪。现有研究表明，生理传感器（Physiological Sensors），甚至智能手机提供的初级传感器，都可以用来测量用户的幸福感。并且情感分类已经被证明，可以通过分析面部或语音数据来实现。如果情感数据有足够的准确性和分辨率，它不仅可以帮助营销人员动态预测客户的情感状态，从而根据客户的情感状态优化信息，还可以帮助营销人员通过测量客户对广告或消费体验的反应，推断出顾客情绪的来源。

最后，该研究设计了两个与消费者情报相关的市场数据感知模型，分别是"如何创建消费者情报"和"如何利用情报改进营销管理"。在"如何创建消费者情报"模型中，该研究提出：①由互联设备提供有关目标消费者的大量信息；②通过人工智能来评估变量之间的关系，并设计出解释这些关系的因果模型；③通过从目标人群中取样，将参与者随机分配到不同的实验条件中，以测试初级因果模型的有效性，如此最终得到一个可接受的模型。在"如何利用情报改进营销管理"模型中，该研究提出，营销人员可以通过消费者情报，使公司兼顾盈利的同时满足消费者的长期需求。要达到该目标，需要做到以下几点：①用营销理论来拟合客户数据；②用符合公司目标的模型和客户数据来预测消费行为；③优化得到的预测数据，然后通过智能平台推广使用；④根据消费者的反应来改善模型。

上述两个模型的组合即"集成的消费者情报流程"（Integrated Customer Intelligence Process），该流程中可以创建和利用消费者情报。消费者在某些情况下既是研究的参与者，在其他情况下又是优化营销活动的接受者。在集成的消费者情报流程中，先通过移动传感器获得客户的环境和行为数据，这些数据被用来确定人际关系，以建立初级因果模型。然后分成两个选择路径：一是对这个顾客使用针对他的、最优的营销策略来最大化目标标准；二是将该客户纳入一个旨在测试两个因果模型的实地实验，以测试因果模型的可行性。但无论如何，这两个路径都需要观察顾客的反应，以优化因果模型。

3. 研究意义

首先，该研究推动了消费者情报的概念化。研究提出的模型探究了互联设备对生成和利用消费者情报的影响，对目前的智能市场调查进行了更深层次的分析。其次，结合可测量的消费者动机取向数据（例如移动调查），评估顾客的消费能力。如果销售人员能够实时获取这些数据，就可以将注意力集中在购买意向最大的顾客身上，从而实现销售工作回报最大化。再次，在诸如购物中心等不同的零售环境中，移动促销活动可将消费者引领至合适的商店并予以一定的刺激，从而最大限度地提高消费者的购买可能性。最后，该模型以当前已有技术为基础，对未来消费者情报流程做出了优化畅想，减少了重复机械的人工收集数据，给无线传感器、通信网络商、计算服务商和数据分析行业带来了更大的市场和功能空间。

（二）相关案例解析

1. 案例背景及目标

随着消费者情报数据价值在智能时代日益凸显，中国产生了许多擅长生成和使用消费者情报的公司，"大众点评"是其中的佼佼者。2003 年 4 月大众点评成立于上海，是中国领先的本地生活信息及交易平台，也是全球最早建立的独立第三方消费点评网站。大众点评主要为用户提供商户信息、消费点评及消费优惠等信息服务，同时也提供团购、餐厅预订、外卖及电子会员卡等 O2O（online to offline）交易服务。随着数据量的增长，大众点评也愈加重视利用成本时间算法（cost age times，CAT）以及用户产生内容（users generate content，UGC）的营销手段获取消费者情报。具体而言，大众点评会收集消费者使用手机等互联设备而产生的，关于消费者活动和环境的丰富数据，并利用智能算法分析这些消费者情报来预测消费者的行为，从而便于商家进行精准营销。

2. 痛点与挑战

①如何创建精准的消费者情报？从消费者视角来看，大众点评应用软件（App）应该能最大程度上满足消费者的搜索需求。例如，消费者喜欢吃火锅，大众点评页面应该推荐火锅类。但在实践中，消费者渴望大众点评能更智能化地考虑其偏好而进行推荐，如川式火锅/粤系火锅，麻辣拌/九宫格火锅，口味偏麻/辣，店内环境要求，锅底偏好/厌恶，等等。因此，对于大众点评网来说，如何通过收集数据，进而结合用户的历史搜索等进行归类分析，从而智能化给出用户建议并使其产生依赖感尤为重要。

②如何利用消费者情报改进营销管理？大众点评可以获得顾客的定位信息。在日常生活中，消费者的定位提供了海量信息，大众点评网需要通过这些数据推断出消费者的路线历史和位置历史，进而推断出消费者的个人偏好，实现对该用户更全面的喜好推断，从而更好地进行精准营销。

3. 解决方案

借助大数据驱动的智慧餐饮管理模式，大众点评进行了如下改革（钱学艳，张立涛，罗海杰，2019）。

①CAT 平台开发设计。CAT 是大众点评开发的，基于 Java 的实时应用监控平台，包括实时应用监控、业务监控。"要想还原真相，需要全方位的监控和度量，必须有超强的处理吞吐能力"，而 CAT 设计目标之一便是具有"高吞吐"能力。CAT 的消息处理分为五个阶段：收集、传输、分析、存储与展示。大众点评通过 CAT 套程序的运行便可以做到更好地追踪消费者的消费记录、搜索历史，从而做到消费者情报的初步收集及存储。

②UGC 营销模式管理。UGC 的初始概念是用户生成内容，即用户将自己个性化的创作内容通过互联网展示给其他用户。UGC 营销模式是大众点评运营的基本商业模式。大众点评围绕以下三点开展 UGC 营销模式管理。

①降低准入门槛。大众点评的使用门槛较低，不需要用户有多高的文化或者收入。用户只要符合网站的使用规范，就可以产出自己的内容，这种"低门槛"吸引了更多的用户使用大众点评。

②为用户提供有价值的信息。从用户内容的角度来说，UGC 内容的推广，使得大众点评的网页呈现的都是用户最希望获取，或者最迫切想要知道的内容。例如用户在搜索某场电影时，搜索到的内容应该全部围绕电影展开。在这一场景中，UGC 根据用户的喜好为其提供了更加智能的推荐。

③提高用黏度。每天都有大量的用户在大众点评发布数据与生产内容，他们发布的内容同时可以满足其他使用搜索功能的用户的需求，这便提升了用户黏度与活跃度。而用户之间的分享和交流也能提升商家的知名度。商家根据用户的评论反馈等信息，可以针对不同用户的个性化需求推出差异化的产品，从而实现精准营销。

综上所述，大众点评会收集用户的行为数据，并使用智能算法，将 UGC 内容进行有针对性的处理，实现对用户的个性化推荐。同时，大众点评也会将数据结果反馈给商家，促使他们改进运营方式。

4. 营销效果

大众点评通过用户自己生产内容，然后分享给其他用户的 UGC 营销模式，极大地方便了信息的扩大与推广，同时也降低了商家的营销成本。通过对用户的评论进行分析，发现用户青睐的大众点评的功能之一是它能根据用户位置提供相应的推送，消费者不仅在商圈、生活区、旅游景点可获得信息推送，而且在偏僻的区域或不知名的商圈也能获得推送，这为"选择困难症候群"式的消费者提供了极大的便利，也给偏僻区域、不知名商户提供了商机。

研究前沿与相关案例 1-2

利用车载传感器跟踪驾驶行为以确定保险费

（一）研究内容概述

该研究原题为《传感器数据和行为跟踪：基于使用率的汽车保险对驾驶员有益吗？》（*Sensor Data and Behavioral Tracking: Does Usage-Based Auto Insurance Benefit Drivers?*），由加拿大不列颠哥伦比亚大学（University of British Columbia）的索莱曼尼亚（Soleymanian）等人发表于 2019 年的《市场营销科学》（*Marketing Science*）。该研究讨论了基于使用率的保险（Usage-Based Insurance，UBI）。这是近年出现的一种汽车保险创新，它使保险公司能够收集个人层面的驾驶数据，获得驾驶性能的反馈，并根据每位消费者的驾驶行为提供个人定向的价格折扣。该研究利用个人驾驶行为（来自传感器数据）和 UBI 采用者的其他信息，来估计个人从加入 UBI 项目并被监测（长达 26 周）与 UBI 客户驾驶行为变化之间的关系。研究分析的主要结果显示，在采用 UBI 后，UBI 用户改善了他们的驾驶行为，提高了安全性，为驾驶者个人、保险公司和整个社会提供了可观的受益。虽然 UBI 用户在 6 个月后将他们的日平均硬刹车频率平均降低了 21%，但是他们的驾驶里程与第 26 周相比并没有减少。研究还发现，不同人口群体的影响是不一样的，例如在采用 UBI 后，年轻的司机比年长的司机更能改善 UBI 得分，女性比男性更能改善 UBI 得分。此外，该研究发现，有证据表明负面反馈和经济激励与驾驶行为的更大改善相关。总之，该研究结果表

在线阅读 1-2

明，通过与保险公司分享消费者的私人信息，UBI 可以使消费者成为更好的司机，并使整个社会从道路安全的改善中受益。

1. 研究背景

在竞争激烈的汽车保险行业，越来越多的保险公司使用实时消费者数据新技术，提高业务生产率。基于使用率的保险（UBI）正成为传统汽车保险的一种流行替代方案。UBI 的远程通信汽车保险是指在驾驶人开车时直接监控驾驶人的行为，例如保险人的行驶里程、时间、地点、车辆行驶、快速加速、紧急制动和硬转弯等。传统的保险会根据驾驶员的驾驶历史、年龄、性别、婚姻状况来识别驾驶员驾驶的安全性，而 UBI 会根据驾驶员实际驾驶数据来确定每位客户的保费。在该研究考察的一家美国大型汽车保险公司的案例中，参加 UBI 计划的驾驶员在监控期结束时不但提高了驾驶技术，而且只要他们仍然是该公司的保单持有人，就可以一直享受平均 12% 的保险费折扣。

UBI 可以为保险公司、消费者和整个社会提供许多潜在好处。保险公司能够更方便地区分他们的产品、提高定价、降低索赔成本、提高品牌知名度和创造新的收入来源。对于消费者来说，基于远程通信的 UBI 提供了一些优于传统保险的优势：不仅可以控制保险费，还能不断改善客户的驾驶行为。更重要的是，整个社会将因为 UBI 的实行，提升道路的安全情况。该研究利用美国一家大型汽车保险公司的内部数据库，考察了参与驾驶行为的影响，首次基于传感器获得的个人层面数据来研究客户对新的定价策略的反应。

2. 研究内容

基于使用率的保险计划（UBI）使用位置服务（location-based services，LBS）来监控实际驾驶行为的不同要素。然而，在引入 LBS 之前，如此详细地观察消费者的行为和个人信息，可能会导致保护消费者隐私和使用消费者数据进行创新之间的矛盾。从客户的角度来看，虽然隐私问题会降低消费者采用 UBI 计划的意愿，但 UBI 可以改善采用者的驾驶行为并获得一项评估指标，这可以弥补消费者隐私泄露的成本。该研究提出了 UBI 潜在的三类改进途径：①更好的客户选择（以及价格辨别能力）；②更高的保留率；③改善客户的驾驶行为（即收到 UBI 反馈的客户可能会成为更好的驾驶员）。该研究重点考察第三点。

该研究获取了美国一家大型汽车保险公司的内部数据库。从 2012 年 3 月至 2014 年10 月，超过 10 万名客户提交了购买汽车保险的报价请求。该研究通过观察所有采用 UBI计划的客户的每日驾驶行为，以了解参与计划者在受到电子设备监控时是如何改变驾驶行为的。通过对 UBI 客户驾驶行为面板数据混合效应模型的估计，该研究发现，这些客户通常通过提高 UBI 驾驶分数，以及减少 UBI 监控期间每天的硬刹车次数来改善他们的驾驶行为。然而，没有证据表明 UBI 计划中的驾驶员会显著改变他们的每日行驶里程。在不同的人群中，年轻的驾驶员比年长的驾驶员表现得更好，女性比男性表现得更好。相较于农村，城市的参与者的 UBI 得分变化更大。以往研究关注了即时反馈和经济激励对驾驶员绩效的影响，结果显示，前一天收到更多关于硬刹车负面反馈的驾驶员会有更多改善驾驶情况。通过将情形分为提供无过失保险和传统保险来研究 UBI 提供的经济激励，以往研究发现，无过失情形的保费通常高于传统情形。该研究建立了 Logit 回归模型，考察了性别、年龄、驾龄、溢价率等数据对 UBI 的影响。结果发现，年龄系数显著为负，这意味着 UBI 计划对年轻的驾驶者更具吸引力。而初始溢价系数为正且显著，意味着初始溢价较高的客户更有可能加入 UBI。此外，城市客户和新驾驶员的系数非常显著，表明城市地区的客户和新驾驶员很可能采用 UBI。最后，性别系数对 UBI 的采用率没有统计意义。

研究利用硬刹车次数的平均变化情况来直接度量 UBI 客户的驾驶行为，结果表明，如果驾驶员较少使用硬刹车，则表明更安全的驾驶情景，因为他们较少遇到需要硬刹车的危险情况。该研究绘制了所有 UBI 客户在使用 UBI 26 周内观察到的平均每日硬刹车次数的折线图。在这期间，UBI 客户每天的硬刹车次数显著下降，例如在第一周，平均每天有 5.5 个硬刹车，而最后一周，硬刹车的平均数量不到 3 个，客户驾驶行为显著改善。该研究还考察了 26 周内所有使用该计划的客户（即没有取消 UBI 计划的客户）的平均每日硬刹车次数，结果发现，硬刹车次数也总体呈下降趋势。不止于此，数据还显示，UBI 参与者在更高的保费、无事故的情景下，更倾向于改善驾驶行为。这表明，驾驶行为的改善除了由于在 UBI 计划中受到监控并得到驾驶反馈之外，还可能由于鼓励客户成为更安全的驾驶人的经济激励措施。一般来说，参加 UBI 计划并允许汽车保险公司了解私人驾驶行为的消费者在监测期结束前的驾驶情况会有所改善，并获得 12% 的保险费折扣。

由于年轻的驾驶员的初始保费平均高于年长的驾驶员，因此年轻驾驶人可能会更努力地提高驾驶技术。年轻的驾驶员在得到反馈后，他们可能会学得更快，并且更容易调整驾驶行为。值得注意的是，在 26 周的监测期内，年龄较大、经验较丰富的驾驶员的得分也较高，这表明得分高不仅是由于驾驶员年轻、技术成熟，还存在其他原因。本研究没有单独指出导致不同年龄组间行为变化的关键因素，这些问题将留给未来的研究。就性别而言，女性的初始 UBI 分数高于男性，在接受监测时，女性的分数提高得更多，导致在 26 周结束时，男性和女性 UBI 分数之间的差异更大。这一发现表明，由于获得反馈和希望通过更好的驾驶表现来降低保险费的经济激励，女性更倾向于改变驾驶行为。

由于技术的限制，该研究无法观察驾驶员在移除 UBI 设备后的行为。但 26 周内的行为模式提供了强有力的证据，表明一旦参与者学会更安全地驾驶，他们会在很长一段时间内保持这种行为。这一结论与该公司在 26 周的观察后设定长期折扣的做法保持一致。直接衡量长期驾驶表现可以评估该计划参与者 UBI 表现改善的长期影响。虽然没有关于事故的数据，但公司有参与者未来两年的保险评分数据。虽然保险分数取决于许多因素，但一个重要的因素是司机是否发生了事故。该研究检查了第一次续保（监控结束后 6 个月）和第二次续保（监控结束后 18 个月）的保险评分，并且对两组数据都进行了研究。但是，后一个时间点的数据更有研究价值。该研究使用一个简单的线性模型考察了 UBI 评分的变化对改变保险分数的长期影响，结果发现，监测期间驾驶行为的改善对驾驶行为有长期影响。

3. 研究意义

该研究考察了 UBI 计划的创新和监控是否能够提高驾驶技术。研究发现，UBI 计划对个体的直接益处有两点，即驾驶技术提高和参与者将获得汽车保险费的折扣。对于保险公司而言，该研究提出了企业必须解决的竞争问题，同时也揭示了一些对考虑此类计划的可行性很重要的领域。与非 UBI 客户相比，UBI 客户的更高更新率在管理上是非常重要的，因为在任何服务业务中，获得客户通常都是非常昂贵的。将这一结果与 UBI 计划参与者驾驶行为的改善相结合，可以进一步证明企业将 UBI 作为提高利润的方式是合理的。此外，当前的 UBI 计划也将成为消费者节省成本的选择。研究结果表明，UBI 对消费者的好处不仅是降低价格，还包括更安全的驾驶。保险公司可以强调 UBI 对驾驶改进的好处，这对年轻和经验不足的驾驶员更具吸引力。UBI 政策对不同年龄组的驾驶行为的不同影响是另一个有趣的管理结果。对于提供 UBI 项目的公司来说，年轻的驾驶员是一个有吸引力的目标市场。如果研究结论证明参加该项目的年轻驾驶员在驾驶行为上变化最大，那么年轻的驾驶员将成为营销活动的特定目标，长期留住这些年轻人可以给公司带来额外的收益。

对于社会而言，该研究提出，如果出现上述改善情况，那么带来的好处将不仅是公司的盈利能力和较低的价格、更好的司机，还将减少紧急制动与不良驾驶行为带来的事故，对社会和国家福利产生重大影响。公共政策部门应该注意到 UBI 项目和其他替代项目的潜在好处，这些项目既可以监控、提供反馈，也可以激励为安全驾驶行为。

（二）相关案例解析

1. 案例背景与目标

欧美国家金融市场繁荣，保险业的竞争尤为激烈。于 1937 年成立于美国旧金山的前进保险（Progressive Insurance）公司，自创立伊始即为美国汽车保险业的中坚力量，也是美国第四大汽车保险公司。该公司是美国最早引入 UBI 模式的保险公司，也是该领域的行业领导者，其在 1994 年提出 PAYD（Pay As You Drive，开多少付多少）的保险概念，并在 2009 年开发了 MyRate 项目的 UBI 车险。2019 年 9 月，前进保险公司为其最新的 PAYD 产品命名为 Snapshot from Progressive，购买这个车险产品的州数达到了 45 个。自此，该公司成功在美国开辟了 UBI 车险市场。UBI 车险项目旨在为前进保险公司、其消费者和社会产生正向效益。对于公司而言，有利于提供多样化的产品，降低索赔成本，获取经济利益，同时提高公司的创新力，加强品牌知名度；对于消费者而言，UBI 能够为其提供不同的保险选择，降低保费成本，并且在 UBI 模式的潜移默化下改进驾驶行为，规避行车风险；对于社会而言，UBI 模式提高了道路安全，减少了私家车的出行，从而降低了污染物的排放，利于绿色出行的发展与空气污染程度的缓解。

2. 痛点与挑战

①**用户隐私**：前进保险公司引入 UBI 后，车载硬件会时刻监控行车数据，详细地记录消费者的行为与个人信息，而这有可能导致保护消费者隐私和使用消费者数据进行创新之间的矛盾，影响 UBI 的推广效果。

②**与传统保险业的关系**：UBI 与传统保险项目的关系尚不明确，是相互促进、平行，还是竞争关系？在传统保险项目已经家喻户晓的环境下，如何提高 UBI 项目对新用户的吸引力和使用率？这是前进保险公司需要解决的痛点。

③**大众认知**：前进保险公司调查了不同年龄段和不同驾龄的司机，了解到大众普遍对 UBI 的了解偏少。除了年轻群体外，大多数司机都拒绝为一个没有明显经济收益的项

目而做出改变。因此，前进保险公司面临着如何通过宣传来增强大众对 UBI 的认知与接受的挑战。

3. 解决方案

前进保险公司给愿意尝试 UBI 保险的用户一个名为 OBD（on-board diagnostics）盒子的终端监测设备，并帮助用户将其安装在汽车上。试用期间，前进保险公司能够通过 OBD 盒子远程短期监控测量车辆行驶数据，评估驾驶行为，如车辆行驶时间、车辆行驶环境、车辆操控状态（急刹车、转弯、制动等）等。试用周期结束后，OBD 盒子会将采集到的信息上传到后台系统，系统会根据数据来确定续保的优惠幅度，驾驶习惯良好的车主享受到的续保折扣率能高达 30%。随后，车主可以根据自己享受的保费折扣选择是否购买保险产品。前进保险公司提供了两种具体的保费折扣模式供顾客尝试选择：

①分段模式：使用 OBD 盒子的测试期为 45 天，系统根据顾客数据算出得分，并决定是否提供保费优惠和优惠额度。获得保费优惠认证的车辆需要继续提供 30 天的 OBD 数据，公司根据数据计算出此后的保费以及后续的可能变动情况。

②奖励模式：使用 OBD 盒子的测试期为 75 天，顾客插入激活 OBD 设备将得到注册奖励，公司根据此 75 天内的数据计算出保费并不再变动。

前进保险公司通过不同的试用期模式来吸引客户，增强大众对 UBI 保险的认知。UBI 保险的优势就在于可以根据不同个体的驾驶行为习惯实施可浮动的保费，突出其按量计费的优势，并通过直观的价格对比，让车主能够轻松地量化这种优势。分段模式中 45 天试用期是给予用户一个尝试、试错的机会，对于对新兴产品缺乏认知和谨慎的用户而言，这是一个有效了解且不会造成损失的方法。而奖励模式对于本身接受度高的用户，更高和固定的保费折扣是一种更有效的经济激励手段，也有利于产品的销售。

自 2015 年起，前进保险公司利用智能渠道与用户互动，将 OBD 设备的范围扩展到手机应用程序，并推出了 Snapshot from Progressive 移动应用程序。该程序不仅能够显示 OBD 监测出的行驶数据，更能为消费者提供个性化服务，包括一到五星的评级、数据摘要、驾驶地图和量身定制的驾驶技巧，以帮助客户提高分数，管理驾驶风险。而个人应用程序有利于改善 UBI 车险对隐私收集利用的矛盾。手机应用程序的引入使得消费者能够更直观地观察自身的驾驶状态与习惯，改善之前的单向信息渠道的信息不对称。通过了解自身的数据，车主能够能动性地改善驾驶行为，有利于解决观测和分析消费者数据信息与使用消费者数据进行创新之间的矛盾。

4. 营销效果

从经济效益来看，前进保险公司 2009 年开始进行 UBI 项目的前期布局与推广，2011 年开始实现保费收入大规模的上涨。到 2013 年，仅 UBI 车险的利润就高达 20 亿美元，占当年个人车险业务收入的 13%，实现 100% 增长，而且预期未来将延续这种上升势头。从企业地位提升来看，此次 UBI 车险项目的引入和发展，使得前进保险公司在美国激烈的市场竞争中又一次成功转型，这种基于智能创新的内涵式发展，保障了前进保险在美国车险企业中的领导地位。

第二节　人工智能与智能化的客户需求理解

一、客户需求理解的概念

客户需求理解指的是广泛和深入地了解客户的实际需求，从而帮助企业做出正确的决策。众所周知，客户是企业服务的对象和赖以生存的基础，因此企业的发展应该始终以客户需求为导向。也就是说，提高客户满意度是每一个企业都应该追寻的目标。如今市场竞争越来越激烈，只有当企业满足了客户需求，提高客户满意度，客户才会产生购买行为，使企业实现经营价值。汽车行业就是一个典型的例子：为了满足客户需求，提高销量，汽车公司需要关注客户对车辆性能、外形、价格等方面的需求，以此为依据进行细分市场的划分以及品牌定位，并改善自己的产品。

客户需求分为隐性需求和显性需求两类。隐性需求可能是客户所意识到但并未提出的需求，也可能是客户没有意识到的需求意图，或是客户认为理所应当，不用被提及的需求；而显性需求是客户用语言等方式明确表达出来的对商品的需求。企业在营销实践中，既要关注客户的隐形需求，也要满足客户的显性需求。常见的客户需求理解有以下几种方法(陈钊毅，2017)。

①**调查法**：企业可以通过问答、访谈、问卷等形式来收集客户的需求特征，如购买意图、偏好、消费习惯等，再将这些数据作为样本进行分析。

②**观察法**：企业在推出新产品后，可以通过试用等手段推介给客户，进而观察顾客的反应，通过这种方法来检验自己的产品是否满足了客户需求。例如一些手机公司会提前在一些客户中试用新产品，通过收集这部分用户的反应再决定是否推广产品。

③**试验法**：这种方法具有可控性和重复性。市场试验中有很多变量可以操控，可以更好地帮助企业获得所需的数据，从而了解客户的真实需求。例如，A/B 试验可以考察不同的折扣、特价优惠、字体、网站功能和图像，让企业了解哪些产品吸引了客户。

④**数据法**：企业往往拥有记录客户行为的数据库，因此，企业能够根据这些数据，分析出客户的需求。例如，回归分析法使公司能够识别和分析不同变量之间的关系。而趋势预测法依赖过去一段时间的业绩情况，能够帮助企业识别当前趋势，并推断潜在的客户需求。

二、智能时代的客户需求理解

当下市场竞争非常激烈，要想把握住消费者的需求，甚至挖掘消费者自身都没有意识到的隐性需求，就需要采用众多新兴智能技术。以下介绍几种智能时代的客户需求理解方法（Khrais，2020）。

（一）词云分析

词云分析（word cloud analysis）是对一系列文本中出现频率较高的关键词予以视觉化展现的方法。词云图可以过滤掉大量低频低质文本信息，对文本中高频出现的关键词进行突出展示，使浏览者只要一眼扫过就可知道文本的主要内容。结合智能技术，词云分析有助于总结客户对企业或商家的评价，在海量的用户评论与建议中抓住关键点，进而收集到准确、可靠的客户信息，帮助企业优化产品及服务，满足客户需求，提高客户的满足感。

（二）语料库分析

语料库（corpus）指的是经科学取样和加工后的大规模电子文本库，其中存放的是实际使用语音过程中真实出现过的语言材料。语料库分析（corpus analysis）可利用算法对词频直接进行统计，也可以利用一些特定的统计特征（如 Jaccard 系数，Word2vec 分布式）来表示词语间的相似度。在此基础上，通过对客户评价中出现过的词汇进行系统性的语料库分析，可以深度采集客户心理感受（如愤怒、满意等）以及语义连贯程度等信息，进而得到贴合客户真实心理的需求理解。

（三）深度学习技术

深度学习（deep learning，DL）是机器学习领域中一个新的研究方向，主要指的是通过学习样本数据的内在规律和表示层次，让机器能够像人一样具有分析学习能力，能够识别文字、图像和声音等数据。首先，通过深度学习和机器学习（machine learning，ML），企业可以掌握各大社交媒体平台上客户所发表的意见和背后隐藏的情感；其次，深度学习通过优化预测过程以及了解客户的需求意图，有助于企业发现最佳的广告策略；最后，深度学习技术能帮助企业检测产品质量和价格的波动对客户产生的影响和产生的社会反馈，从而帮助企业和商家提高自身在社交媒体上的声誉。理解客户需求是深度学习技术进步的核心，因此，企业可以建立完善的客户关系管理系统，来进一步深化企业与客户的联系。

总而言之，智能化时代下企业对于客户需求理解的方式更加多元化，相较于传统方法而言，这些方式成本更低、时效性更好、精确度更高。但无论何时，市场营销必须紧紧围绕顾客需求，在提升产品质量的同时，还要注重服务理念的加强，而智能技术将为营销人员提供基于顾客需求喜好的一系列数据，并制定令客户感兴趣并喜爱的个性化方案，提高营销的成功率。只有秉持围绕客户需求的理念，才能为企业满足顾客需求、提高自身竞争力提供强有力的支撑。

◆ 研究前沿与相关案例 1-3

文本分析可以从社交媒体数据中分析出消费者的隐含情感表达

（一）研究内容概述

该研究原题为《揭开星空的面纱：分析社交媒体中情绪的显性、隐性和话语模式》（*Unveiling What Is Written in the Stars: Analyzing Explicit, Implicit, and Discourse Patterns of Sentiment in Social Media*），由美国马萨诸塞大学（University of Massachusetts）的奥多内斯（Ordenes）等人发表于 2017 年的《消费者研究杂志》（*Journal of Consumer Research*）。

在线阅读 1-3

该研究指出，从大数据（如在线评论）中解读消费者的情绪表达已成为监控产品和评估服务的管理重点。情绪分析是从文本中自动提取情绪的过程，但目前除了使用积极和消极的词之外，很少有研究提供关于语言粒度的分析。该研究借鉴言语行为理论（speech act theory，SAT），对消费者在表达情绪时所使用的隐性和显性语言进行了细粒度分析。该研究通过对 45 000 多条消费者评论的实证分析，展示了激活水平（如试探性语言）、隐含情感表达（如同情性语言）和话语模式（如不连贯语言）对消费者情绪（即星级评分）有不同的影响。在随后两项研究中，证明了这些言语行为特征也会影响消费者的行为，并且这种影响可以推广到其他社交媒体环境。

1. 研究背景

当今社会正进行数字化转型，人们的消费决策不再是个人化、如信息孤岛般地进行，而是会结合网络上其他消费者的评价进行综合决策，这一现象也逐渐被营销者注意到。在线评价对购买行为的影响越来越大，基于此，结合人工智能技术从大数据（例如在线评论）中解读消费者的情绪表达已成为管理上的优先事项，研究人员也提高了对情绪分析的重视程度。

如前所述，情绪分析是指自动从文本中提取情绪的过程。对于如何分析情绪表达，以往的消费者研究揭示了关注焦点的变化，从根据文本的感情（如积极、消极、中性）对书面文本进行分类，到测量情绪强度（如从非常消极到非常积极），再到关注特定的个人情绪（如愤怒、恐惧）。然而，以往研究通常是依靠单一情绪词汇来衡量情绪，缺乏对情绪分析深入的概念化探索，并且只研究了文本的感情是积极的还是消极的。事实上，人们情绪表达用词的选择是多样化的，情绪是一个非常主观的事情，所以需要更高阶的语言特征去识别，而不能只停留在积极或消极层面。

现有学者对情绪分析过于简化的研究隐藏了这样一个事实，即消费者可以在书面语言中广泛地使用显性和隐性的语言特征和语言模式来表达他们的感情，这将进一步影响管理者根据在线评论理解消费者行为和销售结果的准确性。因此，该研究根据言语行为理论对消费者在文本表达中所包含的显性和隐性语言特征和模式进行了研究分析。

2. 研究内容

对于情绪词来说，词语固有的感情色彩会影响情绪的表达，它们与确定性术语或试探性术语的组合也会影响情绪。例如，确定性的措辞"绝对的"可以增强情绪的表达，而试探性的措辞"有点""似乎"可以削弱情绪的表达。在现有研究中，这种类型的表达对情绪强度的影响还尚未被研究。言语行为理论还意识到情绪可以通过隐性含蓄的方式来表达，这在以往的消费者研究中也未得到证实。最后，话语模式传达的意义会超过单个句子和词语所表达的意义，例如，在话语模式中，单个句子之间所表达的情绪差异很大，这会影响到消费者评论的整体语气和情绪。因此，针对以往消费者研究中尚未涉及的问题，该课题研究了显性和隐性表达的差异和不对称效应，以及话语模式对消费者情绪强度的影响。

对于这些问题，该研究提出了三个假设：①与低激活水平和削弱的情绪表达相比，高激活水平和增强的情绪表达对文本评论中所包含的情绪强度的影响更大。②与文本评论中陈述性（assertive）表达相比，命令性（directive）和暗示性（commissive）表达对情绪强度的影响更大。③话语模式中句子之间情绪不连贯性的程度对文本评论中的情绪强度会产生负面影响。

为了验证以上三个假设，该研究选取了超过 4 万条在线评论进行实证研究，利用了方差分析、回归分析、相关性分析和假设检验等多种手段与方法。根据实证研究结果，该研究得出如下结论：首先，相较于低激活水平和削弱的显性情绪表达，高激活水平和增强的显性情绪表达对情绪强度具有更显著的影响；积极和消极的隐性表达对情绪强度的影响系数方向一致，但是对情绪强度并没有显著的影响。其次，与陈述性表达相比，命令性和暗示性表达对情绪强度的影响更大。最后，话语模式中句子之间情绪表达的不连贯对情绪强度有着微弱的负面影响，同时，不同行业的评论中表达的情绪也是存在显著差异的。

3. 研究意义

该研究结果在扩展现有消费者研究方面做出了贡献。首先，通过对言语行为进行分析，可以更深入地了解消费者在社交媒体评论中表达的情绪，进而评估其消费行为。以往的消费者研究中通常依靠单一情绪词汇来衡量情绪，该研究提供了一种更细微且理论上更可靠的方法，更能准确地把握消费者的情绪和心理。

其次，言语行为理论也表明命令性和暗示性的语言可以隐性地传达人的情绪，并且这种无情绪的隐性行为与消费者的整体情绪呈不对称相关。具体来说，与陈述性表达相比，积极的（或消极的）命令和暗示对情绪强度的影响更大。这个发现有利于隐性情绪表达的概念化。而且在现有的隐性语言研究基础上，该研究提出并验证了无情绪表达的理论框架。

最后，该研究通过探讨评论中的话语模式如何反映消费者的情绪，为情绪动力学（sentiment dynamics）的概念化做出贡献。如果句子中情绪表达的积极性不连贯，则消费者的整体情绪可能是负面的，这是因为句子之间的不连贯往往与负面评论相联系。研究中对积极和消极趋势的探索性分析产生了同样的结果，呈现积极趋势的句子往往与更多的负面评论相关联，，呈现消极趋势的句子却与更多的正面评论相关联。

（二）相关案例解析

1. 案例背景与目标

随着网上购物的流行，消费者在享受网络商城带来的便利与实惠的同时，也愈加重视对产品的网上评价，并将其作为购物前的重要参考信息。因此，如何解读消费者对产品的情绪表达，分析他们对产品的评论反馈，成了零售企业监控产品和评估服务的重点。

小米公司是一家专注于自主研发高端智能手机的移动互联网公司，于 2010 年 3 月正式成立。小米的三大核心业务是小米手机、小米聊天和移动操作系统 MIUI，并以"为发烧而生"为产品理念，开创了以互联网模式开发手机操作系统的模式，吸引了 60 万名爱好者参与开发和改进。在产品研发方面，小米公司放弃了传统的研发架构模式，采用用户参与的研发模式，通过论坛、微博等直观沟通方式收集用户建议，并根据大多数"米粉"的意见为用户提供最需要的功能，让大多数"米粉"可以根据自己的喜好设置自己的手机。小米公司认为，在产品研发过程中，直观地收集用户最真实的需求，将有助于小米更准确地满足用户需求。此外，根据手机爱好者的反馈，MIUI 系统也在不断改进。其中最为典型的就是小米手机的无锁刷机系统功能。起初小米公司并不打算提供这样的功能，因为这可能会给公司的后续服务带来麻烦。然而，在研发过程中，爱好者们不断呼吁小米手机应该提供免费刷机系统功能。小米手机也尊重用户的需求，在最终版本中为用户提供了自由更改系统的功能，"米粉"们在发表的在线意见和需求反馈过程中蕴含的情感对小米产品的研发也有重要意义（魏慧玲，2014）。

2. 痛点与挑战

小米公司采用客户参与的研发模式，其好处在于公司可以清晰地捕捉到消费者对于产品的期望，并获得有效反馈，但这种模式也存在以下几个问题：

①员工人工读取用户评论效率低下。传统上，MIUI 项目组的员工通过阅读论坛来收集用户反馈，从用户的评论中获得用户需求。然而，小米用户的意见成千上万，而且意见更新速度极快。少数的员工无法胜任庞大的内容分析要求，工作效率较低。

②无法精准获取用户所关注的产品特性。由于小米手机的研发人员只能抽取定量的时间来浏览微博或论坛，在这一定量的时间里只能了解某些用户所关注的部分手机特征，不能全面了解用户普遍关注的产品特征。

③无法精准得知用户的评价态度。由于员工每天阅读的用户评论数量有限，因此小米公司很难准确统计用户对相关产品功能的态度。随着越来越多的用户参与到产品交互中，仅通过人工方式很难收集和处理海量的评论信息。因此，迫切需要通过智能系统来自动收集、分析和处理评论信息，以获取用户需求方面的信息。

3. 解决方案

小米公司采用了智能化的文本分析来分析用户评论。首先，智能系统对用户评论进行分类。用户评论能反映出用户对商品的关注点和不满意点。对于小米来说，可以通过文本分析技术将文本分词（切词），将文本从章节段落拆解成粒度更小的词语，方便进行分析，从而使摘取的信息可以分为产品功能性或性能的信息，以及功能或性能的评价态度信息。然后，进行情感词提取。用户评论从情感上可以分为正面与负面两种，接着，可以将负面评论按照业务环节进行分类，以便定位哪个环节需要不断优化。最后，构建情感词库和特征词库，再对特征词进行分类，从产品特征词和情感词对比中获取每一类特征词的相关评论信息。这样就可以依据情感词典，对每一类特征词进行情感分类，以可视化的形式展示分类结果。

4. 营销效果

小米手机通过开放式系统成为真正的"用户自定义手机"，这是"按需定制"的一个表现。小米的电子商务系统本质上是对用户需求的把握。该系统包括 MIUI 论坛、基于"小米网"的预购系统、微博、论坛等新媒体平台。通过 MIUI 论坛，爱好者可以随时跟踪小米手机的开发过程，提出产品修改建议，小米开发团队将采纳正确的意见。同时，通过 MIUI 论坛、微博、论坛等营销方式，成功实现口碑营销，避免电视广告、路牌广告等"烧钱"营销。通过用户参与的研发模式，不仅使小米创造了半小时内销售 10 万部手机的惊人销售速度，也在口碑传播中起到了决定性作用。小米通过智能化技术，实现了用户需求识别的自动化，并且根据用户需求改进自己的产品，为用户提供更合适的产品。这使小米不仅在产品上出类拔萃，更在广阔的市场上为自己赢得了口碑。

研究前沿与相关案例 1-4

人工智能驱动的营销平台能够发现并吸引新客户

（一）研究内容概述

该研究原题为《人工智能如何帮助一家零售商接触到新客户》（*How AI Helped One Retailer Reach New Customers*），由途锐达（TOPRIGHT）公司的创始人萨顿（Sutton）发表于 2018 年的《哈佛商业评论》（*Harvard Business Review*）。该研究总结了人工智能在营销中的运用，强调人工智能技术增强了营销人员收集并分析用户信息的能力，可以帮助营销人员找到未被挖掘的潜在客户以及原有客户的新用户价值。该研究探讨了红气球（Red Balloon）公司通过人工智能程序"Albert"分析了以传统方式无法处理的海量数据，发现了之前被忽略的市场，从而帮助该企业扭亏为盈，实现新的增长。

在线阅读 1-4

1. 研究背景

最初，在线礼品零售商红气球通过传统的营销手段（如网页广告）来获取客户。2001年，在线广告刚处于萌芽阶段，此时获取客户的成本只有 5 美分，传统广告的投入给红气球带来了惊人的回报。但到 2016 年，红气球的广告营销陷入了瓶颈，品牌广告几乎都投资在传统媒体平台上，如广播、印刷、广告牌和弹出式零售店。公司获取新客户的成本已从 5 美分增长到 50 美元，不断攀升的获取成本正在降低企业的利润率。此外，传统老客户也逐渐与红气球在情感上脱节。市场营销团队采用同样的搜索引擎营销方案，与同样的客户交谈，并创建同样的活动，回报却越来越少。这时该公司的老板西姆森（Simson）意识到，公司必须转变营销方式，找到以前被忽视的客户，以使媒体购买决策更加自主和高效。2017 年，西姆森意识到传统营销的局限性之后，立即让人工智能程序 Albert 着手处理公司的大型客户互动和历史交易数据。

2. 研究内容

传统营销对目标客户的选择和制定营销方案不一定是高效率的，甚至可能会出现差错。人工智能在营销部门的应用能帮助企业享受到实时细分客户、个性化信息传递、可预测的客户价值和优化媒体购买等好处。人工智能帮助营销团队摆脱了烦琐的手动和流程驱动的任务，使营销人员能专注于企业的战略和创造性活动。如果没有人工智能，营销人员需要花费大量的时间来编辑和处理来自网站访问、购买交易和产品评论等多种来源的数据。因此，不熟悉对人工智能的应用将会处于竞争劣势，因为无法对其客户作出及时、准确和有效的预测。

该研究中的主角，人工智能程序 Albert，就是感知人工智能应用的一个重要表现。

感知人工智能具有分析情感数据的能力，可以直观高效地了解现有客户和潜在客户的需求。利用感知人工智能进行营销有以下益处：①帮助企业发现新客户；②高效率了解顾客需求的同时，进一步降低了客户收购成本；③高效发挥营销人员的真正作用，帮助企业提升业务绩效。从本质上讲，Albert 就是能够收集并分析大量的数据，并从中得出有用的信息，进一步自动优化营销项目的人工智能程序。企业可以为 Albert 提供自己的广告目标和创意内容，包括口号、图片和标识等，而 Albert 能从数据库中提取数据，构建出"买家"关键的形象特征。Albert 通过在小型"微细分市场"上尝试数千种文本—图像组合，观察哪些客户会做出响应以及触发他们响应的方式，从而识别出这些新的高价值的客户，进一步扩大到更大的客户市场，并根据对较小群体的有效方法向他们提供超个性化的信息。随后，Albert 会通过使用大规模、快速的测试再次确认客户选择的准确性，同时根据不断变化的客户行为和模式自动分析和修改它的决策。总而言之，通过建立品牌和客户之间紧密的联系，可以最大限度地发挥营销人员的作用，用大数据进行分析并优化营销方案要比其他方法都更精确、更智能、更高效。

此前，红气球只与社交媒体上 1% 的用户进行互动。人工智能程序 Albert 介入营销活动后，可以吸引其他 99% 的用户。Albert 不只是专注于"完成交易"，增加品牌与客户的连接，更重要的是，Albert 解决了销售漏斗顶部和中部的漏洞。因此，在 Albert 运营的第一年，由 Albert 管理的聊天软件活动的转换率增加了 750%。

3. 研究意义

该研究呼吁，在智能时代，按部就班、故步自封式营销工作势必会被淹没在大数据的浪潮中。企业应该顺应时代发展的大趋势，利用人工智能帮助企业解决营销窘境，扩大产品和服务的曝光量，留住老客户、吸引新客户，进而提升企业的经济效益。

（二）相关案例解析

1. 案例背景与目标

瑰珀翠（Crabtree & Evelyn）是一个英国化妆品品牌，其产品包括日用保养品、精油香水、含精油的天然食品、居家装饰和家居服装等。瑰珀翠公司的目标是将日常活动转变为令人愉悦的体验，并吸引更多的女性和男性消费者。

2. 痛点与挑战

瑰珀翠公司同时面临着吸引新客户、增加收入和展示积极投资回报的三重挑战。此前，瑰珀翠公司一直通过其积累的客户数据完善公司产品、增加营销收入。然而，营销人员需要花费大量的时间来编辑和处理来自购物网站访问、交易咨询和产品评论等多种来源的数据，这使得企业的增长遇到了瓶颈。

3. 解决方案

瑰珀翠公司使用人工智能程序 Albert 参与他们的聊天软件付费社交计划。在聊天软件上，瑰珀翠将广告投放给 25～40 岁的用户，并利用 Albert 制定了一项稳健的营销策略，即在增加广告宣传的同时提高成本效率。在付费社交计划中，Albert 获得了详细的数据，了解了潜在的客户兴趣和需求，并利用这些报告来优化受众、广告集和类似产品。在该计划中，Albert 谨慎地扩展营销范围，只有在了解哪些内容有效之后才会花费预算执行营销计划。通过 Albert 提供的数据，瑰珀翠推出了重新设计的电子商务网站和内容平台来吸引新的消费者。在 Albert 的辅助下，瑰珀翠公司不仅设法为公司的忠实客户保留了他们常用的老品牌系列，还根据人工智能程序的建议，规划了一个新的想法，以符合新一代消费者的要求。例如无性别的 Crabtree 系列产品和面向新一代女性消费者的 Evelyn Rose 系列产品（Albert AI 案例，2022）。

4. 营销效果

通过人工智能程序 Albert，瑰珀翠公司的营销团队可以利用机器同时管理潜在客户、重新定向新客户和保留老客户，以实现营销团队的业绩。瑰珀翠的营销团队从 Albert 那里学到了关于客户需求和新受众的知识，并能够以客户需求为主导来开发新的产品、创意和品牌，从而发现并吸引更多的消费者。

第三节　人工智能与智能化的市场趋势洞察

一、市场趋势分析的概念和内容

（一）市场趋势分析的概念

市场趋势分析是指运用科学方法，对市场的需求和某些商品的销售趋势做出估计和预测。市场趋势分析对于每一家企业来说都是至关重要的。企业通过市场趋势分析来对自己的项目进行评估，以此来判断项目是否施行、生产规模要多大等问题。只有充分了解市场的变化和发展趋势，才能较好地监控市场的变化，从而做出对企业有利的应对之策，使企业从激烈的竞争中脱颖而出。

（二）市场趋势分析的类型

①**按分析范围划分**。从分析范围上看，市场趋势分析可以分成两种类型。第一种是宏观市场趋势分析。这种分析先通过对本国国情以及市场进行分析，随后对市场当中此类产品的需求趋势进行分析来预测行情，这类分析往往与国家当时的政治、政策以及经济发展等方面有联系，也是国家制定经济政策和制度的依据。第二种是微观市场趋势分析。与前者不同，微观市场趋势分析是对个别商品进行趋势分析，因此对于企业来说，这类分析更加适合进行生产与经营的规划。例如在对虚拟仪器的未来市场分析中，先对虚拟仪器个体对于各个环境下的意义进行分析，之后就涉及对我国计算机市场、测量仪器市场以及国内外市场的情况分析与对比，从而确定虚拟仪器的市场潜力和市场趋势。

②**按时间长短来划分**。按照时间长短来划分，市场趋势分析可以分为短期、中期、长期三个种类。短期指的是一年以内的市场趋势分析，而中期指的是一到四年内的市场趋势分析，这两者相对来说使用频率较低，多适用于单个产品市场的分析，而使用最广泛的是长期市场趋势分析，这是指五年以及五年以上的市场变化以及发展趋势的预测分析，我国的投资银行、建设银行等都会运用到这一指标。

总之，定期进行市场趋势分析是一家企业能够在激烈的竞争中站稳脚跟的关键助力。

如果一家企业能够对市场趋势做到准确而又长久的预估，它就能够根据判断市场的起伏来制订商业营销计划，很多因素都应该被纳入进来，如政治、社会、经济、技术、环境、法律等，这些都会对整个产品市场造成较大的影响，例如客户的需求与行为、客户的价值观以及行业成本的变化等。因此，一份准确的市场趋势分析能够帮助企业在市场竞争中占得先机。

（三）市场趋势分析的内容

①**消费者需求和行为趋势**。只有率先识别消费者需求和行为变化的特定趋势的企业，才更有可能在未来通过提供最合适的产品或服务来迎合这些需求，并获得较高的增长率。这需要对（从消费者处）获得的数据进行分析，以得出准确的结果。

②**价值趋势**。除了要及时分析消费者的需求外，市场趋势分析还要了解消费者心目中对某产品或服务的定位，即进行价值趋势分析。消费者可能在某个时间节点上感知到一项产品或服务的某个方面的价值，但一旦竞争对手发现并进行"复制"后，那么该产品或服务可能就不再具有价值。

③**行业成本动因趋势**。企业需要了解成本驱动因素构成的变化，以及有助于降低成本的创新手段。显然，那些找到更好的替代品、成本更低以及能提供额外服务的企业或组织，将会更容易获得竞争优势并实现更高的目标。

④**行业的变化和演变**。公司应该不断分析产品创新、竞争对手的产品特点、新的运作和交付方式等趋势。这有助于企业保持领先地位，了解不断变化的市场趋势。

二、智能时代的市场趋势分析

在市场趋势分析中，人工智能技术不仅能够帮助营销人员更好地了解客户，定订营销计划，及时掌握最新的市场发展趋势，也便于企业结合自身情况制订下一步的营销战略计划。以下是智能时代市场趋势分析的一些例子。

①**商业智能技术**。商业智能（business intelligence，BI），又称商务智能，指运用现代数据仓库（或数据集市）技术、线上分析处理技术、数据挖掘、数据备份和恢复等手段进行数据分析，以将企业中现有的数据进行有效的整合，帮助企业做出明智的业务经营决策，实现商业价值。由于管理渠道及产品和服务营销方式的增加，数据分析及跟踪任务越来越复杂、困难。因此，许多公司向综合商业智能平台寻求帮助。

同时，自然语言处理（natural language processing，NLP）也成了商业智能化的一个重要层面。这种人工智能技术也可被称为对话分析，它可以训练计算机软件准确地对语言进行处理并以类似于人类阅读的方式对其进行建模。过去，数据分析师必须梳理数千份文档才能提取出特定的数据点。现在，随着NLP技术的进步，数据提取速度成倍增加，数据提取方式也更加便捷，因此一些专家认为未来商业领域的发展将离不开NLP技术。

②**人工智能助理**。人工智能领域的智能助更多的用于了解例如客户偏好等信息并提供个性化的广告、推送等。例如当用户打开淘宝网页时，可以发现自己的购物推荐页面与他人的购物推荐页面有着明显不同，这是因为每个人有不同的购物需求，因此人工智能助理可以根据个人喜好推送信息。除此之外，当用户多次浏览同一类商品时，推荐页

面也会变成用户近段时间常浏览的商品推荐，因为人工智能助理会根据用户浏览商品或浏览视频的频率与次数等信息更改推送，进而找出潜在客户，吸引其购买商品。

由此可见，人工智能技术已逐渐融入当代营销趋势分析，并为市场营销带来极大的创新与便捷。最新的市场趋势分析工作可以为客户提供更优质的服务，提高客户满意度，并在无形中影响客户的购物行为等。在未来的发展过程中，尤其在市场数据化的趋势下，人工智能将继续发挥更大的作用。

研究前沿与相关案例 1-5

智能自动文本分析可以获得更好的营销洞察

（一）研究内容概述

该研究原题为《团结各部落：利用文本进行市场营销的洞察力》（*Uniting the Tribes: Using Text for Marketing Insight*），由美国宾夕法尼亚大学（University of Pennsylvania）的伯格（Berger）等人发表于 2020 年的《市场营销杂志》（*Journal of Marketing*）。该研究认为言语几乎是每一个市场互动的全部，在线评论、客户服务电话、新闻发布、营销沟通和其他互动创造了大量的语言数据。但是，营销人员应该如何最大化地利用这些数据？该研究对自动文本分析进行了概述，并详细介绍了如何利用自动文本分析来产生营销洞察力。该研究讨论了文本如何反映文本生产者的品质（以及文本生产的背景），并如何影响受众或文本接收者。接下来讨论了文本如何成为预测和理解（即洞察力）的有力工具。然后概述了文本分析中使用的方法和衡量标准，提供了一套准则和程序。随后，该研究进一步强调了一些常见的衡量标准和挑战，并讨论了研究人员如何解决内部和外部有效性的问题。最后，该研究讨论并总结了未来工作的潜在领域。在此过程中，该研究注意到文本分析能够将营销的各个"部落"联合起来。大多数营销问题是跨学科的，因此该领域往往是零散的。通过涉及营销的每个子领域的技能和想法，该研究设想文本分析可能有助于用一套共同的工具和方法将该领域联合起来。

在线阅读 1-5

1. 研究背景

信息的数字化使得大量的文本数据可以轻易获得。例如，消费者在网上写评论、回答开放式的调查问题，并给客户服务代表打电话（其内容可以被转录）；公司策划广告、发电子邮件、发表年度报告、发布新闻稿；报纸上有文章、电影有剧本、歌曲有歌词。据该研究印证，80%～95%的商业数据都是非结构化的，而这些非结构化的数据大部分是文本。这些数据有可能揭示消费者、公司和市场行为，以及更广泛的社会。但是，所有这些文本也只是数据而已。为了使数据发挥作用，研究人员必须发掘其潜在的洞察力，以衡量、跟踪、理解和解释市场行为的原因和后果。

2. 研究内容

该研究把文本数据模型简化成基础的生产者与消费者。模型内的生产者和消费者只是相对于文本信息的流向，与实体产品的消费者、生产者不同，任何发出和接收信息的个体、企业、投资者以及社会等都可以作为此模型内的生产者和消费者。在实际应用中，文本蕴含的信息有助于营销人员洞察市场规律，通过对这种规律的应用既可以优化生产者的文本信息表达，也可以帮助更改消费者的选择。在此情形下，研究者的研究方向分为两部分。

①文本如何反映生产者？文本可以反映个人独有的信息，通过这些信息可以了解个人的状态；文本也可以反映领导人群体、机构或文化信息等组织的语言信息；文本还可以把多个生产者看作一个有共性的群体，从而更好地理解其本质。从更宏观的角度来看，文本也可以展现国家间的、时代间的文化差异，企业、组织、政府等可以通过社交网络获取想要的信息并进行分析。

②文本如何影响消费者？商业中，企业大规模地通过广告塑造消费者的日常消费行为；社会生活中，政府可以运用新闻、政策等引导舆论走势；文化生活中，书本用词表述的不同会影响读者的思想、情绪等。这种影响的规律早已被应用于生活的方方面面，并经过商业公司不断地发展，形成一套固有的商业模式，从而达到可观的营销效果。

需要注意的是，此模型的生产者和消费者并不是非黑即白、没有交集的概念，它们往往是同时作用的。因此进行文本差异研究时，只能单独将文本反映生产者意图的程度或文本影响消费者选择的程度作为因变量，而完全剔除其他的干扰项通常难以实现。此外，文本内容还受客观条件的限制，比如不同的语言习惯、社会规范、历史原因等会造成沟通壁垒，使信息链在传递时断裂。当然也有刻意造成的技术壁垒，比如社交网络沟通时的字数限制，可能造成文意扭曲或表达不全。再者，生产者和消费者的关系也会影响第三方，这是不了解前两者的交流规则而无法对其交流进行正确的解读造成的。

了解以上两个研究方向后，可以把文本分析分别与两个目的领域的结合，做进一步研究：如果文本分析的出发点是预测，那么研究的难点在于文本数据可以生成庞大的数据特征，以人力难以做到全部分析；如果出发点是理解意图，那么研究的难点在于数据背后的因果关系时常表现得不够明显，很难单纯地依靠文本数据来挖掘作用机制，有一些单纯文本数据导出的结果甚至会产生谬误或无法用正常思维理解。因此，可以进一步做出细分：在预测领域，研究人员利用文本反映生产者的角度来预测生产者的状态、特性、满意度、性格等；利用文本影响消费者的角度来预测消费者的阅读、分享和消费行为。在理解领域，研究人员利用文本反映生产者的角度来理解为什么当人们心情压抑时会使用特殊人称等类似问题；利用文本影响消费者的角度来理解为何带有情绪的文本会更容易被阅读和分享等类似问题。

关于如何具体进行文本分析，主要有以下步骤：①进行数据预处理，通过"数据获取—文本切分词—数据清洗—剔除无意义词—更正拼写—词干化"的流程，将非结构化的文本数据简单处理成类似于可以置于表格中的格式化数据。②文本信息提取，包括实体提取和关系提取。③运用文本分析指标（如相似度、可读性等）对提取的文本进行测量和打分。

3. 研究意义

文本研究尚处于发展阶段，还有很多研究机会。沟通是营销的一个重要方面，包括企业与消费者之间的沟通、消费者与消费者之间的沟通，研究人员可以通过自动文本分析将这些原始沟通材料转化为有价值的见解。营销人员处于消费者、公司和组织之间，可以利用各种先进的工具来提取沟通中的文本信息，以解决当今商业和社会所面临的一些关键问题。此外，市场营销只有打破传统的理论和方法，并与其他学科合作，相关研究才能接触到尽可能多的受众，从而影响公共生活。该研究希望这个框架能鼓励人们重新思考市场营销定义的界限，并为未来的突破性研究开辟道路。

（二）相关案例解析

1. 案例背景与目标

广州佰聆数据股份有限公司于 2008 年在广州市工商行政管理局登记成立，公司经营范围主要包括数据处理、存储服务和信息技术咨询服务等，其中在线客服是佰聆数据公司的一大服务主业。随着移动互联网时代的到来，在线客服逐步成为企业重要的客户服务渠道，为了进一步降低企业的成本，在线客服一般以人机交互的智能回答模式来提供服务支撑。佰聆数据公司的智能在线客服主要以提供智能问答解决方案为主，产品主要包括"聆鉴"和"聆析"两个类别，客户群体和应用案例涵盖了政府单位、电网生产运检、电网新兴业务、通信及其他领域（数据猿，2021）。

2. 痛点与挑战

智能文本分析的目的，是为具有数据挖掘需求的客户提供一套完善的从数据抽取到挖掘分析、再到分析结果展现的全流程数据支持服务，帮助客户在大数据的洪流中辨别信息方向，获得数据潜在价值。要实现以上目的，就必须保障文本分析的有效性、可用性和数据化能力。传统的人工阅读和分析方法存在效率低，成本高等问题，获取的主要文本数据中含有大量的非结构化通话文本数据，数据文本质量参差不齐，大部分原始文本数据使用价值低。由于对话文本数据是由相关的语音转文本工具转化出来，存在转化识别的准确率问题，转化后的文本数据可能存在各种信息错误的数据质量问题，需要大量的清洗工作。由此带来的标注问题对技术层面和管理层面都是极大的挑战。此外，由于涉及通话文本，通话的双方，尤其是普通的客户，通话一般以相对口语化的方式，或者有各种无效的用词用语、表达不完整等问题，要求能够对对话中表达的各种意图做出精准的识别，才能准确理解并提取有用的业务信息，为业务决策提供有效参考。因此，经佰聆数据的智能文本分析得到的数据在进行服务化应用的过程中存在客户画像维度单一、难以深入洞察，群体划分简单、无法精准细分，成果落地困难、缺乏精准策略，标签管理混乱、运营效率低下等业务痛点。

3. 解决方案

为解决以上问题，佰聆数据在本案例中通过大规模机器学习、深度学习、NLP 等大数据分析技术，利用大数据交互探索工具，为各类客户开展深度数据挖掘分析和应用建设，助力其向数字化新客服转型。从智能文本分析技术上来看，佰聆数据公司采取了以下解决措施：对话文本的结构化，即主要使用自然语言处理技术，通过机器学习，深度学习算法，将非结构化的对话文本数据结构化。将结构化后的对话数据与客户信息相结合，针对具体的业务场景，通过机器学习算法和统计分析，建立对应的业务模型，支撑各业务场景的应用。大数据交互探索可为业务人员提供快捷的业务分析工具以及业务分析模板化能力。在获得文本分析数据后，佰聆数据公司又借鉴了客户生命周期价值变化模型等理论构念，该模型是对客户未来利润的有效预测，用来衡量一个客户在一段时期内对企业有多大的价值。借助该理论，佰聆数据公司以体系化标签运营支撑方法来管理大量的标签数据，提供自助式群体筛选分析，帮助客户快速定位商业营销或产品类型的目标对象。

4. 营销效果

在佰聆数据公司的智能文本数据分析业务服务商业化过程中，他们构建了自己的佰聆自然语言处理智能平台，解决了一系列智能文本分析技能和数据运用方面的问题，有效提升了客服中心的智能化、数字化服务水平。佰聆数据公司帮助银行、电网等客户提高服务质量，改善消费者体验，并且从服务中实现了有效营销增长，产生千万级的营销效益，助力服务客户向数智驱动、全程洞察、管理升级的数字化新客服转型。现如今，佰聆数据股份有限公司凭借独具竞争力的平台和服务模式，已经服务超过 100 个优质大企业级客户，成为多个电网企业营销客服的主要合作商。可见，人工智能技术的发展为文本信息的智能分析提供了契机，能够从海量企业文本数据中挖掘有价值的信息，充分发挥数据驱动的优势，大幅度提高分析效率。

研究前沿与相关案例 1-6

利用大数据技术了解零售市场的新趋势

（一）研究内容概述

该研究原题为《大数据分析时代的零售业和零售业研究》（*Retailing and Retailing Research in the Age of Big Data Analytics*），由荷兰蒂尔堡大学（Tilburg University）的金普（Dekimpe）发表于 2020 年的《国际市场营销研究杂志》（*International Journal of Research in Marketing*）。该研究指出，零售业一直有很多吸引人的特点，比如它的规模性、多面性、动态性和研究人员利用自己领域知识的可能性，以及商业分析的广泛覆盖性。此外，高于平均水平的高质量数据的可得性，历来是实证研究者的一个额外闪光点。该研究探讨了正在进行的大数据革命中出现的一些额外的机会和挑战。研究从以下五个角度进行探讨：零售业经理、零售业研究人员、公共政策制定者、投资者和零售业教育者。

在线阅读 1-6

1. 研究背景

行业报道宣称零售业是大数据分析热门的市场之一，大数据对零售商来说极富前景，而且具有差异性，因此大数据有望在未来彻底改变零售业的游戏规则。研究认为，大数据将大幅度提升零售业的营业利润率和生产力。还有一些研究认为，新技术、大数据和预测分析将使零售商对购物过程的理解发生质的飞跃。

同时，越来越多的人担心，在大数据方面投入巨资的零售商很可能面临负回报。研究发现，几乎一半的受访零售商认为数据分析已经达到了近乎不可持续发展的水平，只有很少一部分的假定潜力真正实现了。此外，大部分已实现的附加值似乎已经流向了消费者，零售商自身的盈利变化非常小。与此类似，学术界也越来越担心丰富的大数据会导致所研究的问题类型出现巨大的偏差。

因此，无论对从业者还是学者来说，零售业都处于一场大数据机遇和挑战的风暴中心，这就要求研究人员在如何从大数据中获得更多价值方面做更多的工作。基于此，该研究提出了一系列问题：为什么零售业是管理学研究领域中较为热门的话题？高质量的数据是如何成为实证研究者的卖点的？未来，大数据革命会带来哪些额外的机会和挑战？

2. 研究内容

消费者已经成为行走的数据生成器，他们每次用信用卡购物、使用会员卡、发送短信或搜索网络时都会留下数据痕迹。此外，零售商所掌握的数据通常表现出多样性，包括了高度结构化和高度非结构化的数据。虽然大数据对零售行业具有价值潜力，但零售商从大数据中获取好处的难度非常大。一方面，大多数零售商规模较小，他们收集和分析数据的资源较少，无法获得充分利用大数据的机遇；另一方面，即使是规模较大的零售商也往往不能充分理解大数据分析的潜在好处。

该研究认为，大数据革命是许多变化的先决条件，对于零售经理和零售研究人员来说既是机遇又是挑战。然而同样重要的是，大数据革命本身在很大程度上是技术和数字革命的结果。这些革命不仅带来了更多更好的数据，也在很大程度上改变了整个零售业的价值链。大数据革命不仅会扩大传统数据文件的规模和范围，而且会提高新兴零售现象数据的可用性。尽管大数据革命直接或间接地带来了几乎全方位的变化，但某些事情仍然没有改变：消费者还可以继续使用最能满足他们需求的零售渠道，购买最能满足他们需求的产品。与此类似，零售业研究人员的使命也应保持不变，即开发和传播与管理者、消费者、政策制定者或其他社会利益相关者相关的现实世界问题的可操作知识。

3. 研究意义

该研究有助于零售业的管理者和研究者避免一些陷阱，并充分处理一些挑战：第一，管理者应当拥有超越炒作的眼光——报告的成功案例可能不具有代表性，可能不完全客观，也可能事实上不适用于其他零售商。第二，管理者不应对大数据分析过度自信或过度依赖。即使一个数据集可能包含数以百万计的观察结果，这也不意味着数据集一定具有代表性。此外，当把多个数据集结合起来时，每个数据集都可能包含一些错误或偏差，从而可能使整体的问题变得非常严重。第三，管理者应当获取顾客的信任，这对零售商的成功至关重要。顾客信任的建立需要时间，但如果顾客觉得他们的数据被泄露，零售商就会很快失去顾客的信任。第四，管理者还应当意识到不是每个问题都需要大数据，大数据对战术性的决策特别有用，但是在某些情况下，小数据更加适用。因此，战略性思维也同等重要。第五，对研究者来说，大数据使得技术的复杂性和管理的相关性之间很难平衡——数据越大，越难平衡。第六，研究者应当保持与实践的相关性。虽然零售业的大数据研究主要集中在如何为消费者提供更好的解决方案，或如何提高消费者的店内购物体验，但实践中还存在其他挑战，例如如何更好地管理零售商的后端，并全面简化其库存管理和供应链。

（二）相关案例解析

1. 案例背景与目标

海尔从 1984 年创立至今，在家用电器领域的口碑一直不错，是家喻户晓的知名品牌。2012 年，大数据时代使得企业营销模式转向数据驱动。此前，海尔秉持传统广告作为营销宣传方式，其劣势在于大范围发放同质化内容，欠缺精准的点对点营销和有的放矢地推送给消费者个性化需求的广告能力，不能精确地寻找潜在消费者，出现投入大、回报少的现象。所以，海尔在传统时代的企业战略在大数据时代必须做出改变。面对这种情况，海尔集团进行企业战略转型至关重要，而它的改革势必从利用大数据做企业营销开始，有的放矢地投送消费者需要的产品广告推荐，在减少营销成本的同时，显著提高销售转化率和利润。

2. 痛点与挑战

2012 年底，为了顺应大数据时代带来的企业转型，海尔集团推出婴儿家电解决方案，针对"80 后"新晋父母的孩子，通过大数据了解这些孩子的成长阶段，给"80 后"父母制订符合他们需求的个性化婴儿家电方案。在利用大数据营销婴儿家电时，海尔集团面临着如下困难。

①数据库资源问题。海尔集团要想成功转型，其所需要的不仅是回头客生意，更需要新顾客进行消费。然而，海尔集团并没有此类潜在消费者的数据库。如果只基于老客户数据库，那么海尔所拥有的数据库不够庞大，无法充分抓住大数据的机遇，也无法很好地挖掘出新客户的消费需求。

②大数据偏差问题。即使海尔集团通过各种途径收集到了数以百万的数据结果，数据集也不一定有代表性。数据集的错误和偏差可能导致推送的产品与客户的需求并不相符，从而降低了海尔品牌在潜在消费者心中的品牌价值，进而使消费者选择其他替代的竞争品牌，无形中使海尔集团遭受了损失。

③客户信任问题。海尔集团通过各种途径获得的消费者数据，其中包含很多消费者的个人隐私。获得客户的交互信息后，海尔势必通过客户的联系方式去精准推送他们需求的家电信息，而客户可能因为收到过于精确的与自己的需求相关的推送信息，而感到自身的隐私被泄露，从而失去对海尔集团的信任。

3. 解决方案

首先，针对数据库资源问题。海尔集团婴儿家电数据营销团队对海尔集团庞大的老客户数据库进行梳理，把老客户按照不同的特点进行分类，比如年龄、职业、性别和购买过的产品等。整理好这些老顾客的数据后，海尔就可以更好地了解老顾客目前的需求，比如年龄为"80 后"的女性，如果已经购买过相关的婴儿家电，很有可能会再次产生对婴儿家电的需求，这样的客户群体更有可能是海尔婴儿家电的目标消费群体。对于未在海尔消费过的潜在消费者的数据库收集，海尔集团专门建立了"优知妈咪汇"平台。这为"80后"父母提供了一个可以自由分享自己与自己孩子生活的平台，借助这个平台他们还可以与别的父母交流互动。通过"优知妈咪汇"平台，海尔集团成功获得了大量潜在消费者的数据。由此，海尔内部解决了一部分的数据库问题，但这仍远远不够。于是，海尔集团婴儿家电数据营销部门开始关注其他有关母婴与家电的论坛，并收集有用的数据。海尔集团还通过爬虫技术，以家电、母婴等为关键词，在网络上搜索人们在微信、QQ、微博等社交软件上发布的其他有关婴儿家电的数据，以此获得更多的潜在消费者信息。由此，海尔集团得到了婴儿家电大数据营销的大数据源，成功解决了数据库不够庞大的问题。

然后，针对大数据偏差问题。海尔通过大数据对潜在客户的消费历史记录做分析，比如客户的消费习惯、消费平均价格、消费时间，得出其消费偏好特征数据，再与海尔集团的婴儿家电产品的特征进行对比与关联，由此得出与消费者消费特征相符的家电产品。海尔集团婴儿家电数据营销部门将消费者偏好的家电产品进行推送后，利用大数据技术继续对消费者的后续消费行为进行追踪，对结果进行分析，把结果再次归入数据库，并比对推送营销信息前后消费者的行为，以检查确保数据集没有较大的偏差问题。

最后，针对客户信任问题解决方案。海尔会员大数据平台拥有确保消费者隐私保护和数据安全的规范。它承诺消费者，获取的数据来源于用户、服务于用户；海尔只用这些数据预测用户需求，优化用户体验；海尔保证数据只发挥为消费者提供更优生活的作用，绝不会发生消费者隐私与数据泄露的情况（张才明，2015）。

4. 营销成果

海尔集团婴儿家电部门使用大数据进行广告推广营销的策略可以说是大获成功的，效果立竿见影。数据显示，使用大数据营销后，海尔集团婴儿家电的销售额飞升，与传统广告营销时代相比，同时间同区域内，大数据营销成本还不到传统营销成本的三分之一，销售量却是传统营销的两倍左右。而且，因为大数据分析后的精准推送，海尔集团的口碑也得到了更多的认可。

第二章

人工智能与市场战略

第一节　市场细分：使用人工智能探究新的客户偏好

一、市场细分的内涵和步骤

（一）市场细分的内涵

市场细分（market segmentation）的基本概念可表述为：按照消费者不同的欲望与需求，把因规模过大导致企业难以服务的总体市场划分为若干具有共同特征的子市场，处于同一细分市场的消费群被称为目标消费群体，相较于总体市场，这些目标子市场的消费群即为分众。可见，市场细分就是把整体市场分割成具有不同需要、特点或行为的购买者群体，并针对不同的购买者群体制定不同的市场营销组合策略。在进行市场细分时需要注意，市场细分的依据是消费者需求的差异，并且市场细分的实质是细分消费者，而不是细分商品（科特勒和阿姆斯特朗，2020）。

（二）细分消费者市场的基础

根据消费者欲望和需求之间的差异，大致可以进行四个方面的市场细分：地理细分、人口细分、心理细分、行为细分（科特勒和阿姆斯特朗，2020）。

①地理细分。地理细分主要指根据消费者所处的不同的地理区域进行的市场细分，例如把中国市场细分为东北地区市场、西南地区市场等。生活在同一区域的人往往在生活方式、消费观念等方面有着趋同性，这为市场的地理细分提供了基础。

②人口细分。人口细分主要指根据与消费者人口学变量有关的因素，比如年龄、性别、社会阶层、收入等，将整个市场划分为不同的消费群体。不同的人口学变量群体之间的消费需求往往存在差异。

③行为细分。行为细分主要指根据消费者对产品的认知、态度、使用情况等消费行为将消费者划分为不同的消费群体。例如，根据消费者重复购买的频率，可以判断出哪些消费者对品牌的忠诚程度高。

④心理细分。心理细分主要指根据消费者不同的生活方式、个性特点以及价值观等因素进行的市场划分。拥有相似心理特征的人往往也具有相似的消费倾向。例如，思想

较为保守的人一般倾向于依据以往的消费经验进行消费,不太愿意接受新的产品或服务。

(三)市场细分的步骤

通过执行一个完整的市场细分流程,企业将进一步了解目标用户群体,并找到新的营销和产品增长机会。关于市场细分的步骤,目前还没有一个统一的标准,但大体可以总结为如下四个步骤(弋佳,2011)。

1. 调查阶段

①选择市场范围,确定进入何种行业,生产何种产品。通常情况下,消费者需求分析是针对一个特定的市场进行的。市场范围的界定就是确定企业推广其产品或服务时所要寻找的消费者群体。比如,一家廉价航空公司瞄准了还没有乘过飞机的中低收入群体,一家快捷酒店则瞄准了差旅经费有限的商旅人员。在确定消费者群体时,企业必须明确自己的优势和劣势,并审核一下自身拥有的资源,对所处环境做出正确的评估。

②明确选定的市场范围内潜在顾客的潜在需要。选定产品市场范围后,企业的市场营销专家和管理人员,可以依据地理、人口、心理、行为等方面列出影响产品市场需求和顾客购买行为的各项变量,列出潜在消费者的基本需求。这就要求企业必须了解消费者的态度、偏好及其所追求的利益,并将其需求明晰化,估算潜在消费者有哪些需求,这一步掌握的情况可能不是那么全面,却能为以后的深入分析提供基本资料。

2. 分析阶段

①分析潜在消费者的不同需求、购买动机。企业可以在专业市场研究公司的帮助下,依据人口变量做抽样调查,向不同的潜在消费者了解上述需求中哪些需求对他们更重要。

②找出影响产品市场销售的关键因素。如果是为了新产品上市进行市场调研,则有必要弄清消费者关心什么以及消费者对产品所持看法等。同时要分析新产品是否与以上分析中的消费者需求相吻合,通过什么营销策略可以迅速占领市场等。如果目的是针对品牌、产品更新和维护进行消费者需求分析,则应该侧重分析品牌、产品现状与消费者之间的关系。

3. 细分阶段

企业可以根据前两个阶段所得到的分析数据,比较每一个细分市场的需求,找出消费者的需求特点,并根据不同消费者的需求细分相应的市场群。具体方法如下:

①单一变量法。指根据市场营销调研结果,把影响消费者或用户需求最主要的因素作为细分变量,从而达到市场细分的目的。这种细分只能是一种概括性的细分,即所谓"求大同,存小异"。例如:玩具市场需求量的主要影响因素是年龄,可以针对不同年龄段的儿童设计适合不同需要的玩具。除此之外,性别也常作为市场细分变量而被企业使用,例如碧欧泉品牌成功开发了"男性护肤"这一传统上被忽视的市场。

②多变量、多层次细分法。指将两种或两种以上影响需求较大的因素视为细分变量,以达到更为准确地细分市场的目的。这是一种为弥补单一变量法的不足而采用的市场细分方法。要做多变量、多层次细分市场,可以从粗到细地将整体市场分为若干层次,逐层细分,并确定该层次的样本市场,最终层次的样本市场就是企业将全力投入的目标市

场。以铝制品公司的市场细分过程为例，公司选择三个细分变量（最终使用细分、产品应用细分、用户规模细分），用三个层次对铝制品需求市场进行宏观细分，最终选定重视产品质量的大量使用者为目标市场。

③动态细分法。市场是由供求双方构成的一个动态系统，这就要求我们掌握影响细分市场的新因素、新变化。市场生命周期的不同阶段（即市场的导入期、成长期、成熟期和衰退期），决定了企业不同导向的细分方法。同样是细分，不同的生命周期有不同的表现和结果。细分市场是动态变化的，细分必须定期反复进行，所以我们要以动态的思维方式来细分市场。以饮料市场为例，20世纪90年代初期，汇源公司开始专注各种果蔬汁饮料市场的开发。凭借迅速的新品开发速度，汇源成为果汁饮料市场中当之无愧的引领者。之后，统一的"鲜橙多"品牌选择将追求健康、美丽、个性的年轻时尚女性作为目标市场，卖点则直接指向消费者的心理需求，极大地提高了产品在主要消费人群中的知名度与美誉度，其销量在短时间内便超过了汇源。

4. 评估细分市场

企业进行市场细分的目的是通过对顾客需求差异予以定位，来取得较大的经济效益。因此，企业必须在市场细分所得收益与市场细分所增成本之间做权衡。企业要考虑到细分市场的大小、成长性、盈利性、规模性、风险性以及其他细分市场的消费者能否改变这一细分市场的消费者的购买决定。通常来讲，有效的细分市场必须具备以下特征。

①可测量性。细分市场应具有可测量性，即要求用来细分市场的标准应该是可识别和可衡量的，且细分出来的市场边界明晰，有合理的范围，并与其他的细分市场有明显的区别。凡是难以鉴别和测量的因素和特征，都不能作为市场细分的依据。

②可接近性。细分市场应具有可接近性，即企业能够通过自身的努力进入所选定的市场，进行有效的促销和分销。实际上，可接近性就是要求企业考虑营销活动的可行性。判断营销活动是否可行，一是看企业能否通过广告媒体把产品的信息传递给该市场中的众多消费者，二是看产品能否通过一定的销售渠道抵达该市场。

③规模性。细分市场应具有规模性，即细分市场有合理的规模和足够的发展潜力，能使企业获利并实现其营销目标。市场细分时并不是越细越好，而是应该考虑所要进入的细分市场有多大的需求量，是否值得企业采取有区别的营销活动，是否能能为企业带来利益，等等。

④稳定性。细分市场应具有稳定性，即细分市场在一定时期内能保持相对稳定的状态，使企业能够实施长期的市场营销策略，以开拓和占有市场，获得经济效益。如果细分市场不够稳定，则会使企业遭受重新调整资源的损失，增加企业的经营风险，影响企业的经营效益。

最后，一旦找到了想进入的新市场，企业最好先不要急于投入资源并实施营销活动，而是应该采取相关措施来对新市场进行测试并迭代。在测试过程中，要不断跟踪测试的反馈结果，进而发现能让用户产生共鸣的价值点，因为即便是一次看起来十分微小的市场调整也可能导致不同的结果，所以应该不断地对新市场进行测试，并根据反馈结果进行迭代，最终找到可持续盈利的细分市场。

二、智能时代的市场细分

智能时代来临，数字技术、人工智能、机器学习等智能技术已经无处不在，这便使得消费者市场的细分对企业来说愈发重要。如前所述，市场细分的目的是为企业找到能实现预期目标的特定消费者市场，从而帮助企业取得更大的经济效益。智能技术可以从海量的消费数据中总结出一个共识模型，以便于企业更加直观地理解市场偏好，从而进行市场细分。根据消费者的价值观、消费观的不同，企业可以使用市场细分来契合这种差异，然后选择最为合适的市场制定策略。以下列出两类智能时代的市场细分方式。

（一）无监督学习

由于人工成本太高，或是难以通过人工完成，从而选择用机器替代人工来进行数据区分的算法就是无监督学习（unsupervised learning）。无监督学习可以通过无标签样本的学习来揭示数据的内在特性及规律。其最常见的方法就是聚类分析（cluster analysis），也即根据样本间的相似性对样本集进行分类（即聚类）。利用聚类结果，可以提取数据集中的关键隐藏信息，对未来数据进行分类和预测。例如，对于通信企业来说，构建市场细分模型需要按照当前价值、发展性和忠诚度三个维度进行数据收集，然后将收集到的数据进行一系列的标准化计算，从而得出分析结果。之后，便可以得到关于市场细分的矩阵象限，即针对不同客户的子市场，随后通信企业便可以根据这个矩阵，展开相应的活动且制定相应的市场营销策略。

（二）监督学习

监督学习（supervised learning）就是给定事先确定的有属性和类别的样本，通过机器学习得到一个分类器，这个分类器会对新出现的样本进行选择并正确分类。在市场细分中，可应用的监督学习方法有两类。

①决策树 C4.5 算法。决策树是一种十分常用的分类方法，是在已知各种情况发生概率的基础上判断其可行性的方法。决策树法可以更加有效且直接地对市场细分进行建模。企业首先根据客户的个人访谈标准化问卷，调查出模型中所需使用的变量数据，将得到的数据套入上述步骤中，使用 C4.5 中的前向和包装选择算法（即针对没有任何嵌入式特征选择机制的方法），便会得到不同的机器学习数据集方法以及预测准确度。通过这些不同的 C4.5 高精度结果，决策树会自动对样本进行市场细分。

②支持向量机。支持向量机（support vector machine，SVM）是一类按监督学习方式对数据进行二元分类的广义线性分类方法，也是一种可以帮助企业获得最优解的方法。支持向量机的改进和扩展算法包括人像识别、文本分类等，其中人像识别可以根据性别、年龄等特征，得到全面的人口统计学数据。支持向量机的更新速度很快，从而保障了市场细分模型的同步性，并能及时对消费者需求做出反应。文本分类是筛选出关键词，过滤"垃圾"信息，对客户的语言文本分类进行识别，然后以向量的形式呈现给企业，再结合机器深度学习就可以帮助企业得到实时动态的市场细分模型。

由以上例子可知，智能技术的应用并没有推翻传统的市场细分概念，而是使市场细分更加容易进行。智能时代下的人工智能技术可以有效地帮助企业处理和收集各种数据，并进行比对分析，减少企业人员的工作量，使企业在控制成本的前提下，提高数据的准确度和获取效率。同时，人工智能技术可以确保市场细分的可靠性，并根据细分维度的不同得出不同的市场细分模型，应用于不同的商业模式，探索出企业在智能时代下的发展方向。

研究前沿与相关案例 2-1

利用智能聚类方法洞察旅游市场细分

（一）研究内容概述

该研究原题为《使用基于本体的聚类以了解英国游客访问地中海沿岸目的地的推动和拉动因素》（*Using Ontology-based Clustering to Understand the Push and Pull Factors for British Tourists Visiting a Mediterranean Coastal Destination*），由西班牙罗维拉—威尔吉利大学（Rovira i Virgili University）的瓦尔斯（Valls）等人发表于 2018 年的《信息与管理》（*Information ＆ Management*）。该研究基于开放式问题的调查，研究了英国游客为什么

在线阅读 2-1

决定前往西班牙加泰罗尼亚地区的某一特定目的地进行旅行。该研究提出，在选择目的地时，动机（motivation）和意义（meaning）作为推拉因素（push–pull factors）具有可操作性。同时，该研究提出了一种基于本体的聚类方法，从语义角度对这些定性因素进行分析，从而得到旅游细分市场。基准测试结果表明，这种聚类方法得到的分词效果要好于经典的聚类方法。

1. 研究背景

现如今，许多旅游文献都使用推拉理论（push-pull theory）来解释游客如何选择度假目的地，但过去关于这方面的研究普遍使用封闭式问题来询问游客选择某个旅游目的地的原因。因此，过去这些研究所使用的调查数据并不能使人们真正理解游客选择特定目的地的动机。该研究使用开放式问题，并运用基于本体的聚类方法对开放式问题的结果进行语义层面的分析和调研，从而有效挖掘出游客的决策过程。该研究旨在证明，基于本体的聚类方法非常适合用来处理游客在被问及某个目的地的动机和意义时给出的开放式回答，进而对旅游市场进行细分。此外，该方法可以被广泛地运用于其他研究领域。

2. 研究内容

该研究以英国游客选择地中海海岸作为旅游目的地的案例为背景，研究如何利用基于本体的聚类方法（ontology-based clustering）来更加高效、精准地找到英国游客做出目的地决策的推拉因素，进而更好地对旅游市场进行细分。为进行此项研究，研究者首先将案例中的推力因素设置为游客选择该目的地的动机，将拉力因素设置为该目的地对于游客的意义。接着，为获取所希望得到的推拉因素，该研究设计了两个开放式问题：第一个问题询问游客选择这个目的地的动机是什么，第二个问题询问这个目的地对于他们的意义是什么。需要注意的是，游客不能使用超过三个词来回答这两个问题，若他们提

供的答案多于一个词，则需要按照重要性程度对答案进行排序。

在收集完原始数据后，研究者必须先对这些数据进行加工，包括词性转换的加工以及同义词替换的加工，使得游客的这些表述能够被包含在一个叫"词网"（wordnet）的参考本体里。最后，研究人员需要使用基于本体的聚类方法对数据进行分析，其中包含许多算法以及图表分析，从而最终得出研究结果。

3 研究意义

该研究表明，基于本体的聚类方法使得研究人员可以在不扭曲被试者原意的情况下对开放式问卷的答案进行语义层面的分析，完成了从传统定量分析方法到定性分析方法的转变。这种技术也减少了被试者回答问题的限制，使被试者可以自由地表达他们的看法，从而使问卷的完成率有显著的提升。

该研究基于本体的聚类方法对具体案例进行分析，得出了以下具有现实意义的结论：首先，如果拥有不同动机的游客选择去同一个目的地，这是由于这个目的地对于不同的游客来说具有不同的意义。其次，我们在传统旅游业的层面所认为的可以合并为同一个动机的两个动机，其实是两个不同的动机。最后，通过推力因素和拉力因素的推拉关系及其不同的组合形式，可以找到更多更具体的甚至更具区域个性化的旅游目的地细分市场，在此基础上，研究人员能够更加精准、更深层次地了解游客选择某个目的地的考虑因素，旅游目的地的管理者也可以设计更合适的营销活动，来提高其营销决策的有效性。

（二）相关案例解析

1. 案例背景与目标

陕西杨陵商业银行使用聚类分析方法对个人理财产品进行了市场细分研究。当前，商业银行之间竞争激烈，个人理财业务在商业银行的发展中变得尤为重要。商业银行想要设计出有效果的个人理财产品营销策略，应对其目标市场进行细分，并对每一个细分市场进行详细分析。陕西杨陵商业银行使用 K-Means 聚类（clustering）方法对个人理财产品市场进行细分，并为其产品营销提供建议，取得了较好的效果（乔楠楠和吕德宏，2010）。

2. 痛点与挑战

虽然我国商业银行的个人理财产品业务发展迅速，但存在的各种制约因素使其发展的实际效果并不理想。这些制约因素主要有三种。

①政策因素。我国商业银行目前多采用分业经营模式，即银行业、证券业、保险业、信托业分别设立机构独立经营业务。这导致商业银行不能充分运用各种产品为客户实现增值，商业银行在其中只是作为一个相关产品的介绍、咨询、建议的中间媒介，并没有真正实施"个人理财"。

②客户需求因素。目前我国商业银行的个人理财产品大多针对少数的高端优质客户，由此导致这项服务的门槛较高，自然也就降低了客户的需求。同时，由于我国民众固有的储蓄观念、对理财产品的营销观念不强以及实际理财产品带来的真实附加收益吸引力不足等，民众对该产品的需求不足。

③产品供给因素。除了刚刚提到的"高门槛"以外，目前我国个人理财产品有同质化趋向，在投资方面，大多是证券、外汇、保险、基金等的组合，缺乏个性化设计，个

人理财产品种类单一，规模有限。

3．解决方案

以陕西省咸阳市杨陵区有个人理财需求的居民作为受测群体，对其发放了问卷。调查问卷涉及性别、年龄、受教育程度、月均收入等 13 个指标。进行显著性分析后，研究剔除了重复贡献指标，然后将剩余指标按照对市场细分的贡献度，即人生阶段、受教育程度、理财价值观、职业、月收入水平和投资风险偏好进行了 K-Means 聚类分析。聚类分析的最终结果是建议杨陵区商业银行将市场客户细分为潜力型客户、关注型客户、战略型客户以及稳定型客户四类。

①潜力型客户。潜力型客户所处的人生阶段和大环境限制了他们的收入水平，进而抑制了他们对理财产品的消费需求，但他们有较高的知识文化水平，并对金融理财可能有过系统的学习，所以随着收入水平的增加，这个市场中的客户对个人理财产品的需求会迅速扩大，同时对理财产品的多元化、收益风险平衡都会有更高的要求，且对收益高风险高的新型理财产品会有更高的接受度。

②关注型客户。关注型客户大多处于单身或家庭形成期，理财观念为先享型或购房型，能把选择性支出积极投入到高风险高收益的投资组合中，同时还会购买相关保险来取得保障。

③战略型客户。战略型客户处于家庭成熟期且其收入水平是这四类客户中最高的。此类客户的理财观念是以子女为中心，更注重多元化投资和投资工具风险与收益的平衡。对投资产品的选择较为理性，也较为开放，会对各种产品综合比较权衡后做出选择。

④稳定型客户。稳定型客户多处于家庭衰老期，理财价值观为后享受型，会把大多数选择性支出用于退休规划。这个市场的客户理财观念比较保守，追求稳定收益和资产保值，承受风险能力较弱。

将杨陵区商业银行的市场细分为上述四类，可以依据不同细分市场的客户类型制定相应的产品销售策略，从而可以在一定程度上解决产品供给方面的问题。

4．营销效果

对于提供金融服务的商业银行来说，核心竞争力来自依据客户兴趣提供个性化、差异化的服务。对于任何金融机构而言，掌握大量的客户信息至关重要，这可以为今后的有效市场营销打下基础。众多社交媒体平台已成为描述客户兴趣和偏好的主要信息来源，但是使用第三方数据通常需要承担较高的成本。因此，金融机构可以使用内部交易数据对客户群体进行细分，辅助于类似聚类分析等机器学习算法，根据交易描述消息将客户分为不同的类别，从而取得较好的市场细分效果。

研究前沿与相关案例 2-2

利用自然语言处理和自动文本分析探索艺术品市场细分的新模式

（一）研究内容概述

该研究原题为《心理消费者细分的新方法：使用人工智能、自动文本分析和对应分析探索艺术品收藏家》(*New Approaches to Psychographic Consumer Segmentation: Exploring fine Art Collectors Using Artificial Intelligence, Automated Text Analysis And Correspondence Analysis*),由瑞典皇家理工学院(KTH Royal Institute of Technology)的皮特(Pitt)等人发表于 2020 年的《欧洲营销学报》(*European Journal of Marketing*)。该研究指出,虽然收藏艺术品的动机在文献中得到了相当多的关注,但人们对典型的艺术品收藏家的特征却关注甚少。该研究采用混合方法进行多项研究,旨在探索这些特征以发展艺术消费者的类型学。研究采用的方法如下:对从与艺术收藏家的半结构化访谈中收集的定性数据进行分析,通过自然语言处理分析和自动文本分析等手段进行定量分析。研究结果揭示了基于"大五"人格特征的四个不同的艺术收藏家集群,并揭示了这些类型的收藏家是如何阐述他们对于收藏的深刻见解的。

在线阅读 2-2

1. 研究背景

除了标准的社会人口学或自我报告措施,更深层次的消费者心理特征往往被营销人员隐瞒。然而,获知可靠心理特征的营销人员更有可能预测消费者在市场上的行为,从而能够建立有针对性的营销活动。现在,人工智能技术的进步使营销人员无须自我报告调查就能对消费者市场进行评估和细分。利用这些新方法,该研究通过分析艺术品收藏家(即艺术品消费者)有关艺术品的对话,探讨了他们的心理特征。

艺术品收藏是探索心理学一个有价值的研究方向,因为它的进入门槛相对较低,同时在收藏家的价值方面显示出很多主观多样性。因此,收藏艺术品的动机一直受到经济学家、社会学家和消费心理学家的关注。然而,该研究并没有进一步调查收藏的动机。此外,收藏作为一种消费行为,其形式并不局限于艺术品,几乎任何东西都可以被收藏,包括棒球卡、葡萄酒、啤酒罐、古董和衬衫。因此,这项研究结果可能会反映在其他收藏活动中。

除了富人和名人购买的艺术品以及通过媒体广泛宣传的艺术品之外,人们很少知道这些艺术品的收藏家是谁。即使是购买了知名的艺术品,对艺术品收藏者的探究仍然相对较少,对普通收藏家的了解更是有限:他们是内向的还是外向的?他们对经验持开放的态度还是不开放的态度?他们到底有多自觉、多合群、多情绪化?艺术品收藏家一般都有类似的性格,还是他们彼此之间有很大的不同?是否有可能根据艺术品收藏家的个性特征将他们分成更小、更同质的类别?这些都是值得关注的问题。

2. 研究内容

该研究旨在回答的问题是:典型的艺术品收藏家的个性是什么?如果艺术品收藏家的个性确实存在差异,是否可以有意义地利用这些差异来区分不同的细分市场,然后将这些细分市场作为目标?

为了回答这些问题,该研究进行了如下工作。首先,在讨论关于艺术品收藏者及其行为的文献之前,该研究探讨了有关艺术品市场细分的问题和争议,并特别提到了心理细分。然后,该研究详细介绍了实证探索的半结构化访谈方法,包括对 25 位信息提供者的访谈,讨论了他们的艺术品收藏行为。接下来,该研究对访谈笔录做了三种分析。①使用人工智能自然语言处理算法，确定每个收藏家的"大五"人格特征；②根据"大五"人格特征的对应分析，确定四个不同的收藏家群体；③使用自动文本分析工具，进一步调查收藏家的一些重要心理语言特征。最后，文章讨论了研究和实践的意义和贡献，分析了局限性，并提出了未来研究的途径。

3. 研究意义

该研究具有较大的理论和实践意义。除了对艺术品营销文献做出贡献外，该研究还呈现了对艺术品收藏家更细致的理解，管理者可以借助这些内容来细分市场和做出目标营销决策。通过了解艺术品市场中消费者的个性特征，销售人员可以更好地为艺术品收藏家等消费者提供产品。此外，了解其个性，有利于艺术品零售空间更好地服务消费者。最后，该研究通过一种独特的混合方法来分析非结构化定性数据，展示了如何使用文本数据来确定可衡量的细分市场，并针对这些细分市场制定有针对性的战略。

（二）相关案例解析

1. 案例背景与目标

欧莱雅是全球最大的化妆品集团，是美妆行业的领导者，其旗下拥有数十个美妆护肤品牌，一直以来欧莱雅都凭借化妆品与美容护肤产品为人们所熟知。但欧莱雅也积极进行科技转型，领跑美业智能赛道，积极运用人工智能技术促进品牌持续发展。从2012年起，欧莱雅就开始着手科技转型，2019年，欧莱雅集团提出"全球首家美妆科技公司"的目标，让营销更加智能化。中国将成为欧莱雅的全球第一大市场，因此，中国市场将在欧莱雅集团的"美妆科技"战略中扮演重要的角色。

2. 痛点与挑战

中国市场的化妆品企业数量众多，除了大牌美妆产品之外，新晋美妆产品层出不穷，大量涌入市场。近年来，"国潮"兴起，大量国货美妆不断吸引着消费者。化妆品市场竞争激烈，因此，如何向消费者精准提供个性化信息服务和决策支持成为企业面临的新挑战。通过对消费者进行分类，进而细分市场，抢占产品市场，逐渐成为企业竞争的要点。此外，受新冠肺炎疫情的影响，人们的消费习惯也发生了变化，这加速了美妆行业的数字化转型。近年来，美妆行业呈现以下态势：①社交媒体成为用户了解美妆产品的重要渠道；②消费者更注重产品功效，消费时更加理性；③用户更青睐个性化的定制产品，掀起美妆新科技产品浪潮。

3. 解决方案

在个性化推荐方面，欧莱雅与相关人工智能信息处理企业合作，在征得消费者同意的前提下，收集用户的购买记录、评论记录、咨询记录，对消费者进行侧写分类，对于不同种类消费者市场进行市场细分，并且预测消费者需求，有针对性地推送产品。以消费者为中心、注重消费者需求，欧莱雅通过深入细致的用户洞察和不同的社交平台管理，实现了千人千面的用户服务，并实现全域流量运营。

同时，欧莱雅也利用大数据打造爆品。通过对消费者需求的预测和对产品的功效性进行验证来创新营销模式，实现以产品为中心到以客户为中心的转变。欧莱雅做到了三点：①高效地分析大量的消费信息，作出消费需求的预判；②通过用户行为监控，对用户行为和需求反馈快速作出反馈，调整产品功能；③对消费者需求过程进行评价分析。例如，如果消费者选购口红时更关注产品的颜色和质地，那么产品研发阶段就需重点解决消费者的需求痛点，如口红的水润度以及色泽等，以此提升产品的市场占有率和压中爆品的概率（杨舒，2020）。

4. 营销效果

可见，自然语言处理技术和自动文本分析技术的发展为企业的个性化推荐提供了巨大帮助。企业可以进行用户分析，对用户进行侧写分类，进行市场细分，进而有针对性地推送产品，提高产品的市场占有率。欧莱雅与智能信息分析公司合作，通过数据可视化图表展示品牌品类构成、产品列表、消费人群、销量走势等多维度分析结果，实时挖掘品牌信息，搜索相对应的精准数据与反馈，更好地实现数字化营销。

第二节　目标市场：使用人工智能洞察最佳营销机会

一、目标市场选择的概念和内容

（一）目标市场选择的定义

目标市场选择（market targeting）这一概念是承接市场细分的，一旦市场被划分成不同的部分，企业就必须评估每个细分市场的吸引力，并从中选择要进入的细分市场，即做出目标市场选择。目标市场由企业针对一类或几类消费者提供能满足消费需求的产品、价格、促销方式以及销售渠道等组成。目标市场选择是市场细分的直接目的，企业划分好细分市场之后，可以估计每个细分市场的吸引力程度，选择进入既定市场中一个或多个细分市场。在细分市场建立潜在的客户群，并针对这些潜在的消费者采用不同的营销策略，是品牌长远发展的关键。

（二）目标市场选择的策略

①无差异市场策略。无差异营销策略是指不对市场进行细分，而把整个市场作为服务对象开展营销。这种目标市场战略忽视了消费者需求的差异性，只求能够满足绝大多数消费者的共同性需要。可口可乐公司就是，推行无差异市场策略的典型全世界的可口可乐都是一个味道。

无差异营销策略有两方面优点：一是企业可以大批量生产、储存和运输产品，从而降低成本。二是企业不需要进行市场细分，可以减少市场调研和促销的费用。采用这一策略的企业一般实力强大，可以进行大规模生产，有广泛可靠的分销渠道和统一的广告宣传方式。但是，这种策略无法满足消费者的多样化需要。而且如果许多企业在同一市场上都采取这种策略，竞争必然激化，获利的机会反而减少。

②差异营销策略。差异营销策略是指把整体市场划分为若干细分市场，选择两个或两个以上细分市场作为目标市场，从企业实际出发，针对不同的目标市场，分别设计不同的产品和营销方案的策略。例如宝洁集团旗下有许多品牌，如海飞丝、佳洁士、舒肤佳等，这些品牌都在不同的细分市场满足不同消费者的需求。

差异营销策略的优点有两个：一是企业针对消费者不同的需求来生产多种产品，能较好地满足消费者的实际需要，有利于扩大产品的销售量。二是企业针对不同的目标市场制定价格、渠道、产品和促销策略，能够有效地增强企业的竞争力，扩大产品的市场占有率。但是差异营销策略也存在缺点：一方面，差异营销策略对企业的资源条件有比较高的要求；另一方面，采用这种策略会使生产成本、储存运输成本等营销成本增加。

③集中营销策略。集中营销策略是指企业集中力量进入一个或少数几个细分市场，实行专业化生产和销售的策略。其立足点是：与其在总体上占劣势，不如在个别市场上占优势。小米手机就实行了集中营销策略，其专注于中低端的年轻人市场，不在高端手机市场与苹果、三星等竞争。

但这种策略也存在着较大的经营风险，竞争对手可能随时入侵该细分市场，动摇本企业的竞争地位。此外，企业为了迎合消费者习惯和态度的变化必须花费较高的成本。一般情况下，实力有限的中小企业会选择这一策略。

二、智能时代的目标市场选择

现如今，智能技术在商业环境中的使用越来越广泛。企业可以利用智能工具进行客户情感分析、执行客户互动，使企业的目标市场选择战略有效实施。以下是智能工具在目标市场选择过程中的几点具体体现。

（一）制定目标市场战略

在营销策略中引入智能技术可以提升筛选目标客户的准确性。智能工具可以通过算法程序对大数据进行筛选分析，也即通过对客户行为的记录来预测客户消费的需求，挖掘数据背后的消费者偏好，定位目标用户，推送精准的产品信息。同时，智能工具有利于提高企业战略制定的效率。由于市场的波动不具备规律性，企业在制定市场战略过程中会受到市场变化的影响，为了实现更精准的市场预测，提高企业战略制定的效率，企业可以使用智能工具收集近几年市场波动的情况，以便企业高效掌握市场动态，避免遗漏重要信息，使营销策略规划更加科学有序，提高战略决策的效率。可见，智能技术的应用影响了企业组织的决策方式。智能工具帮助企业自动识别、总结和提取有利于战略决策的信息。在企业制定目标市场战略时，智能工具依据场景的不同向企业决策者提供信息预测，并直接或间接地修改公司决策。

（二）处理批量数据

以人工智能技术为代表的智能工具在对大数据进行筛选、分析，并转化成对企业有用的情报上具有巨大优势。对于企业来说，由于市场的多变性和复杂性，以往依靠人力收集消费者信息和行业信息需要花费巨大的人力与物力，而人工智能有着对大数据快速筛选和分析的能力。在网络时代，消费者对搜索引擎具备高度依赖性。而人工智能数据分析的自动化功能被应用于预测和分析客户行为，提高企业制定市场策略的有效性。通过大数据计算，在消费者进行关键词搜索时就有目的地将相关企业的广告投放到目标客户手中，投其所好，掌握消费者的个性化需求，使企业更加准确的定位目标市场。

（三）提高预测准确性

智能技术能够模拟人类的思维方式，并凭借着对特定环境的不同理解做出相应的决策。网飞公司（Netflix，一个境外的网络剧集制作和点播公司）就是其中的典型。网飞公司已经成功使用智能技术来对复杂的客户行为进行预测，这是智能技术的一个关键优势。多年来，网飞一直利用智能技术，通过学习人类如何根据服务器上的视频图片来选择电影，经过算法操作后，智能技术可以掌握消费者的喜好，会根据消费者的偏好进行视频图像优化。例如，如果消费者喜欢武打片，网飞的算法会优先展示武打画面；如果其他人喜欢搞笑片，他们可能会先看到喜剧电影画面等。除此之外，网飞的智能技术还会通过预测上一季度消费者的选择，进而形成数据报表供企业参考，这时，企业可以清晰地知道如何迎合市场偏好，应该优先引进什么类型的电影，如何制定更具发展前景的目标市场战略等。

（四）自动化执行任务

智能技术是企业获得消费者认知洞察力的重要工具。过去企业中需要人力完成的任务也逐渐向智能转移。例如，在线智能客服就是利用人工智能技术收集大量的用户历史咨询信息，找出被问及最多的客户问题形成反馈，并有针对性地解答客户提出的疑问。同时，企业也将智能技术运用于售后服务。对于一个企业来说，要想拥有良好的客户口碑和品牌影响力，优质的售后服务不可或缺，而智能技术通过优化售后流程、挖掘用户信息、提高售后服务效率，为企业节省了人力资源。

总之，智能工具可以降低成本，提高效率，增加企业价值，优化目标市场战略决策过程。在市场战略中使用智能工具已是大势所趋，在未来，智能技术参与市场战略制定会成为常态，不管是社会、企业还是个人，都要拥抱这种创新技术，并学会如何扬长避短。

研究前沿与相关案例 2-3

使用在线浏览记录创建数字消费者档案

（一）研究内容概述

该研究原题为《前沿：第三方消费者分析的有效性如何？来自实地研究的证据》（*Frontiers: How Effective Is Third-Party Consumer Profiling? Evidence from Field Studies*），由来自澳大利亚墨尔本商学院（Melbourne Business School）的诺伊曼（Neumann）等人发表于 2019 年的《营销科学》（*Marketing Science*）。该研究讨论了数据经纪人（Data Brokers）会通过在线浏览记录创建消费者数字档案，并将其作为广告定位的预定受众卖给营销人员。然而，这个过程是一个"黑箱"，因为人们难以判断已创建的数字档案或购买平台所提供受众识别的可靠性。该研究通过三个实地测试来调查各种人口统计学和受众兴趣细分的准确性，并检查了 19 家数据经纪企业的 90 多个第三方受众的准确性。研究发现，受众

在线阅读 2-3

细分市场的质量差异巨大，而且在领先的数据经纪商中往往并不准确。与随机选择受众相比，如果使用"黑箱"数据资料，那么具有期望的单一属性的用户的识别率可提高 0～77%。如果与智能优化软件相结合，受众识别率则可提高 123%。然而，该研究发现，鉴于定位解决方案的高额额外成本和相对不准确性，除了高价的媒体投放之外，第三方受众通常在经济上缺乏吸引力。

1. 研究背景

在数字时代，数据具有极高的价值，被誉为"新石油"或"新黄金"。其中大多数的在线数据是由第三方数据经济人通过放置在网站上的 cookies（存储在用户本地终端上的数据）收集到的，这些数据通常用于消费者定性。数据经纪人先将这些消费者浏览信息合成为匿名用户档案，然后用专有的启发式方法或机器学习来推断消费者的其他信息，这个过程允许创建预定义的受众，例如"对体育感兴趣"或"25～35 岁男性"的受众，最后这些信息会被卖给广告商，这样广告商就可以向新消费者定向投放数字广告。在现实中，虽然对第三方定位服务和解决方案投资巨大，但用于创建预定受众的数据源和分析过程是保密的，所以无法保证其可靠性。基于以上研究背景，该研究为了实证性地评估数字化档案的准确性以及整个受众传递过程的表现，进行了三次大规模实地测试。

2. 研究内容

该研究通过三次实地测试来调查各种人口统计和受众兴趣信息的准确性。测试一于 2016 年第一个季度实施，与一家主要广告企业和六个需求方平台进行合作。测试一采用线上活动的方式，在活动中允许优化第三方受众的选择并评估广告是否被特定的群体看到。该测试的目的在于通过融合使用数据经纪人和广告购买平台（也称为需求方平台）两种服务，向特定受众投放广告来检查典型数字广告活动的表现。实验结果表明，受众与交付平台供应商之间存在显著的性能差异。其中平均受众定位准确率为 59%。最好的供应商能在 72% 的时间内向正确的目标市场展示广告，而最差的供应商只有 40% 的时间向正确的目标市场展示广告。人们看到的广告比简介中指定的内容多 1%～41%。品牌安全得分范围为 74.4%～99.8%，六家供应商的无效印象百分比范围为 1.4%～6.5%。由此可得结论：一方面，自动受众投放的性能欠佳，平均有 41% 的受众印象偏离目标；另一方面，受众的准确度在不同的需求平台上存在显著差异。

测试二缩小了焦点，直接观察数据经纪人能否根据给定的一对眼球准确识别受众的年龄和性别。测试结果发现，识别 25～54 岁男性的准确率为 24.4%。鉴于这两个属性的自然分布率为 26.5%，根据样本使用第三方数据的相对平均性能比随机用户选择差。再进一步实验，以一个家庭是否有孩子为变量来区分较小和较大家庭，并检查两种不同家庭类型的性别属性的准确性。研究发现，有孩子的家庭平均准确率为 37.2%，没有孩子的家庭平均准确率为 51.4%。据此可以得出两个结论：第一，一个家庭中家庭成员越多，越会降低识别个人正确特征的准确性（例如，性别）。第二，虽然没有孩子的家庭比有孩子的家庭准确率高得多，但 51.4% 的整体命中率仅略优于随机猜测。

测试三将数据质量评估从人口统计学的指标（例如，"25～34 岁"）扩展到受众的兴趣细分。并选取了三个常见的受众兴趣板块：体育、健身以及旅游。结果发现，测试受众兴趣的准确率高于之前测试过的人口统计属性。并且由于加入受众兴趣部分，识别目标受众的正确率提高了 30%～71%。

3　研究意义

该研究在学术和管理上做出了贡献。在学术方面，以往研究揭示了在线数据分析的个别方法和技术挑战，而该研究重点展示了对数字受众的质量和使用第三方解决方案的经济结果，进一步促进了在线数据分析研究。

在管理方面，该研究说明了使用"黑箱"进行消费者分析的风险，并概述了未经验证的数据产品对广告可能产生的负面影响。通过记录数据经纪人和需求方平台在受众准确性方面的巨大差异，强调了选择正确的数据供应商和购买平台的重要性。然后，由于某些广告投放存在经济性问题并且难以评估受众质量，加之其媒体组合和市场经验的不同，管理者应仔细考虑利用第三方受众是否有意义。当然，广告商也可以通过降低技术和服务成本来提高经济效益。最后，几个行业机构（例如，美国国家广告商协会）提出了 2019 年数据标签计划。数据标签的目标是提高透明度并帮助营销人员了解数字受众所基于的信息。该研究强调了采用数据标签的必要性。由于广告在很大程度上不受监管，且受众的任何数据标记都是自愿的，因此该研究结果表明，广告商应当进行自我可验证测试，并应当考虑在可能的情况下加强媒体购买的透明度。

（二）相关案例解析

1. 案例背景与目标

互联网时代，数据在呈现海量化、多样化、价值化变化趋势的同时，也改变了广告行业的市场竞争环境、营销策略和服务模式。信息流广告是在互联网出现后逐渐兴起的一种新兴的广告形式，它将广告变成信息内容的一部分，使得媒体内容和广告内容的界限变得模糊。这种模式最早在一些国外社交平台上出现，国内在新浪微博推出自己的信息流广告后，腾讯集团也推出了自己的原生广告内容。微信作为即时通信工具，自问世以来受欢迎程度一路飙升，其方便快捷的操作方式、简洁的界面，让越来越多的人渐渐离不开微信。除了微信聊天之外，刷朋友圈动态、查看订阅号推文，已经成为现代人打发闲暇时间的普遍方式。中国社会科学院新闻与传播研究所、社会科学文献出版社共同发布的《新媒体蓝皮书：中国新媒体发展报告 No.12（2021）》指出，微信已成用户上网的时间"黑洞"，近九成人每天使用微信。从每日情况来看，微信日使用时长在"4 小时以上"的受访者人数最多，占比为 25%；在"0.5～1 小时"的人数次之，占比为 13.6%。从每周使用微信天数来看，周使用天数在"7 天"的受访者人数最多，占比为 88.1%。

2. 痛点与挑战

传统互联网广告的投放多需要基于固定的平台。对于商家而言，判断是否投放广告的因素在于平台的日活跃用户数，而平台需要长期运营积累用户，周期较长。商家想要获得较好的推广效果，就需要在前期投入巨额成本。类似硬广告投放的传统广告并没有体现出互联网的优势，商家无法及时看到广告的阅读量和点击率，也无法及时调整投放策略，这就使得广告投放的操作和控制难度很大，很难实现预期效果。而且传统的广告投放多通过广撒网的模式，尽管投放基数大、范围广，但由于推广精准度不高，收效甚微，预期目标与实际结果相差较大，转化率偏低，投入与产出比不能让商家心甘情愿地买单。过于浓厚的商业化气息也是大部分互联网广告的通病，娱乐性差吸引力弱，用户排斥心理较强，点击率和阅读量不高，终端用户的增量黏性不足，不能给商户带来充足的流量，这些都制约了产品的可扩展性。

3. 解决方案

将微信后台提供给第三方品牌和客户，客户继而进行有针对性的精准营销，精准投放广告。据腾讯披露，每天有 10.9 亿人打开微信，3.3 亿人进行了视频通话；有 7.8 亿人进入朋友圈，1.2 亿人发表朋友圈，其中照片 6.7 亿张、短视频 1 亿条；有 3.6 亿人阅读公众号文章，4 亿人使用小程序。微信作为全天不定时使用的软件，几乎掌握了大部分人的生活作息和行为习惯。

朋友圈广告正是以微信用户数据为基础，用户活跃度高，数据具有较高的定向能力。根据 2019 年第四季度的《微信朋友圈广告招商合作介绍》可知，微信通过分析用户的浏览习惯，根据地域、性别、年龄、学历、行为和兴趣爱好等维度将用户分为几大类别，在大类之下再进行细分，给用户的浏览行为贴上专属标签，根据标签内容画出较为精准的用户画像，建立数字消费者档案，为广告主的精准营销提供数字媒介平台。不仅如此，微信精准营销并没有止步于投放阶段，在这个基础上，依旧是依托自身对于大数据的掌控，为广告主制定了一套专业的后台监控系统，对于广告投放后的效果进行全方位的实时监控。每一条朋友圈广告发出后，微信后台都会随之向广告主反馈投放效果，包括广告的投放区域、投放群体、用户点击率、互动数据等详细数据，帮助广告主及时了解受众的反应，调整广告的内容、形式和投放群体，从而取得更高的关注度和更加广泛的影响力。

除此之外，深度的互动性也是朋友圈广告的一大亮点。微信发布的朋友圈广告类似原创朋友圈内容，通常固定在朋友圈第五条的位置，系统会优先将广告展示给微信的活跃用户，用户如果感兴趣，可以在广告的评论区点赞留言，系统检测到后就会将该广告推送给这些用户的相关好友。这既是一种群体推广策略，又增加了广告的趣味性，大大提升了广告的传播效果（刘敏，2018）。

4. 营销效果

2015 年，第一批微信信息流广告开始出现在部分微信用户的朋友圈中。随后，朋友圈广告渐渐进入人们的视野，微信也不断更新升级，广告投放更加细节化和多样化，内容包括品牌、同城、公众号、移动应用程序（App）、商品、小程序推广等多个类别，形式上也不再局限于简单的图文排版，还推出了滑动解锁、互动惊喜等各种引人入胜的新花样。商户可以根据广告目的，选择针对性的推广目标和推广方式。越来越多的商户开始尝试投放朋友圈广告，除了民众熟知的品牌，也包括各行各业的商家，比如婚纱摄影类、学习培训类、展会活动类等。他们通过投放朋友圈广告，以较低的成本增加了曝光率，吸引了许多顾客，达到了不错的推广效果。

研究前沿与相关案例 2-4

利用机器学习方法发掘潜在客户

（一）研究内容概述

该研究原题为《瞄准潜在客户：机器学习方法对典型数据挑战的稳健性》（*Targeting*

Prospective Customers: Robustness of Machine-Learning Methods to Typical Data Challenges），由美国麻省理工学院（Massachusetts Institute of Technology）的西梅斯特（Simester）等人发表于 2019 年的《管理科学》（*Management Science*）。该研究探讨了企业在 开拓新客户时如何利用现场实验的结果来优化销售活动。研究通 过两个大规模的现场实验评估了七种广泛使用的机器学习方法。

在线阅读 2-4

第一个现场实验是为这七种方法生成一个共同的训练数据池。第 二个现场实验验证了每种方法提供的七个优化政策和统一的基准政策。研究不仅比较了 目标定位方法的性能，还验证了这些方法在解决共同的数据挑战方面的表现。研究结果 显示，虽然当训练数据理想时模型驱动的方法比距离驱动的方法和分类方法表现更好， 但是，在存在影响训练数据质量的挑战时性能优势就会消失，其中包括训练数据对实施 环境细节的捕捉程度。该研究的挑战是协变量偏移（covariate shift）、概念偏移（concept shift）、聚合导致的信息丢失（information loss through aggregation）和不平衡的数据 （imbalanced data）。直观地说，模型驱动的方法能更好地利用训练数据中的信息，但这 些方法更容易受到信息质量恶化的影响。该研究测试的分类方法表现相对较差。该研究 解释了分类方法在此次研究环境中表现不佳的原因，并描述了如何提高这些方法的性能。

1. 研究背景

企业在寻找新客户时，必须决定哪些是目标客户，以及为其提供哪些销售活动。一 般情况下，企业先通过一个试点实验来测试客户对不同促销活动的反应。然后使用这些 数据设计一个目标定位策略，以确定向潜在客户发送哪些促销活动信息。最后以点到面 大范围推广目标定位策略。目标定位策略的性能取决于优化方法的选择和训练数据的质 量（包括训练数据对实施环境细节的捕捉程度）。该研究通过评估不同的目标定位方法在 面对探测环境中典型数据挑战时的表现，来测试它们的稳定性。

2. 研究内容

该研究通过两个现场实验来比较目标定位方法的性能。优化策略先用第一个实验的 数据进行训练，后用第二个实验验证。参与该研究的是一家在美国经营多家商店的大型 零售商。该企业的数据分析团队没有采用机器学习方法，而是用普通最小二乘法（ordinary least squares，OLS）建立目标模型。

该研究比较了七种机器学习方法，包括两种模型驱动的方法（套索和有限混合模型）、 三种距离驱动的方法（K-近邻、核回归和层次聚类）两种分类方法（支持向量机和卡方 自动交互检测）。除此之外，该研究还评估了影响信息质量和方法性能的四类数据挑战， 分别是协变量偏移、概念偏移、聚合导致的信息丢失和不平衡的数据。

①协变量偏移。大多数方法假设训练数据中目标变量的分布将代表实施数据，但如 果目标定位方法不是在收集训练数据的区域实施，而是在不同的地理区域实施，那么目 标定位池的特征可能与实施池不同。

②概念偏移。如果训练数据中的基本反应函数与实施环境中的反应函数不同，并且 预测变量没有反映出来，这会导致次优的目标定位策略。如果从训练数据收集到目标定 位策略实施经过了好几个月，在这期间，宏观经济条件的变化、竞争对手的行动、企业

的其他营销活动或季节性的变化，都会导致客户对企业的反应发生变化。这种情况下，更容易出现概念偏移。

③聚合导致的信息丢失。由于潜在客户一般不存在购买历史，因此企业通常被迫依靠邮政编码、人口普查区或运输路线层面上聚合的人口统计指标。该研究探讨了这种聚合如何影响不同方法的性能。

④不平衡的数据。企业在寻找新客户时，通常会用低的平均回复率与从有回复的新客户中获得的大量长期预期利润进行交换，这就是具有不对称错误成本的"不平衡"数据。

该研究结果表明，当数据较为理想时，模型驱动的方法比距离驱动和分类方法表现更好。但是，当存在协变量偏移、概念偏移和聚合导致信息丢失时，训练数据的信息质量将变差，这种变化对模型驱动方法的影响较大。在这种情况下，模型驱动的方法并不比其他方法更具优势。

3. 研究意义

企业在接受现场实验优化营销活动的同时，越来越关注如何从实验中获得更多价值。获得额外价值的方法之一是细分客户，并评估如何以不同的营销策略瞄准不同的客户。虽然关于客户细分和目标方法的文献非常多，企业也有各种各样的方法可以选择。但是众多方法中哪一种最有效，文献提供的指导却很少。该研究通过两个大规模的现场实验，评估了七种广泛使用的机器学习方法。此外，该研究还回答了机器学习文献中哪种方法对数据挑战的反应更敏感的争论。这场争论的焦点是协变量偏移和概念偏移的影响。该研究结果表明，模型驱动的方法对这些数据挑战，以及对由聚合导致的信息损失的数据挑战更加敏感。最后，该研究探讨了距离驱动的方法优于分类方法的原因，并对机器学习文献中提出的分类方法进行了修改，以应对这些挑战。

（二）相关案例解析

1. 案例背景与目标

李施德林（Listerine）创立于美国，是研发技术全球领先的非处方漱口水企业。与其他致力于口腔护理行业的企业不同，李施德林仅经营漱口水产品，没有诸如牙膏、牙粉等产品线。目前其在售八款漱口水产品，分别为健康亮白、零度、冰蓝、绿茶精华、天然橙味、牙龈防护、清凉系列。李施德林的关键目标是提高品牌知名度、发掘潜在消费者，从而扩大市场份额，在同质化的漱口水市场竞争中取得优势。

2. 痛点与挑战

随着互联网购物的普及，海内外口腔用品厂家诸如高露洁、皓乐齿等品牌集聚，漱口水作为快消产品，行业竞争激烈，品类同质化严重。在此情况下，李施德林对品牌及品牌产品的宣传力度依旧不足。2020年，李施德林的天猫旗舰店拥有粉丝数119万名，而同为海外竞争企业的高露洁拥有粉丝数175万名，国内竞品舒客则拥有313万名粉丝。同样以"亮白"系列为主打的漱口水产品，皓乐齿与李施德林的产品规格及售价相近，但前者的月销量是李施德林的5倍。李施德林对其天猫旗舰店的消费者年龄进行了分析，发现其消费者都较年轻。该现象可能是年长群体的特定消费偏好所致，大龄消费者倾向于将刷牙当作唯一的口腔护理方式，他们可能不了解漱口水的功效，甚至不知道漱口水的存在。这反映了人们对李施德林品牌及产品认知存在一定的局限性。通过对消费者的职业分析发现，李施德林的主要消费者是公司白领，一方面是因为他们更加重视口腔护理，另一方面是出于职业所需，而从事其他职业的人群在这方面意识较淡薄。对消费者的地域分析发现，购买李施德林漱口水的消费者大部分来自东南沿海省份。这可能是受经济发展水平以及开放程度等外部因素的影响，沿海城市的消费者接受新事物的能力较强，中西部内陆地区的消费者接受新事物的能力较弱。由此可知，李施德林在品牌认可度、知名度等方面均面临挑战。

李施德林试图通过机器学习等智能工具进一步挖掘潜在客户，找到新的目标市场。然而，李施德林应用机器学习主要有以下痛点。第一是历史消费者信息模糊。历史交易数据在存储过程中易受外界因素的影响，很有可能存在缺失值和异常值。部分消费者在天猫平台上并未完善个人信息，导致消费者信息特征不明显，收集到的数据中可能存在年龄、职业、性别等标签是空值的问题。第二是消费者特征变量的数量难以确定。若特征数量过少，分类特征不明显，分类效果则会降低；若特征数量过多，则很容易造成过拟合且训练模型的时间过长。且由于特征冗杂，不同的特征变量组合代表不同的分类信息，但是想要组合出效果相对好的特征集则需要更高的试错成本。

3. 解决方案

为在同质化的漱口水行业竞争中占据更大的市场份额，应准确在基数庞大的消费群体中识别潜在意向购买者，从而提高营销效率。为解决技术痛点，李施德林与外部智能营销企业合作，采取了如下措施。第一步，收集李施德林天猫旗舰店的消费者画像信息、历史交易数据、消费者浏览日志以及产品数据，对这些数据中的重复值、缺失值、异常值进行清洗后，设定正负样本。在统计数据过程中发现，正样本数远远小于负样本数，因此采取欠抽样的方法对正负样本数量不平衡的情况进行调整。第二步，从消费者特征、店铺特征以及消费者和店铺关系特征三个角度构建特征变量，组成较为完整的特征变量组合。第三步，基于逻辑回归、随机森林、支持向量机和梯度提升树（Gradient Boosting Decision Tree，GBDT）四种机器学习算法构建消费者购买行为预测模型，同时输出模型结果，对比分析得出最优模型（杨朝雯，2020）。

4. 营销效果

基于上述模型，李施德林在其天猫旗舰店的"6·18天猫年中促"活动中向最终确定的预测潜在消费者投放了宣传信息，并监测每天的投放情况，生成预售期、预热期和爆发期的预测人群数据。结果显示，对于李施德林天猫旗舰店而言，数据在各阶段表现较好，促销活动带来了较高的收藏率和加入购物车率，为后期成交转化起到了不可估量的作用。

研究前沿与相关案例 2-5

使用搜索和浏览数据来定位社交媒体消费者

（一）研究内容概述

该研究原题为《根据信号质量调整目标》（*De-targeting to Signal Quality*），由英国阿

在线阅读 2-5

斯顿大学（Aston University）的刘（Liu）发表于 2020 年的《国际市场营销研究杂志》（*International Journal of Research in Marketing*）上。该研究认为，对于企业而言，向体验型产品市场的消费者发出其产品是高质量的信号十分重要。传统观点认为，高价格意味着高质量。然而，该研究认为当企业在广告中大量使用目标定位时，价格在传递质量信号方面的作用可能会被削弱，这可能会减少高价格所传递的信息含量。因此，高质量的企业需要更多地扭曲其价格来表明其质量。然而当有不同层次的目标定位时，高质量的企业可能会发现最佳的方式是用较低水平的目标定位来表示其质量。

1. 研究背景

随着互联网的发展，目标定位技术（targeting technology）的使用已成为市场营销的一大重要战略。这一技术使卖家能够更准确地识别可能对其产品感兴趣的消费者，从而更加有效地使用营销资源。比起电视和报纸这一类传统大众媒体，数字广告渠道能够帮助卖家更好地实现目标定位。同时，数字技术的发展也为卖家提供了不同精确度的目标定位方式，卖家可以根据需求选择不同的广告渠道。由于各广告渠道的目标不同，广告转化率也存在差异。例如，搜索广告旨在产生销售，而社交媒体和展示广告更注重产生认知度。

当然，决定转化率的另一个因素就是消费者的信任。其中，消费者信任的关键因素是对产品质量的确定。因此，企业需要在消费者购买前向消费者发出产品质量信号。传统观念认为，高价格代表着高质量。然而，通过目标定位，低质量产品企业也可以假装具有高质量并向其广告中的消费者收取高价。因此，当消费者收到一个高价促销新产品的广告时，可能并不认为这是一款高质量产品，而是怀疑这一产品是否真的具有高质量或者只是作为被提供高价格的目标。也就是说，采用目标定位技术投放的广告会干扰消费者对产品质量的判断。随着越来越多的高质量企业选择较少的目标定位，消费者对高度目标定位广告渠道的信任度会下降。因此，高质量的企业可能较少采用针对性的营销策略来增强其质量信号的可信度。

2. 研究内容

该研究通过两阶段模型来研究目标定位对质量信号的影响：垄断企业销售一种体验型商品，消费者对这种商品的估价取决于质量和横向的匹配值。企业为了接触到消费者，向消费者发送广告信息来告知消费者产品的存在、特点和价格。当消费者收到企业的广告时，他们就知道了产品的存在、匹配值和价格。然而，只有企业知道产品质量的高低，而消费者只有在消费后才能了解产品质量。在第一阶段，消费者会以价格推断质量，如果质量与广告价格相比是合理的，消费者会在第二阶段购买该企业产品。传统研究认为，在重复经营效应起作用的情况下，高质量的企业可以在均衡状态下以高价格发出质量信号：低质量的企业收取完全信息价格，高质量的企业则向上扭曲其价格，收取高于完全信息水平的价格。

目标定位技术的使用使得企业能够将广告定位在具有更高匹配值的消费者身上。目标定位水平越高，匹配值高于阈值的消费者比例就越高。然而，这也会对信号传递成本产生间接影响，即影响消费者对未观察到的质量的推断。因此，为了表明产品质量并从消费者那里诱导出对质量的正确推断，高质量的企业需要更加扭曲其价格，这就降低了高质量企业获得的溢价。因此，当消费者能够察觉到目标定位程度的差异时，高质量的企业可能会发现选择较少的目标定位最理想，因为这样可以更好地显示其质量。

不同的广告渠道有不同的目标定位能力，企业可以根据自身需求进行选择。一份普通的报纸比一份专门的报纸（如体育报纸）提供更少的目标定位，在线市场通常比离线市场提供更多的目标定位能力（如社交网络与电视）。不同的在线广告渠道也提供了不同的目标选择。一般来说，搜索广告与社交媒体广告和横幅广告相比，目标性较低。企业也可以选择只出现在有机搜索结果中，从而完全不进行定位。随着互联网上数据收集和数据使用的透明度越来越高，消费者更容易分辨出他们看到的是有针对性的广告还是无针对性的广告。因此，当企业采取的目标定位策略可以被消费者观察或感知到时，它可以作为一个额外的质量信号工具。具体来说，高价格与低水平的目标定位相结合，会形成一个更可信的质量信号，因为它减少了低质量企业的欺骗动机。然而，高质量的企业面临着一种权衡：选择一个低的目标水平可以减少信号传递的成本，但也放弃了目标的好处。

该研究结果表明，当在第二阶段离开模仿的低质量企业的消费者的比例随目标定位水平下降时，调整目标定位水平成为更有效的阻止低质量企业模仿的方法，高质量企业发现以较低的目标定位水平（或根本没有目标定位）来表示其质量效果最佳。此外，在质量比匹配值相对更重要的大众市场情况下，取消目标定位更有可能为高质量的企业带来利润。

3. 研究意义

在理论方面，该研究建立在价格对质量信号作用的基础上。以往研究表明，高价格可以是高质量的可靠信号，通过企业对市场进行细分并进行价格歧视或产品定制，对产品市场和广告市场产生影响。以往研究未探讨目标定位和质量信号之间的互动，而该研究填补这一空白。

企业营销活动方面，高水平的目标可能会通过削弱高价格的信息内容来增加高质量企业的信号成本，因此，高质量企业可能会发现选择较低水平的目标效果最佳。与此同时，当营销活动的目的是创造销售时，这种去目标化策略会更适用，这样消费者的信任和质量推断将变得更加重要。因此，对于一个已知质量的老牌品牌来说，高针对性的广告（例如社交媒体、展示广告和电子邮件）可能是接触潜在消费者和传播新产品信息的有效方式。对于旨在提高市场份额的质量不确定的新品牌，去目标化（例如搜索广告、直邮和线下广告）在建立消费者信任和促进销售方面会更加有效。

广告企业方面，该研究表明具有不同目标水平的竞争性广告企业可能会吸引不同类型的企业。这指出了一个有趣的延伸方向：调查具有定价权的广告企业如何战略性地选择目标水平和广告服务价格将是有价值的。

（二）相关案例解析

1. 案例背景与目标

"完美日记"是一家成立于 2016 年的新兴美妆品牌，着力打造价格亲民、质量优质、时尚靓丽的护肤和彩妆产品。该品牌致力于成为亚洲的"欧莱雅",通过分析亚洲女性的脸部特色和肤质,如偏扁平化、低颧骨、浅眼窝等,设计出更贴切亚洲女性脸庞的美妆产品。一开始完美日记的产品线趋于单一化,只有 BB 霜、眉笔、眼影等,建立起知名度后完美日记拓宽至更多的护肤领域。其目标在于以价格亲民和年轻群体为主要消费对象相结合的营销策略在美妆国货中赢得一片市场。

2. 痛点与挑战

在众多国内外美妆品牌林立的中国市场,要积极且高效地推出一款名气响亮的新品牌举步维艰。主要在于该如何定位其消费人群,又该以怎样的方式宣传给目标群众。对于不确定的新兴品牌而言,创造销售额是证明其占有市场份额且没有被竞争机制淘汰的最有效方式。虽然完美日记将目标定位于 18~26 岁的年轻群体,但这个新兴品牌如果以高目标定位而投放广告和进行营销宣传,必然引起消费者的不信任,从而不可能保证实现预定销售额。并且完美日记的价格定位走的是亲民路线,如果目标定位精准,再加上价格低廉(相对于其他美妆而言),极有可能造成消费者对完美日记的产品质量不信任的严重后果。

3. 解决方案

既然价格低廉加年轻消费群体定位的营销策略不适用于一个新兴且质量不确定的美妆品牌,完美日记便选择了降低目标水平的营销方法,即去目标化的宣传策略,以开拓中国市场,建立一定的知名度和收获群众基础,打响品牌的名声后再进行高目标化宣传。其解决方式以全方位的广告投放为主。

①抖音和哔哩哔哩等的视频网站投放。抖音和哔哩哔哩的受众基础是庞杂的,这两个网络是青少年、青年、中年、老年群体的线上狂欢广场。在此类视频网站进行去目标化的广告投放,能形成良好的宣传效应。2019 年抖音的美妆主播人数增长迅速,铺天盖地式的短视频广告投放,不仅使目标定位越来越广,且不经意间真正吸引了那些对完美日记有兴趣的消费群体。

②小红书和今日头条等内容平台。完美日记不仅在短视频上进行宣传,还进军小红书、今日头条等内容平台,拓宽宣传受众面。如在小红书上,有关完美日记的账号就达 600 多个,积累了 200 多万名粉丝,这些账号利用知名网红分享"种草"和使用流程、攻略等吸引了大批消费者,极大地提高了完美日记的知名度。数据显示,近 60%以上消费者的购买决策受到美妆 KOL(关键意见领袖)推荐及直播内容的影响。

③微博。微博的广告投放聚焦于明星宣传而引起更多的曝光度,微博话题的建立也是一种吸引目标群体又不以精准目标为导向的广告宣传策略。一个美妆产品话题的建立和热搜的出现,看似是全民导向型的,但只有真正关注美产品的用户才会被吸引,同时又不会给他们造成"精准推送"的不信任感,将主动权交给消费群体。

4. 营销效果

完美日记通过低目标和全方位广告投放的营销手段,打响了在中国市场的第一场胜仗,其销售量不断突破新高,是中国彩妆界一个十分成功的案例。2018 年完美日记首次参加淘宝的"双十一"活动,半个小时便完成 1 亿元的销售额。到了 2019 年,完美日记仅用时 13 分钟就成功突破一亿元的销售额，稳居天猫彩妆类品牌的第一名，超过了许多国际一线品牌，销售增速达 1193%。2019 年完美日记的营业额为 35 亿元，同比增长 364%，也收获了 1.5 亿元的首次净利润（田阳，2021）。

第三节　定位战略：使用人工智能开发与客户共鸣的定位战略

一、定位战略的概念

（一）市场定位的定义

美国著名营销专家艾·里斯（Al Ries）与杰克·特劳特（Jack Trout）提出了市场定位（market positioning）的概念。在其联合编著的《定位》一书中，市场定位被描述为：企业对自身产品和目标市场上各竞争对手的产品进行深入分析，对消费者的独特需求进行准确判断，确定自身产品与众不同的优势，以及这种优势如何满足了消费者与众不同的需求，从而在消费者心中占据了独一无二的位置的过程。可见，市场定位的目的是建立一个品牌或产品形象，并使消费者在具有相应需求时，就能不费力地联想到它（例如，"怕上火喝王老吉"）。市场定位的关键是企业要设法在自己的产品上找出那些比竞争者更具有竞争优势的特性，并将其传达给目标消费者。

（二）市场定位的类型

①产品定位。产品定位是指企业针对消费者对某种产品某个属性的重视程度，塑造产品的鲜明个性或特色，树立产品在市场上一定的形象，从而使消费者认识企业的产品。产品定位是所有定位的基础，如果消费者没有在脑海中树立关于产品的鲜明形象，更不会形成对产品所涉品牌及公司的进一步认知。

②品牌定位。品牌定位是指企业将产品的品牌定位在消费者心中，如果消费者产生类似的需求，就会联想起这个品牌的产品。品牌定位必须以产品定位为基础，通过产品定位来实现。

③公司定位。公司定位是指企业塑造自身的公司形象来获得消费者以及供应商、批发商、政府等利益相关者的认可。公司定位处于定位的最高层，公司必须先定位产品和品牌，然后才能在市场上树立起合适的、良好的形象。

（三）市场定位的方式

①避强定位。避强定位是一种避开强有力的竞争对手进行市场定位的定位方式。在这种方式下，企业不与竞争对手直接对抗，而是将自己的产品定位于另一个市场区域，发展目前市场上没有的特色产品。例如，小米手机不与苹果、三星等品牌在高端手机市场争夺消费者，而是着力在中低端市场打造"年轻人的第一台手机"。避强定位的优点是使企业较快地在市场上站稳脚跟，在消费者心中树立起形象。避强定位的缺点是企业必须放弃某个最佳的市场位置，这意味着企业甚至可能处在较差的市场位置。

②迎头定位。迎头定位是一种为了占据比较好的市场位置，不惜与在市场上居支配地位的竞争对手正面竞争的定位方式。在这种方式下，企业选择与竞争对手重合的市场位置，争取同样的目标顾客，彼此在产品、价格、渠道、促销等方面差别都不大。例如，华为手机与苹果、三星等品牌在同一市场竞争，在品质不落后传统高端品牌手机的同时，华为也希望借助"支持国产"的定位来吸引消费者。迎头定位的优点是通过竞争，企业及其产品能够较快地为消费者所了解，市场形象比较容易被树立起来。迎头定位的缺点是风险性较大。

③重新定位。重新定位是一种对销路少、市场反应差的产品进行二次定位的定位方式。一般在两种情况下，企业会采取重新定位。一种情况是初次定位后，随着时间的推移，新的竞争者进入市场，企业的市场占有率下降；另一种情况是顾客的需求偏好发生变化，市场对企业产品的需求减少。不过，重新定位的发生也可能是由于出现了新的产品市场范围。例如，某些专门为青年人设计的产品在中老年人群中开始流行后就会被重新定位。

二、智能时代的定位战略

随着消费者驱动的市场数据不断呈几何式增长，以及对于提取关键战略信息的需求，传统依靠访谈、抽样调查和市场试验的定位手段显然有失效率。在智能化时代，越来越多的企业开始使用人工智能来处理复杂的客户数据集，优化营销活动。以下是基于客户生命周期理论，阐述在不同时间段中利用人工智能技术进行市场定位的方法。

（一）客户获取阶段

在客户获取阶段，人工智能通过分析历史数据，得出客户需求与购买意向，从而运用智能化信息推荐与定向广告投放的偏好模型来吸引潜在客户进行第一次消费。例如，亚马逊和阿里巴巴通过跟踪和访问其客户在过去几年中对产品的每一次浏览，以及对购物车中产品的购买或删除行为创建数据模型并将其应用于普通人群。这两家公司有足够的数据来形成一个优质的消费者偏好模型，从而在没有潜在客户的个人数据情况下，也能够瞄准特定的客户。其具体做法有：

①智能化信息推荐。根据客户的历史购物记录、浏览记录，预测未来的消费行为，从而推荐能够引起消费者兴趣的商品或服务（Devang et al.，2019）。例如，在亚马逊购物平台上，对于浏览并购买某特定品牌包的女性客户，在交易过程中，能够搜集到年龄、性别、婚姻状况与收入等信息，以此为基础，人工智能对每个客户建模，从而分析特定客户的需求与消费动机，预测合适的产品与品牌并进行推荐。

②定向广告投放。人工智能通过算法对不同客户进行定制化广告投放，从而达到降低成本、资源利用最大化的目标。这里的定制包括了广告投放时间段、特价促销广告需求、广告展示途径等。

（二）客户接触阶段

在客户接触阶段，客户已经进行了第一次消费，此时人工智能将用算法建立起客户独特的属性模型。其中包括智能客户定位、客户重要程度评分、进一步精准的行为预测分析等。同时，人工智能系统也不断进行学习，优化客户获取阶段的偏好模型。这种技术在亚马逊、阿里巴巴、易贝（eBay）等平台上有广泛应用。

（三）客户转化阶段

在此阶段，客户已经进行了几次回购，这类客户存在犹豫不决的心理。此时，人工智能将运用动态定价法以及交互式服务持续挽留客户。这一阶段的具体做法有两种。

①动态定价法。动态定价法是基于客户动态需求的定价方法，此时价格可以在一个全新的水平上被确定和优化，从而产生销售所需的精确报价，同时也能够根据市场数据与竞争对手进行比价，从而保证自己的产品更受客户的欢迎（Zulaikha et al., 2020）。例如，爱彼迎（Airbnb）建立了一个复杂的动态定价系统，以帮助提供房源者根据房源的类型、面积、位置、物业设施、周边环境以及预定时间等进行定价。由于客户的选择不会恒定不变，在不同时间段，根据不同的心情进行的偏好选择各不相同，此时人工智能的价格细分程序就能避免过时的目标数据，提供合理报价。

②交互式服务。交互式服务是指企业通过智能算法自主开发聊天机器人，持续挽留客户，并以客户定位为基础，根据客户不同的需求持续刺激消费。例如瑞幸咖啡利用微信公众号小程序，为上班族一类客户设置早高峰时段的早餐提醒和午休时间的一杯咖啡提神服务，定时、合理地引发客户的需求，从而达到刺激消费的目的。

（四）客户忠诚阶段

在此阶段，客户的注意力持续时间日益缩短，抓住客户的需求变得更加重要。因此，企业运用人工智能分析特定产品的购买数据，并计算出客户何时可能再次需要相同的产品，以便及时发送信息提醒他们充值或重新订购产品，即自动化确定联系客户的时机、内容、模式等。在当今的营销中，数据的有效使用对于改善购买体验、服务的定制或个性化、客户定位和品牌忠诚度至关重要。

研究前沿与相关案例 2-6

使用数据挖掘技术提取客户的感知图式

（一）研究内容概述

该研究原题为《基于客户感知图式的营销情报来源》（*Customer-based Perceptual Map As A Marketing Intelligence Source*），由阿联酋理工学院（Emirates College of Technology）的达巴斯（Daabes）等人发表于 2017 年的《国际经济与商业研究杂志》（*International Journal of Economics and Business Research*）。该研究指出，大多数的全球化公司都利用营销情报来支持决策、识别潜在的机会和规划战略。该研究集中讨论了客户的感知作为一个丰富的、系统的、客观的、智能的来源，能为营销战略的规划提供充足的支持。这个想法是通过数

在线阅读 2-6

据挖掘技术和工具，从挖掘客户的感知中提炼出感知图式来实现的。该研究提出了一个实用的智能框架，通过整合营销数据和信息系统技术，以保持对数据可靠性的深刻理解。该研究通过对约旦的快餐店进行分析后，证明了提出的智能框架是可靠且有效的。

1. 研究背景

随着人工智能技术的应用和发展，生活中越来越多的领域离不开人工智能的支持。人工智能技术的应用给企业带来了深远的影响，一方面，人工智能可以通过大数据技术挖掘并整合客户的消费数据来反馈给企业；另一方面，通过一定的数据智能分析手段可以帮助企业制定战略，从而寻求更大的发展空间。市场竞争的加剧促使企业采取一系列措施保护竞争优势和提高市场地位，企业应当了解、收集、处理和评估相关的、有价值的市场信息，使用系统的、客观的和智能的工具来评估由数据展现出来的外部以及内部的变化，借此对竞争对手的行动和市场威胁做出适当的反应。

该研究引入了市场情报（market intelligence，MI）的概念，市场情报"由内部和外部的数据来源组成"，用来支持决策和制定战略。数据是市场情报的重点，把商业数据以系统的方式进行整理是十分重要的。事实上，决策者面临的挑战并非是获得数据，在数字化时代，数据可能会被广泛且简单地获取，真正的挑战是从获得的数据中分析出客观可靠的结果。通常，竞争数据主要来自员工、竞争对手的网站发布的信息、第三方采访、行业协会、官方渠道等。虽然竞争数据的来源有时值得怀疑，但数据的客观性、可靠性对于分析的结果起到很重要的作用。相对的，客户被认为是更有价值和更客观的信息源，可以从中分析出消费者的喜好以及对组织、品牌和竞争对手的看法。营销人员在建立强大的市场地位时需要确保客户对产品或服务有良好的体验。基于此，来自客户的数据是十分重要的。该项研究以纯粹的客户数据为信息来源，而不是从经理、企业形象识别的专业人员和员工那里获得信息。

在使用市场情报时，除了数据来源的可靠性外，高成本和是否缺乏管理数据所需的技能也是需要考虑的重要因素，缺乏数据管理能力和识别并解释不同事物相互关联的能力，将导致无法获得低成本和高质量的信息。该研究通过市场资源［例如感知图式（perceptual map，PM）］和信息系统技术（例如数据挖掘技术）之间的合作来解决数据质量问题。这种合作降低了成本并缩短了时间，且实现了对非结构化数据进行智能化管理的目标。研究认为，在未来，智能的顾客感知图式技术是一个可以显示竞争对手公司在行业中占据的市场或竞争地位、理解竞争对手公司的市场定位的优势和内在弱点的工具，智能的 PM 技术的使用可以更好地了解客户对一组竞争对手的感知、偏好和态度。

该研究提出了一个将营销数据与信息系统技术相结合的框架，这个框架反映了市场中最主要的因素：消费者和竞争者。根据这个框架可以制作出感知图式，感知图式既可以有效地反映客户对于不同竞争公司的喜好和态度，也可以直观反映企业在市场中的定位。此外，这个框架可以反映企业对于客户最重要的方面，从而为管理层进行战略规划提供有用的信息。最后，该研究通过对真实案例进行分析来证明所提出的框架是有效且可靠的。

2. 研究内容

该研究设计的自动化竞争框架通过数据挖掘技术，从客户的角度为决策者提供规划战略和战术，并给出具有可操作性的见解，通过对真实案例进行分析，验证框架的有效性和可靠性。该研究提出的框架包括三个步骤：

①情报需求（intelligence requirement）。在这一步中策划人根据公司的目标客户、主要竞争者、所选领域的重点和目标产品等信息来确定公司需要收集的情报资料。通过访谈、问卷等方式收集到可观的数据后，对数据进行筛选，即删除缺失值、重复值并记录其他影响数据挖掘过程的问题。

②情报分析（intelligence analysis）。情报分析的主要目的是通过分析情报需求阶段收集到的数据，找到对决策有用的数据信息。对于特定的细分市场、特定的领域或特定的目标，某些维度比另一些维度更相关、更高效，将数据所涉及的重要维度筛选出来，然后基于对目标市场的重要程度对维度进行排序。

③情报输出和报告（intelligence outputs and reports）。对维度进行排序后，我们选择排名最高的第一对维度（由两个排名最靠前的维度组成）。第一对维度代表客户心目中关于品牌形象最重要的维度，这两个被选中的维度一个作为 X 轴，一个作为 Y 轴，然后画出感知图式，由感知图式来看出公司在客户心中的地位。

该研究通过对约旦首都安曼的 13 家快餐店连锁品牌的竞争地位进行研究，以验证框架三个阶段是否有效和可靠。首先确定所需的情报数据。情报数据主要由三部分组成：第一部分包括有关受访者的人口统计数据，如性别、婚姻状况、受教育程度、年龄和收入水平。第二部分包括随机研究的 13 个快餐店品牌数据，受访者根据喜好对快餐店品牌进行排名。排名第一反映了最受欢迎的品牌，排名第十三反映了最不受欢迎的品牌。第三部分包括对 14 个维度的打分情况，这 14 个维度是品牌要素、品牌知名度、品牌关系、品牌价格、品牌分布、品牌传播、差异化、信任、品牌质量、自我表现、情感、社会责任、原产地、品牌资产。

其次，对收集到的情报数据进行分析。由于智能技术收集到的数据是按一定程序设计得到的，因此需要进行一定的加工以获得更加准确和有用的信息。这一阶段需要对智能收集和挖掘到的数据进行过滤和排名，所有数据挖掘都是在品牌资产维度上进行的。而品牌知名度、品牌关系、品牌价格在 14 个维度中对企业市场定位的影响不大，可在之后的分析中排除。对维度基于目标市场的重要程度进行排序，结果表明，自我表现（D10）和原产国（D13）的排名最靠前。

最后对情报数据进行输出和报告，基于上一阶段使用两个选定的维度（即自我表现和原产国）构建顾客的二维感知图式。其中自我表现代表 X 轴，而原产国代表 Y 轴。研究结果显示，品牌之间的距离反映了品牌的实力和对品牌的顾客对品牌的喜爱程度。就原产国和自我表现者两个维度而言，Chili Ways 品牌处于最不利的品牌地位，因为消费者认为，该品牌在以上两个有利的方面均无法有效地发挥作用，因此消费者整体对其进行负面评价。同时，尽管在原产地这一维度上，Hardees 品牌与其他品牌的位置相对较近，但在自我表现上超过了 Domino's Pizza 品牌。对于其他品牌，结果表明，两个品牌之间存在相互重叠或是相差不大的情况。

3．研究意义

使用信息系统技术处理和分析大量可用数据已被证明是企业取得成功的关键要素，这是对市场变化做出快速反应的推动力，也克服了缺乏客观性的问题。使用信息系统技术可以通过提高营销策略决策的准确性，实现对营销环境（包括客户和竞争对手在内的）最新趋势更全面的了解。市场情报已成为竞争中保持领先地位的重要因素，对市场的研究可引入一种实用且准确的信息框架，用以分析大量信息并将其转换为有价值的感知图式。对约旦快餐店品牌的研究验证了该研究所提框架的可靠性和有效性，其中顾客感知图式与数据挖掘工具和技术的协作可以从基础数据中发现有用的信息。

该研究为企业的营销实践应用提供了一个新的方法。首先，对于企业而言，制定有效的战略决策对于应对内外部市场环境的变化十分重要，该研究为更好地制定符合环境变化的战略决策做出了很大贡献。其次，运用信息系统技术和市场智能来更加快速、精准、低成本地实现目标，有效解决了高成本、缺乏管理数据仓库所需的技能和识别问题，并解释了不同事物之间相互关联的能力等难题。最后，该研究的创新点就是绘制出客户心目中的感知图式，根据两个相关度排名最高的维度绘制感知图式，直观有效地反映出客户心目中产品、企业等在市场上的定位，进而可以清晰、准确地帮助战略制定者了解该产品或企业在市场中的位置，从而制定有效的战略。

（二）相关案例解析

1．案例背景与目标

2020年，中国电子商务交易大幅上升。伴随着市场份额的不断增大，电商之间的竞争变得十分激烈。如何打造出一个具有核心竞争力的新零售平台、如何深度挖掘消费潜力，是每一个想要转型升级的电商平台需要考虑的问题。新零售脱胎于电商，但是又比电商的含义更加深远。新零售的两大特点为：一是大数据为新零售时代提供了重要推动力，以云计算、智能科技为代表的新技术通过深度介入商品生产的具体流程，实现了行业效率的再度提升；二是新零售的商业模式是S2B（supply chain platform to business），即通过对B端用户的深度赋能实现行业的深度变革，从根本上满足用户消费升级的基本需要。

拼多多是我国一大社交电商平台，其创立初衷为通过带动社交发起拼团，以更为低廉的价格秒杀优质产品。基于数字化的时代背景，本案例以拼多多为研究背景，探索拼多多如何实现数据化驱动、共同推进产品营销和技术营销，以满足长尾化、瞬时化的消费新特征，同时讨论拼多多平台如何优化产业链以及针对新零售趋势所采取的一系列可行的市场营销方案。

2．痛点和挑战

"服务下沉市场"是拼多多的关键词，是指企业将目标客户从竞争白热化的一、二线城市转向三线及以下城市的蓝海市场。拼多多的企业定位是吸引追求高性价比的人群。拼多多刚起步时，平台更多呈现的是低价产品，但也因此引入了大量假冒劣产品的提供者，消费者得不到恰当的产品推荐，"山寨"和"傍名牌"现象层出不穷。从整个零售平台来说，"假货"是每个平台待以解决的问题，从平台本身到监管部门都需要解决这一问题。拼多多的"打假赛"显然是一场持久战。

同时，实现以用户为中心，满足长尾化、瞬时化的消费新特征，是零售行业转型发展的新机遇。作为一个人工智能赋能的新电商平台，拼多多也面临着如何凭借其优秀的分布式人工智能技术和前端积累的浩瀚的用户数据，有效分析与利用用户洞察数据，最大化消费时空效用，满足商户和消费者的需求。

3．解决方案

拼多多采用了以下方案来解决上述痛点（王崇锋等，2020）：

①确定所需的情报数据。数据主要由五部分组成：第一部分来自卖家和买家提供的假货词语和图片。第二部分来自买家的日常消费习惯、交易评价、年龄、地区分布、复购率、浏览记录及关系链。第三部分是平台之间商品的点击率、商铺的转化率、相似品的竞争程度。第四部分是商家关注的维度打分，如流量数量、入驻成本、支付平台的安全、操作系统的复杂程度、产品品类等。第五部分是消费者关注的维度评价，包括价格、产品情况、物流配送、客服服务、展示页面。

②对所收集到的数据进行分析。首先，将词语和词语变种加入"山寨查杀词库"，通过山寨品牌关键词自动拓展技术和联想屏蔽技术、图片文字视频识别技术对这些词语进行识别。其次，基于平台海量数据挖掘与分析，利用人工智能技术尤其是计算机视觉和深度学习技术进行深度分析。最后，传统的电商搜索是人找货模式，新零售要做到的是根据大数据对消费者心理的深层分析，在数据挖掘分析中，对消费者关注的维度进行排序与分析；同时在供给端，对来自商家的维度进行排序与分析。

③数据输出和报告。第一，为了解决痛点问题，拼多多基于所积累和收集的数据，开发完成假货识别算法，研发构建违规商家与商品的发现、假货型、劣质品识别等一系列模型，评估和发现假货，进而采取限制措施。拼多多还正通过对人工智能技术，尤其是对计算机视觉和深度学习技术的研究和应用，研发图像描述生成（image caption）、人脸与人体分析技术、活体检测、光学字符识别（optical character recognition，OCR）、图像相似度等深度学习的机器视觉技术，构建强大的防控体系，建立完善平台规则、知识产权保护等事宜，为拼多多电商生态环境保驾护航。

第二，对消费者选定的两个维度进行构建，形成二维感知图式。已选取的五个维度满足了拼多多对自身市场地位和消费者线上购买产品所考虑的因素，即价格、产品、物流、服务、场景体验。根据不同变量维度对消费者购买情况的影响程度，结合国内不同新零售平台的定位，抽取影响因子最大的两个维度来绘制该感知图示。

第三，根据商家选取的维度绘制感知图示。同样的，已选取的维度为一般商家入驻平台所考虑的因素，从广阔的"朋友圈流量"吸引到实际入驻落地，基本可以在选取的维度中体现出来。接着结合国内不同新零售平台的定位，抽取影响因子最大的两个维度来绘制该感知图示。

第四，新零售的一个特点，就是需求端到供给端的打通。这意味着我们要将所取得的消费者画像和用户感知维度与商家画像和商家感知维度相匹配，为瞬时化的需求提供更快更多的推荐；为商家或厂家发现市场和目标客户，预测产量和趋势，从而降低生产成本，在全平台全方位全供应链实现"高性价比"的定位。

4. 营销效果

根据拼多多发布的《消费者权益保护年度报告（2019）》，2019 年，拼多多 97% 的疑似侵权链接上线前即被平台拦截封杀，超过 8.8 万家涉嫌违法违规店铺被拼多多平台主动关闭；一年来，平台向全国各级执法机关移交逾千起涉案线索，协助全国各地警方抓捕了两百多名犯罪嫌疑人，涉案金额过亿元。这表明拼多多的"打假"行动有了一定成效，但是假货是一个长期的业内生态问题，需要全方位的努力和坚持。作为新零售巨头，拼多多必须努力克服身上的"沉疴"——假货问题。更重要的是，拼多多要明晰自身的定位，利用好所掌握的人工智能、大数据、智能数据挖掘分析等先进技术优势，提供独特优质的服务，使"性价比"深入人心，使得平台、商家和消费者成为一家。

研究前沿与相关案例 2-7

使用文本分析解析顶级旅游目的地口号中的情感成分

（一）研究内容概述

该研究原题为《解析热门旅游目的地的旅游口号》（*Analysing Tourism Slogans in Top Tourism Destinations*），由西班牙赫罗纳大学（University of Girona）的加利（Galí）等人发表于 2016 年的《目的地营销与管理杂志》（*Journal of Destination Marketing and Management*）。该研究认为，一个旅游目的地的口号是发展其国家品牌的重要工具，然而，很少有研究专注于这个问题。因此，该研究主要通过研究 150 个旅游目的地的特点，从三个地理层面，即国家、地区和城市层面来分析和评估旅游目的地口号中的情感成分。该研究对以往研究中采用的每个口号的八个不同项目进行测试，结果发现，好的旅游目的地口号往往是非常简单的，并且有一种独特的吸引力，这种吸引力来自强调信息中的情感成分。

在线阅读 2-7

1. 研究背景

罗马通常被称为永恒之城，巴黎被称为光明之城。这两个目的地的品牌形象几乎在所有地方都是被认可的，然而值得注意的是，这并非是广告营销的效果，而是强化一个城市或国家的品牌形象（品牌资产）自发的过程。在全球竞争和目的地日益增多的背景下，旅游管理部门比以往任何时候都应更加关注和巩固自身的品牌形象。

该研究先从品牌的塑造切入，然后引申到口号的重要意义。随着市场竞争的加剧，人们越来越认识到品牌是企业有价值的无形资产之一。品牌是一个名称、术语、标志、符号、设计或这些因素的组合，企业使用品牌将自身的产品与竞争对手的产品区分开来。品牌由三个要素组成：品牌名称、标志和口号。这三个元素在旅游地的宣传中对消费者具有很强的引导作用，并在塑造品牌的形象中发挥不同的作用。名称和标志在信息表达上存在局限，但口号可以作为媒介表达品牌的含义和品牌的特殊之处。一个品牌名字或一个标志不容易改变，但是宣传口号可以灵活改变，因此，品牌元素中最有活力的部分是口号，它可以构架出品牌和形象之间的桥梁。

尽管口号在品牌建设中很重要,但学术界很少对旅游目的地的口号进行研究和分析,该研究使用内容分析(content analysis)对全球 150 个主要旅游目的地的旅游口号进行实证检验,最后给出研究结论。所谓内容分析是一种对大众传播信息(书籍、杂志、电影、广播和电视等)的内容作出客观、系统和量化描述的观察研究方法。

2. 研究内容

品牌将一种产品与另一种产品区分开来,同时品牌还可以降低风险,增加消费者对产品质量的信任,目的地品牌已经引起旅游业和学术界的关注。然而当前研究大多集中在品牌形象上,关于品牌口号的研究相对较少。该研究在进行实证研究前归纳了一些口号成功的特征与一些口号失败的原因。成功的口号往往具备以下特征:①从字面意义可以区分目的地的特性;②口号和目的地可以紧密联系起来;③口号有合适的长度,表达清晰,容易记忆。失败的口号往往会出现以下问题:①口号过于普通;②内容太多(试图包含一切信息);③受到政治环境的影响;④定位细分市场不够明确;⑤缺乏创新。

成功的口号会引起消费者的注意,进而引导消费者的行为。但当消费者意识到口号是有说服意味的时候,口号可能会起到反作用,换句话说,如果消费者觉得口号令人厌烦,他们可能对口号做出厌恶的反应。基于此,该研究在旅游业的框架内,通过对主要国家、地区和地方旅游目的地的口号进行系统分析,研究旅游业的口号如何帮助旅游景点采用通用标准进行管理。该研究选取 150 个旅游目的地进行研究,剔除了没有口号的30 个目标后,有效研究样本为 120 个。该研究对每一个口号的口号结构(口号字符的数量、无意义的词与有意义的词的数量、品牌名称是否包括在口号中、品牌名称在口号中的位置)和口号定位(目标定位、地理位置信息、口号所强调的特性、语意)进行了分析。

通过对口号结构进行研究可知,每个口号平均字数为 3.53 个,最少 1 个字,最多 10个字,大多数目的地倾向于尽量减少口号中的字数,以提高其有效性。通过对无意义的词与有意义的词的数量进行研究发现,口号中有意义的单词比无意义的单词多,这表明口号倾向于使用更多的名词、动词或形容词来传达品牌口号和目的地相关联的属性,同时试图尽可能缩短口号。口号中包含品牌名称,品牌名称强化了口号与目的地之间的积极关联,并允许口号中包含独特和不可模仿的元素。品牌名称在口号中的位置与地理层面的差异有关,全国性口号往往在口号开头包含品牌名称,地方性口号将品牌名称放在最后,区域性口号往往不包含品牌名称。

通过对口号定位的研究发现,关于口号针对的目标对象,就其提供的信息而言,这些信息旨在突出目的地的一些特征,针对需求的信息通常会要求游客采取一些行动;公共行政部门倾向于优先考虑来自真实文化身份的图像和叙事(因此从供应角度呈现),而私营组织部门更愿意将努力集中在创造商业化体验上(因此从需求角度显示)。标语定位的另一个特点是明确地理环境,大多数口号都提到了目的地的地理位置。指定精确的地理环境,实际上是在地理上定位目的地品牌,口号产生的独特吸引力会对消费者形成情感依恋。目的地试图通过口号加强其属性,并鼓励和引导游客的行为。

3. 研究意义

尽管口号的使用益处已在实际中显现出来,但有些目的地的品牌战略只基于一个标志、一个符号或一个名字的设计，而不考虑使用一个口号。在旅游竞争日益激烈的背景下，口号的使用是广义的旅游战略的一部分。该研究得出的结论与以往研究相一致，口号可以作为品牌和营销策略的一部分。在这种情况下，可以考虑将口号融入品牌战略和目的地营销的其他方面。

（二）相关案例解析

1. 案例背景与目标

呼和浩特市是内蒙古自治区的首府和政治、经济、文化中心，历史文化悠久，旅游资源丰富，但也存在潜力挖掘不足、旅游形象定位模糊、推广和宣传力度不大、旅游形象没有很好地被游客感知等问题，从而导致呼和浩特市的旅游业竞争力不强。加上呼和浩特市的旅游形象定位不断发生变化，因此鲜少能给旅游者留下深刻的印象。为使呼和浩特的旅游形象完整且直观地被大众感知，陈鹏和钱磊分别通过文献分析、内容分析、网络文本分析、定量与质性研究来获取旅游者对于旅游目的地的多层次多方位认知，并利用文本分析软件，对目的地口号中包含的词语进行提炼、收集、比较，解析旅游目的地口号中的情感成分，为旅游目的地口号的设计提出参考意见和改进方案。

2. 痛点与挑战

陈鹏（2019）和钱磊（2021）发现，呼和浩特市的旅游口号存在以下问题。

①主题定位不明确。口号中提到的相关主题未在旅游中体现出来，如"丝路名都，四季青城"，旅游地虽地处丝绸之路，但目前的旅游产品体系中没有有关"丝绸之路"的旅游项目，游客会被口号吸引，但旅游设想无法与旅游体验相匹配，旅游景点也就无法成为一张完整、可被感知的城市名片。

②存在相似定位，旅游产品和资源同质化。呼和浩特市的草原旅游资源和产品与呼伦贝尔、锡林浩特有差距，但又定位相似，易混淆，口号"天堂草原，魅力青城"不能很好地体现呼和浩特独立的城市形象。并且，旅游目的地的口号没有体现出文化内涵，表述不明确，与西安、成都等历史文化名城相比，呼和浩特欠缺吸引力。"文化之都·活力青城"除了展现城市面貌，无法突显出城市特征与旅游形象。

③旅游形象感知不完整，较片面。口号中的情感成分具有独特性，但不能概括出旅游地整体的旅游形象，存在定位片面的问题。比如"塞外草原美，中国乳都香"，该口号虽提及呼和浩特"乳都"的称谓，却无法帮助游客全面地认识呼和浩特整体的旅游形象。

3. 解决方案

①采用文本分析。为突出展现旅游目的地中情感成分的分类，陈鹏和钱磊分别使用一些简单的规则对同义词或者相近词进行了简单的合并处理，例如将相近词汇"大召寺"和"大召"统一归并为"大召"，"蒙语"和"蒙古语"统一为"蒙语"，并针对提取出的特征词进行共现分析，整合文本的情感特征。通过词频和排序，整理文本数据，可以按主题词出现的不同频率进行分类，从中提取分析文本的情感特征，获得旅游者的情感需求。

②旅游形象可视化。通过对文本分析得到的数据进行可视化处理，将词组按出现频率以不同大小、不同方位整合到一张图表中，可以直观地捕捉旅游口号中的情感成分，

获取大众对目的地旅游形象的感知。

③主题词分类分析文本情感特征。一般主题词可分类为主要包含情感需求、美丽的风景、悠久的历史和丰富的文化、宜人的气候，或是复合主题。对于呼和浩特市，这座城市的情感需求体现在对现代、文明、美好和魅力的向往与追求，体现于旅游口号中"心，快乐，幸福""天堂，浪漫，魅力，诗意，清新""探秘，发现，寻"等名词词组和动词的搭配。呼和浩特的标志性美丽风景为草原，可以提取关键词"美，山、水、湖、海、自然、森林"。呼和浩特悠久的历史和丰富的文化为昭君和节事，"古老，传奇，道，故里"的旅游口号突显了呼和浩特文化的神秘感；呼和浩特凭借宜人的气候，被称为"天然氧吧"，"春，氧，凉爽，湿润，呼吸"都体现出这座城市的清新与自然。若采用复合主题，可用"中国乳都"这张城市名片。在蒙古语中，呼和浩特意为"青色的城市"，若用人们熟知的"草原上的天堂""马背上的民族"，更能展示呼和浩特的全貌。

④根据不同受众的情感需求设计旅游口号。旅游目的地口号一般要朗朗上口、便于记忆。采用复合主题，融合多种元素，能够立体地展现城市形象，提高呼和浩特的旅游知名度和美誉度。在此基础上借助适当的传播手段，可以达到推广宣传的目的。针对不同的客源和不同的发展阶段，旅游口号应予以差异化，具有针对性。比如从区内游客的角度出发"文化首府，时尚之都"符区内游客对呼和浩特市形象的感知。此外，旅游口号中需突出呼和浩特市的旅游资源、文化底蕴以及文脉特征，从而有利于呼和浩特持续发展旅游业。从区外及国外游客的角度出发，"游塞外青城，品草原文化"，能够满足区外游客对文化探寻的需要。

4. 营销效果

基于呼和浩特市的旅游形象分析，可以准确地获取旅游消费行为数据，对于收集到的数据进行整合、传递，再采用文本分析软件进行文本分析，得到有关旅游者对旅游目的地的全方位感知数据。采取符合旅游者情感需求和价值观的营销宣传，有助于呼和浩特市提高城市旅游形象，增强对旅游者的影响力与感知力，获得旅游价值认同，并通过官方投射，将旅游者对本地的感知形象应用于语义构建，进一步对旅游者的认知过程产生影响。同时，旅游者通过与旅游目的地口号中的情感相呼应实现旅游诉求，对自身旅游体验，即所获得的实地旅游认知形象提供正向反馈，对呼和浩特市旅游形象再感知与评价，由此形成良性循环。

第三章

人工智能与产品和品牌策略

第一节　使用人工智能优化产品和服务开发

一、产品开发和服务开发的内涵

产品指的是生产者可通过一类有形或无形的供应物来向消费者提供价值，满足消费者需求，并且通常可以规模化生产、大规模复制的东西。产品包括有形的物品和无形的软件两种，如书籍、家电、手机或知识产权、软件等。一般来说，产品可一次购买、多次使用，而且在产品的使用过程中并不完全依赖于人和人之间的接触。而服务指的是通过生产者和消费者之间的交互来提供价值。相对于产品而言，服务更依赖于人和人之间的接触，服务过程本身就是在创造价值。服务通常是一次性的、不可重复的和非标准化的过程，例如教育、旅游、餐饮都属于服务。

产品开发（product development）或服务开发（service development），是指企业通过改进已经存在的产品（及服务）或开发新产品（及服务）来使产品（及服务）具有新的特征或用途，以满足市场需求的流程。显然，在营销中，企业重要的任务之一就是把握住用户的要求，研究设计出用户需要的东西，并且保质保量地制造出来。可见，产品开发或服务开发的根本动力来自客户的需求。随着经济的发展，人们的需求愈发细化，各种新产品（及服务）的研制与开发就显得越来越重要。新产品（及服务）的开发，既有利于企业改进技术，提高产品（及服务）和服务的竞争力，也有利于满足消费者多样化的需求。因此，积极开发新产品（及服务）对于企业、市场、国民经济等的发展都具有深远的影响。

二、智能时代的产品开发和服务开发

接下来以日本富士通集团"基于云的下一代 Monozukuri 开发平台"为例，探讨智能时代应该如何运用人工智能技术将新产品的开发决策从经验主导型转换为科学主导型的开发策略。Monozukuri（ものづくり）的中文意思是"造物"。为了更好地预测新产品开发的实际效果，减少新产品开发的盲目性和低效性，富士通回顾了产品开发方法，并将所有设计工具、数据和技术集成到一个单一平台，寻求解决复杂设计挑战的方案。这个

基于云的下一代开发平台被命名为"One Platform"。该方案旨在将前人积累的丰富经验与自动化产品相结合，帮助客户快速导入智能制造系统。通过可编程控制器与人机界面的组合，Monozukuri 人工智能帮助人工单元生产线上的工作人员采用正确的方法安装零部件。随着安装程序的标准化，企业得以大幅缩短新员工的培训时长，并实现人工组装工作零失误（ITO 等, 2017）。

（一）Monozukuri 人工智能框架在产品设计中的运用

1. 构建学习模型发展框架，推动机器学习技术的服务开发

机器学习（machine learning，ML）技术通过对数据的分类，可以进一步预测产品的相关需求，实现产品的开发与设计。从某种意义上讲，人工智能技术本身也是一种Monozukuri（造物），其目的是帮助人类解决问题，创作出与人类思维模式相似的，甚至是超越人类思维模式的解决方案。在设计学习模型发展框架时，通过加强数据收集与审查，可以获得一个高度精确的机器学习模型，从而帮助设计者更好地进行产品开发与设计。

2. 构建学习模型利用框架，使机器学习技术对产品设计的预测更为精确

①**对学习模型的访问控制**。学习模型是一种允许用户根据使用目的选择合适的学习模型的机制。例如根据用户对电气计算机辅助设计的要求，选择支持电气设计的学习模型。同时根据用户对结构系统验证工具的要求，选择支持结构设计的学习模型等。

②**对学习模型的更新**。由于应用于产品设计的技术在不断进步，人们担心学习模型一旦制成，按原样使用会出现实际产品设计上的偏差。为了防止这种情况的出现，企业可利用框架根据新的设计技术和工艺的发展来定期更新学习模型。

（二）Monozukuri 人工智能框架在产品开发中的优势

①**极短时间内完成超复杂的运算**。产品开发涉及的许多任务都需要设计师根据经验做出判断，这种情况下确定的算法较为复杂，而且纳入所有需要考虑的因素，需要进行更为复杂的计算，是一项困难和耗时的工作。而诸如 Monozukuri 一类的新技术，只需输入数据就可以自行高速计算，并按照规则自动输出结果，这种方式能够适应快速变化的设计环境，因此在应用人工智能技术优化产品和服务开发的研究和发展中越来越受到重视。

②**进行自动化设计和验证**。问题的复杂程度会直接影响设计者的最终方案，因为人的知识、经验、精力是有限的，无法长时间解决同一个问题。当设计者找不到最优方案时，他们给出的方案会带有一定的主观性，甚至有可能是错误的。未来基于 Monozukuri 人工智能框架的学习模型将通过云计算的构建为产品的自动化设计提供支持。以结构设计检验为例，验证设计意图是否正确运作的唯一方法是人工对所要验证的位置进行视觉判断，因此结构设计检验存在着人为因素造成的验证遗漏问题。如果利用机器学习构建自动检测程序，可以通过高精度检测结构设计，实现部件检验过程的自动化。

③**关联过去积累的各种数据，并塑造新数据**。在机器学习方法的开发和确定功能价值方面，已有越来越多的机器学习模型作为解决方案得以提出。随着人工智能在不同领域学习经验的增加，学习模型发展框架对事物间关系的洞察力逐步提高，同时也不断提

高解决问题的能力。当人工智能技术的运算能力、分析能力、洞察力超越人类时，人工智能在很多领域提供的解决方案会优于人类提出的解决方案。

总而言之，新产品设计决策工作是基于知识规则的推理，当人工智能技术被应用到产品设计中时，人工智能就能很好地模拟人脑去分析并处理问题，即使在所给的条件不十分清楚的情况下，也能进行模拟推理，像人脑一样充分运用逻辑思维、逻辑判断，得出一个较为满意的答案。因此，不管是电路设计、结构设计还是其他领域，通过数据库的累积，学习模型的准确性也会不断提高，人工智能技术在各种产品和服务开发上的应用也将越来越广泛。

研究前沿与相关案例 3-1

机器学习和决策树方法可以实现品牌标志设计的自动化

（一）研究内容概述

该研究原题为《Tailor Brands：人工智能驱动的品牌建设》（*Tailor Brands: Artificial Intelligence-Driven Branding*），由美国哈佛大学（Harvard University）的埃弗里（Avery）发表于 2018 年《哈佛大学商学院案例集》（*Harvard Business School Case*）。在这篇研究中，作者阐述了科技公司 Tailor Brands 使用专有的人工智能技术，使中小企业在不需要专门的品牌设计技能的情况下，可以在短短几分钟内以最低的成本自动生成自己的产品标识（logos），创建企业的品牌识别（brand identities），从而实现品牌建设。在准备进行 B 轮风险投资时，Tailor Brands 的创始人对该公司的商业模式进行了一些关键性的改变，从而实现了品牌和营销过程的部分自动化。决策树算法、机器学习等人工智能技术能否帮助 Tailor Brands 在品牌识别开发方面胜过传统的平面设计师和品牌机构？Tailor Brands 能否众多的标识生成器中脱颖而出？该研究对这些问题进行了探讨。

在线阅读 3-1

1. 研究背景

尽管自动化已经改变了许多营销和销售流程，例如从数字媒体购买到客户关系管理，但自动化还没有被用于品牌设计。Tailor Brands 是一家致力于利用人工智能技术帮助企业实现自动化营销和品牌设计的公司。在完成 B 轮融资后，Tailor Brands 希望通过在全球范围内扩展技术平台和推出一系列产品，使小企业的品牌和营销过程实现部分自动化，进一步实现品牌建设的大众化。具体来讲，人工智能能否创造出与企业和消费者产生共鸣的品牌标识？Tailor Brands 能否打破传统的线下品牌设计流程，通过设计一个基于人工智能和机器学习的技术平台，在短短几分钟内设计出一个品牌，而且价格平易近人？Tailor Brands 决心找出答案。

2. 研究内容

Tailor Brands 是一家由风险投资支持的品牌形象生成机构。该公司希望通过提供一个自动化工具，帮助任何预算水平有效的人群在几分钟内创建一个专业品牌标志。这一创意开发过程，依靠一个用户友好界面，让潜在的客户可以快速和容易地表达他们对品牌的渴望，然后利用由人工智能推动的专有算法产生一套独特的品牌标志。该公司声称现在只有 10%的市场客户得到了品牌解决方案。传统上，企业通过聘请专业设计师或借助提供全方位服务的品牌代理机构来完成品牌设计，收费从一千美元到五万美元不等，一些客户甚至为创建一个新品牌支付了数十万美元。这些费用对于大公司来说不算什么，但对于小公司来说是一笔不小的支出，品牌设计费用也因此成为小企业建立品牌的一个障碍。

此外，简约是 Tailor Brands 的独特卖点。Tailor Brands 使网页设计自主化，任何人都可以为自己的品牌设计符合自身要求的标志。传统上，如果人们想获得一个时尚的标识，就必须和一个专业的设计师合作，这就涉及前期的寻找成本以及来来回回的讨论。最后人们甚至可能得不到一个令自己满意的商标。但通过 Tailor Brands 提供的系统，人们只需要输入企业、组织或品牌的名称，选择企业经营的行业，提供一个简短的业务描述，每隔 1.5 秒系统就能创建一个新的品牌标识。

Tailor Brands 还将注意力转向不断扩大的产品供应，旨在推动公司从一个标志制造商转变为一个完全自动化的品牌代理商，为客户提供持续的服务和价值，帮助用户扩大品牌营销、实现品牌大众化。如今，Tailor Brands 还衍生出一系列相关业务，使服务范围不再局限于设计企业标志。这些衍生业务包括宣传材料的设计以及社会媒体广告活动的生成，例如海报、社交名片、文创产品设计、网页设计等。另外，为了使客户能享受更优质的服务，Tailor Brands 对不同类型的服务制定了不同等级的订阅费用，用户可以根据自身的需求选择相应的服务。

3. 研究意义

Tailor Brands 在简单性、价格实惠和设计质量之间寻找平衡点。如果自由职业者或小企业家希望创建一个独立的品牌，或者说预算不够，或者说不想对设计师的作品完全妥协，那么 Tailor Brands 是一个非常好的选择。Tailor Brands 为小企业家提供了一个自我创作的平台，让他们有机会在品牌竞技场上展示自己的实力并与大公司竞争，而非仅因资金不足就满足于一个劣质的商标设计。

通过人工智能算法，Tailor Brands 能帮助客户专注于视觉品牌和社会知名度，建立一个强大的和可持续的品牌。为了保护原创，个人的自主设计品牌将在互联网平台上被独立识别，即使是大公司也没有权限访问这些数据，这便有利于客户将自身业务与竞争对手区分开来。

目前 Tailor Brands 已经成为在线商标设计和品牌推广的领头羊，它使用智能营销模式为客户创造和提供个性化产品。智能营销模式也被称为超个性化模式，该模式使用机器学习来开发个体文件，然后让该机器学习这个文件。随着时间的推移，机器学习使得公司能够适应各种各样的场景，包括显示相关内容、推荐相关产品、提供个性化推荐等。智能营销可以帮助企业节省大量的时间和金钱，达到以下（但不限于）目的：①优化人力资源，提升工作效率和工作质量；②精确营销内容，帮助顾客做出有效决策；③为企业管理者提供市场预测分析和决策支持；④帮助企业更好地了解产品的消费情况。

（二）相关案例解析

1. 案例背景与目标

北京洛可可科技有限公司是一家拥有多年设计经验且追求高品质服务的设计公司。2019年以前，该公司主要有两个阶段业务：洛可可与洛客。2004年成立的"洛可可"致力于设计的专业化，提供传统的B2B服务。该品牌在2014年至2016年进行了结构化与标准化改革，将原本复杂无序的设计创意过程，变成一套可学习、可管理的标准方法。而2016年创立的"洛客"，聚集了大量第三方设计师，以服务中小企业为目标，创建了全新的平台模式。该品牌开始聚焦标准业务数字化，同时为远程在线业务数据化打下了基础。2018年洛可可与钉钉和阿里开展"云合作"，通过将用户的行为数字化，实现整个项目业务流程数字化。

由于服务于大企业的品牌设计市场趋于饱和，因此，只有技术过硬的设计公司才能在市场中立足。在我国，中小企业包括个体商户占全部市场的比重超过90%，大企业占比不到10%。主打大企业服务市场的洛可可开始意识到中小企业对于设计品牌标识有巨大的市场需求，因此积极拓宽市场规模，将目标市场拓展到中小微企业，实现品牌设计的大众化。

2. 痛点与挑战

由于传统品牌设计存在项目周期较长、人工成本较高的弊端，各行各业都在探索走数字化与智能化路径，智能化也为许多行业带来了巨大的红利，极大节省了人工成本，提高了工作效率。目前，洛可可的知名度足够高，而且服务对象以高端客户为主，亟待拓展下沉市场，开拓中小企业的品牌标识设计市场，实现品牌标识设计大众化。但是鉴于该公司设计师的技术水平高、人工成本高，让高水平的设计师去为设计预算费用极低的小微企业设计品牌标识显然是不合适的。据洛可可创新设计集团董事长贾伟描述："在传统的标识设计行业中，2名设计师通常需要两周的时间才能形成一个合适的标识设计方案（中国青年网，2019）。"这样的效率难以满足中小企业庞大的需求，因此该公司希望利用人工智能技术提高设计效率，在短时间内设计出大量的方案供客户选择，让客户获得高性价比的品牌标识。

3. 解决方案

2019年3月起，洛可可开始布局智能设计业务开发，项目负责人认为机器学习方法可以处理大量的文字信息，结合洛可可的标准化设计方法论与丰富的素材库，可实现智能标识设计。因此洛可可与阿里达摩院合作，依靠大数据与机器学习方法，让计算机在大量的数据库中寻找统计模式，进行快速高效的平面设计工作，并在钉钉上推出"洛客云"智能设计项目。

"洛客云"基本的智能标识设计流程如下：用户输入"业务关键词"与"目标用户"并选择"行业分类"后，计算机立即通过形色义的拆解和语义分析将关键词转化为一组数据，利用归纳算法生成可读的规则和决策树，然后对新数据进行分析与分类，使计算机前往洛可可丰富的素材库寻找合适的设计素材，再利用洛可可标准化设计方法论，即可实现10秒生成100款智能标识设计方案。曾经线下标识制作需要花费3万元，而现在只需要 39 元，这就是技术带来的变革。

在此基础上，洛可可公司进入第三个阶段业务——"洛智能"。该项目利用机器智能实现了品牌设计标识自动化，大大提高了设计效率，提供了高需求量下的普惠设计，有效满足了中小企业大规模、个性化、高性价比的市场需求。"洛智能"为客户提供的标识设计方案，不仅有标识图像，还能利用人工智能辅助功能自动生成相应的设计说明、VI套图等。另外，为了满足客户多样化的需求，"洛智能"提供了三种不同价位的套餐，客户可以根据自身需要选择不同的套餐。

4．营销效果

结合机器学习和决策树算法实现品牌标识设计的自动化，无论是对洛可可公司还是对消费者而言，都是卓有成效的。对于洛可可公司而言，智能化行为帮助公司实现了效率提升、业务增长和生态构建，提高了公司的竞争力。首先，智能设计使得设计周期缩短、设计成本降低、设计效率提高，设计师可以大幅减少类似标识场景应用的重复性工作，解放了设计师的双手，降低了公司的人力成本。其次，优质服务与极低的价格吸引了大量客户，使公司业务增长迅速。最后，能力数字化、可视化推动洛可可公司与更多的平台生态实现合作和商业创意的碰撞，协同社会资源，构建起全产品生命周期的数字化生态系统。

对于中小企业而言，"洛客云"解决了中小企业线下标识设计中的设计成本高、沟通难度大、质量难保证等痛点，让所有的中小企业都能以低价获得优质的、独一无二的标识设计，具备生产传播价值，帮助企业实现自动化设计品牌元素。人工智能设计打破了原来局限于一群人做设计的边界，以技术驱动、互联网平台的全新创造模式，优化产品设计和服务开发，让优质设计普惠每一个中小企业和创业者。

研究前沿与相关案例 3-2

自动化技术改变了旅游和酒店业的服务模式

（一）研究内容概述

该研究原题为《终极变革：自动化技术将如何颠覆旅游、旅游和酒店业？》(*Ultimate Transformation: How Will Automation Technologies Disrupt the Travel, Tourism and Hospitality Industries?*)，由保加利亚瓦尔纳管理大学（Varna University of Management）的伊凡诺夫（Ivanov）发表于 2019 的《旅游科学杂志》(*Zeitschrift für Tourismuswissenschaft*)。该研究指出，来自旅游和酒店业的公司已经开始在业务中采用机器人、人工智能和服务自动化技术（Robots And Artificial Intelligence And Service Automation Technologies，RAISA）。自助登记亭、机器人清洁工、机器人送货员、机器人礼宾员、聊天机器人等也越来越多地被旅游公司使用，并改变了这些公司创造和提供服务的方式。该研究探讨了RAISA 技术对旅行、旅游和酒店管理公司在运营、设施设计、营

在线阅读 3-2

销、供应链管理、人力资源管理和财务管理方面的影响。该研究强调，未来的公司将分为两大部分，一个是提供标准化廉价机器人服务的高科技旅游公司，另一个是依靠人类雇员的高接触公司。

1. 研究背景

技术上的突破使旅游业发生了革命性的变化。19世纪中叶，火车的出现使团体形式的旅行变得可行，出现了第一批有组织的旅行团。20世纪上半叶，汽车的出现为旅游路线的选择增加了很大的灵活性，促进了旅游的自主化。20世纪下半叶，喷气式飞机让长途旅行的目的地变得触手可及。20世纪末和21世纪初，全球分布系统（global distribution system，GDS）、互联网、社交媒体、网站和移动应用程序，使世界变得更小，改变了旅行、旅游和酒店公司的业务规则和竞争方式。这一切使得旅行的便捷程度达到了前所未有的高度。

现在，旅游业正面临着一场新的革命，一场比之前的变革更强大、更具变革性、影响更长远的革命，旅游业正在进入机器人时代。这次大变革将不再像以前一样以"人"为核心，机器人技术、人工智能和服务自动化技术（RAISA）将成为主角，从降低公司成本、简化运营、消除浪费、提高生产力和效率等多方面使旅游业和酒店业发生巨大转变。虽然目前机器人在酒店、餐馆和机场等环境下与人类的互动还显得有些笨拙，但是随着机器人技术的进步，未来机器人极有可能实现"为客人服务，代替人类完成肮脏、沉闷、危险的任务"的愿景。

2. 研究内容

首先，该研究对RAISA技术的利弊进行了综合分析。其次，该研究详细阐述了RAISA技术未来将给旅游和酒店业带来哪些转变。该研究提到，RAISA技术的优势主要有以下几点：①可连续24小时工作；②可完成更多种类的任务，并通过软件和硬件升级来扩展业务范围；③可以按照服务程序的脚本正确、及时地完成工作；④可提供越来越好的工作质量；⑤可重复进行日常工作；⑥不会持续罢工、散布谣言、歧视客户或员工，不会不经通知就辞职，不会表现出负面情绪，也不会逃避工作、要求加薪、生病等。不过，RAISA技术也有劣势，主要有以下几点：①RAISA技术缺乏创造力；②RAISA技术近几年仍不能完全独立于人类的监督；③RAISA技术缺乏个性化服务能力；④当前的RAISA技术只能在结构化情况（structured situations）下工作；⑤RAISA技术可能给人类员工带来就业上的威胁。

接下来，该研究从运营、设备管理与设计、人力资源管理、财务管理和供应链管理、市场营销管理等方面深入分析了RAISA技术对旅游和酒店业的影响。

①运营。采用RAISA技术对旅游和酒店业的运营最重要和最明显的影响是服务提供商的改变，服务由机器人、计算机程序、自助服务亭或其他非人类代理提供。RAISA的使用意味着客户在服务交付中的作用增强，因为RAISA在服务交付过程中执行一些曾经由公司员工执行的活动。自助服务技术的使用有效地将启动和实施服务交付的责任从服务提供者转移到客户身上，客户被转化为"生产者+消费者"。RAISA提高了旅游和酒店公司的服务能力，它们可以同时为更多的客户提供服务（借助聊天机器人甚至可以同时

服务数千名客户），从而提高了生产率。此外，RAISA 技术减少了资源使用和浪费，消除了不必要的活动，以及减少了能源消耗，因而改善了运营环境的可持续性。

②**设备管理与设计**。RAISA 技术对旅游和酒店公司的场所设计也有影响。在未来，酒店、餐馆和机场等场所将使用各种各样的移动机器人（轮式、腿式、飞行或水下），例如安全机器人、机器人向导、机器人服务员、机器人吸尘器/割草机/游泳池清洁机、娱乐机器人、送货无人机等。

③**人力资源管理**。采用 RAISA 技术将对旅游和酒店公司的人力资源管理产生影响。在积极方面，RAISA 将节省员工执行烦琐和重复性任务的时间，员工可以将这些时间用于其他更具创造性和创收性的活动。不仅如此，RAISA 还将引发员工所需技能的变化，员工将需要更多的技术技能，以便能够操作和维护新技术，同时他们还需要提高与顾客沟通的能力。此外，由于员工流失率很高，旅游和酒店公司需要不断培训员工，这既耗时又耗资，而 RAISA 可以帮助企业节省部分员工培训的成本。在消极方面，RAISA 技术的使用将导致不同部门的员工数量发生变化，通常会减少容易实现自动化任务的员工数量（例如，接待、信息提供、公共区域清洁、菜单点餐和送餐等）。同时，RAISA 有可能消除或至少显著减少一些入门级工作的员工数量，如接待员、服务员、管家、服务员、厨师、售货员、洗碗工、清洁工，甚至司机（被自动驾驶汽车取代），因此大大减少了一些社会群体（低学历的人或寻找兼职工作的学生）的工作机会。

④**财务管理和供应链管理**。使用 RAISA 技术可以节省大量的劳动力成本、增加销售额。同时，RAISA 技术与各种财务成本有关。在供应链管理方面，采用 RAISA 技术可以整合供应商和旅行、旅游和酒店管理公司的信息系统。

⑤**市场营销**。一方面 RAISA 技术改变了旅游和酒店管理公司的营销方式。在产品和服务质量方面，机器人的采用将改变客户对旅游/酒店产品的期望。RAISA 通过新的有吸引力和互动的服务方式与客户进行沟通和交流，提高客户服务质量。RAISA 还可以使服务过程娱乐化，为客户创造价值。然而，不是所有的公司都能成功实施 RAISA 技术。这就是为什么在未来旅游和酒店管理将分为两大类，即高科技公司和高接触公司。另一方面，RAISA 可根据成套规则和客户购买行为实时数据实现产品的自动定价。此外，RAISA 也将改变旅游产品的分配。人工智能允许公司使用预测性分析，并根据客户的行为，以及计划中的假期、生日、纪念日或其他标准，在客户还没有意识到自己需要任何此类服务之前就预测客户的需求，提供产品建议。人工智能还可以用于智能渠道管理软件包，根据预订模式和每个渠道的预期销售情况，按分销渠道自动分配酒店的可用容量。

最后，该研究对公司如何应对 RAISA 技术带来的影响提出了一些建议，并对 RAISA 技术在旅游和酒店业影响方面的研究进行了预测和展望。

3. 研究作用与意义

RAISA 技术对人类社会的影响越来越大，也越来越深远。其中，RAISA 技术对服务业的冲击尤为巨大，因为服务业往往被认为是与"人"交流最多的行业。该研究就 RASIA 对服务业中极具代表性的旅游业和酒店业的影响进行了全面剖析，不仅分析了 RASIA 的优势和劣势，还从多个角度详细解析了 RASIA 可能给旅游业和酒店业带来的影响。对信息时代下服务业的发展具有重大借鉴意义。

对于一些经典问题，该研究也给出了回答，例如"如何平衡人工智能与人？"该研究认为，从管理的角度来看，RAISA 技术给公司带来的变革将是深远的，管理者和员工需要为此做好准备。当然，不是每一个可以自动化的过程、活动或任务都应该被自动化。公司需要考虑使用 RAISA 技术的成本和效益，只采用与其业务相关的技术。员工应该注重提升自己的技能，而不是抱怨被机器人取代。在这个方向上，企业培训、在线课程或大学学位（例如硕士学位）或许可以作为部分解决方案。

对于"公司如何合理应用 RASIA 技术？"该研究认为 RAISA 引起的旅游业转型将对经济和社会诸多方面产生影响。比如，高校需要调整旅游和酒店管理课程，如设置单独的机器人模块，使学生具备从事高度技术化旅游业工作所需的知识和技能。立法者和行业协会需要重新考虑住宿机构和餐饮店的分类，并反映新的技术现实。工会应该接受这样一个事实，即他们的成员不可能拥有有保障的工作，因为机器人、信息亭、聊天机器人或数字语音助手将执行人类员工目前所做的许多任务。农业、制造业、批发和零售公司以及旅游公司的供应商也可能需要采用 RAISA，并将信息系统连接到旅游公司的系统，以便实现供应品的自动订购。

（二）相关案例解析

1. 案例背景与目标

2018 年，阿里巴巴全力打造的变革性产物——全球第一家"未来酒店"菲住布渴在杭州西溪园区开业，其最大的特色在于以智能机器人代替传统的酒店工作人员。简单来说，阿里未来酒店有以下功能：①自助办理登记手续：刷身份证+刷脸；②机器人带路找房间；③刷脸开门，无须房卡；④智能客房；⑤自助办理退房手续。未来酒店的愿景就是通过科技创新，赋能酒店更强大的运营能力，创造极致的酒店入住体验（曲云飞和郭雪，2021）。

2. 痛点与挑战

消费者不愿入住智能酒店，往往是出于对以下问题的担忧：

①**系统不完善**。很多住过的客人表示，酒店的智能化并不高级，刷脸系统常常出错，导致电梯无法使用，房间也进不去。而且房间内的智能家居并不完善，只通过天猫精灵来控制窗帘和灯光，且指令性较低。

②**存在信息泄露等安全隐患**。基于人工智能型酒店顾客的信息具有互联网共通的特点，需要避免出现信息泄露的问题。国内人工智能技术的研发还处于成长期，加之近几年电信诈骗层出不穷，若信息保存的安全性不过关，人们是很难放心去选择一家智能化酒店的。

③**机器服务相对缺乏温馨感**。人工智能型酒店客人面对的都是冷冰冰的机器人，虽然充满科技感，但是失去了传统酒店的温馨感，顾客很难有家的归属感。且智能化的出错率相对较高，缺少人工服务会增添许多不必要的烦恼。如果遇到人多的情况，再加上客人对智能化操作不熟悉，便会更加手忙脚乱。

3．解决方案

针对以上问题，阿里未来酒店采取的解决方案有以下几种。

①**建立酒店联盟**。2018年起，阿里巴巴集团协同合作伙伴，建立菲住酒店联盟，不仅商家的收益来源更加丰富，商家还能共享海量阿里生态资源，获得酒店会员运营产品及完善的酒店联盟管理系统，为阿里未来酒店的发展提供了助力。

②**完善酒店管理平台系统和操作规范**。阿里未来酒店项目负责人表示：酒店管理平台系统能力的提升，使得未来酒店的人效比是传统同档次、同等规模酒店的数倍。而通过数字化与智能化解决方案赋能酒店行业，以消费者为中心，将开启数据智能时代的深度连接，构筑全链路连接的行业新生态。

③**改变数据存储方式**。在传统酒店，人员流动性较大，运营数据储存于本地服务器，安全系数低；而未来酒店实行物联网无人化智能设备管理，云端储存，可保障入住与数据安全。

④**实现人+人工智能的服务模式**。菲住布渴在坚持机器人服务的基础上仍保留部分人工服务。这是服务主体怀揣着对消费者的真诚，借助科技，将这种真诚灌注到每一个点上，由点入线再成面，最终形成繁荣的行业新景、和谐的消费环境。

4．营销效果

阿里未来酒店项目负责人表示，菲住布渴取消了前台，大幅缩减了接待、安保、财务等人员编制，其人效比是传统同规模、同等级酒店的1.5倍。由此节省的费用成本可用于提高那些更需要人工岗位的人员待遇，让员工能更积极地做好卫生清洁等工作。此外，阿里未来酒店精简了房间配备，去除了电话、保险箱、迷你吧、抽屉等设施，每间房节省了万元左右的成本开支，投资回报是传统酒店的两倍（北京商报，2018）。

研究前沿与相关案例 3-3

消费者可能不喜欢与其身份相关的自动化产品

（一）研究内容概述

该研究原题为《人与机器：抵制基于身份的消费者行为的自动化》（*Man Versus Machine: Resisting Automation in Identity-Based Consumer Behavior*），由荷兰鹿特丹伊拉斯姆斯大学（Erasmus University Rotterdam）的梁（Leung）等人发表于2018的《市场营销研究杂志》（*Journal of Marketing Research*）。该研究指出，自动化技术正在改变许多消费领域，包括烹饪、驾驶等日常活动，以及钓鱼、骑自行车等娱乐活动。然而，很少有营销方面的研究考察消费者对自动化产品的偏好。自动化通常提供了显而易见的消费好处，但横跨各种产品类别的六项实验表明，当身份动机是消费者的重要驱动力时，自动化可能并不可取。通过相关设计和实验设计，该研究的一系列实验表明，对特定社会类别有强烈认同感的人，会抵制那些阻碍

在线阅读 3-3

将与身份相关的消费结果归因于自己的自动化技术。这些研究结果对身份和技术研究具有实质性的理论意义，同时也对目标定位、产品研发具有管理意义。

1. 研究背景

自动化作为一项新兴技术，一直被人们密切关注。从过去到现在，自动化已经深深渗透到我们生活的方方面面，学习、工作、娱乐中都能见到自动化的影子。自动化被寄予着厚望——改变现在和未来生活方式。人们希望通过研究自动化来帮人类完成更多的事情。研究内容已经不局限于机器机械化的操作，人们希望赋予机器更加严谨、复杂的程序，帮助人们完成更多更复杂的事情，比如扫地机器人、洗碗机等。现在的科技公司往往认为，只要不断完善程序、开发出更加精密智能的机器，就能得到消费者的青睐。但是研究发现，有些自动化的产品，投放到市场后反而适得其反，部分消费者对其产生了抵触心理。可见，人们并不总是欢迎自动化，这引起了人们的关注。

2. 研究内容

该研究认为，自动化已经成为研发产品的关键技术，但是一些基于兴趣的消费者仍然会抵制一系列相关的产品，比如对烘焙有兴趣的消费者就不会选择全自动面包烘焙机。该研究对这一现象进行了初步解释：消费者行为往往是由身份动机驱动的，人们天生就有动机构建自己的身份，并使用产品来确认和表达他们持有的身份。影响消费者是否参与基于身份的消费的一个重要因素是身份的长期可及性，即身份认同的强度。更大的识别强度使消费者对与身份相关的信息更敏感（例如广告中的提示），更有可能购买与身份相关的产品，更有可能参与和身份直接相关的行为。

然而，自动化通常会取代有助于自我传递身份信息的技能，例如面包烘焙机自动烘焙面包时，用户的参与最少，这台机器提供有关配料的说明，并控制温度和时间，因此它取代了面包师身份所必需的技能。当自动化取代了技能或努力时，它就消除了内部归因的机会。因此，该研究预测，如果强标识符自动执行与身份相关的任务，那么它们对产品的吸引力就会降低，因为这些强标识符对内部属性有更高的需求。

为了验证以上观点，该研究围绕六个方面进行了实验论证。其中，实验一记录了汽车驾驶员的身份认同强度和拥有手动变速器汽车的可能性之间的关联；实验二记录了骑自行车的人的身份认同强度与是否接受免费电池组的可能性之间的关联；实验三记录了面包烘焙师对烘焙机和面团搅拌机的接受程度；实验四记录了不同身份认同强度对自动钓鱼竿与手动钓鱼竿的接受程度；实验五记录了不同身份动机场景下购买自行车并接受免费自动装置的程度；实验六记录了不同身份动机下人们对自动烹饪机的喜爱程度。

最后，该研究得出结论：自动化提供了巨大的效率收益，不仅使消费更方便，也让消费者更容易享受消费的成果。但是，自动化并不是人们普遍需要的，特别是当身份动机推动消费时，自动化产品可能不具有吸引力。通过一系列的实验，该研究证明了强烈认同某一社会类别的消费者倾向于抵制与身份相关产品的自动化。当消费需要执行涉及技能或努力的非琐碎动作时，自动执行会阻止消费者将消费结果归因于他们自己的技能，最终剥夺这些身份驱动的消费者消费的自我信号效用。

3. 研究意义

该研究采用面向行动的视角，强调不同的消费者将消费结果归因于自己的身份的目的。尽管拥有自动化的优势，但是一部分人出于不同的消费目的，往往会抵制带有自动化技能的产品。该研究并不是质疑自动化的市场价值，而是提醒管理者不要把自动化当作普遍需要的东西。

对于管理者而言，首先要明确：目标定位存在于许多产品类别中，不同的产品对于不同的消费者作用不同。企业在自动化的基础上不断创新，可能会导致某些先进的产品对公司最有吸引力的客户不具有吸引力，这就解释了某些创新产品采用率低的原因，例如厨师很少使用烹饪机，针织爱好者很少使用编织机。其次，管理者要进行产品创新。在各个产品领域，企业都在创新方面有很大投入，以便让消费者的生活更轻松。产品需要创新，营销方式也需要创新。最后，管理者要增进与顾客的沟通和联络。自动化产品并不总是比非自动化产品更受欢迎。例如，一些烹饪机明确说明使用对象为烹饪爱好者，并强调烹饪可以成为一个解决问题的"按钮"。因此，营销人员应该考虑到人们使用产品的目的，寻找到目标客户并不断加强沟通，更有效地说明自动化的好处。

（二）相关案例解析

1. 案例背景与目标

随着中国国民经济的发展和人民生活水平的提高，以及外来文化和消费习惯的影响，中国精品咖啡市场呈爆发式增长，中国市场对高端半自动咖啡机的需求迅速增长。在这种情况下，咖啡机行业得以蓬勃发展，尤其是意式咖啡机在这一行业中越来越受欢迎。与此同时，许多咖啡机企业已经从原来的半自动咖啡机进化为全自动咖啡机，例如德龙（De'Longhi）也推出了全自动咖啡机。

半自动和全自动咖啡机，一字之差，区别像手工定制和批量生产。一个体现专业性，一个体现普遍性。半自动咖啡机可以称得上是专业的咖啡机，但咖啡机只能完成部分工作，剩余的工序将由操作者完成，如机器调试、称豆、磨豆机磨粉、装粉、压粉、机器预热、萃取、压力温度监控、打奶泡、清理残渣、清洗机器器皿等工序，这些工序都很考验操作者的技术。半自动咖啡机为咖啡爱好者和咖啡师提供了更大创意的可能性，因此更加专业，更多用于商业用途。而全自动咖啡机，顾名思义，全程机器制作，实现一键式制作咖啡。全自动咖啡机操作简单，出品咖啡稳定，清洗方便，它的出现大大满足了想要喝咖啡却没时间做咖啡的人的需求，但美中不足的是，它没办法做很多花式咖啡。

2. 痛点与挑战

德龙的全自动咖啡机主要布局在3 000元及以上市场，在1 000～3 000元市场的布局较少。在知乎、小红书、哔哩哔哩上，用户对德龙全自动咖啡机的评价好坏参半。德龙的全自动咖啡机受到咖啡机"小白"和业余爱好者的欢迎，但并不受专业咖啡师的推崇。德龙全自动咖啡机最大的痛点是由于其布局中高端市场，因而价格偏贵，且不被专业咖啡师认可。也即，消费者并不喜欢与其身份相关的自动化产品，且不认同自动化带来的便利性。

3. 解决方案

全自动咖啡机的咖啡品质高且口味稳定，非常契合如今的快节奏生活，所以德龙就把该产品的目标客户定位为家庭自用的消费者。德龙在专业性上无法取得优势，于是就依靠普遍性取胜，推出家用咖啡机。同时，德龙把拥有咖啡机需求的客户群体，包括咖啡厅、办公室、家庭自用以及其他提供咖啡饮品的小众咖啡店都纳入其市场范围。德龙为消费者提供多样化的咖啡设备，例如和雀巢一起推出了胶囊机。

为了满足不同客户不同的需求，德龙试图开展个性化的业务，把产品设计得非常复古。而近两年来，德龙更是以每年推出一款全新的机型以及升级几款现有机型来吸引用户，以解决市场的审美疲劳。德龙把"生活本意，由家萃取"作为口号来吸引消费者，并且其商品价格跨度大，既有两三千元的咖啡机，也有七八千甚至上万元的咖啡机，种类丰富，为不同人群提供不同产品。以前德龙主打商用的专业机型，但最近几年德龙的一些咖啡机越来越小巧化和家用化，产品也更符合年轻人的审美。

4. 营销效果

德龙改变了产品线，其产品线覆盖入门级产品、升级产品以及高档产品。目前，德龙在中国的产品线齐全，已拥有一线城市大部分市场份额。从线下零售情况来看，德龙以市场占有率 20.8%位列 2020 年咖啡机网络零售品牌的榜首。

第二节　使用人工智能促进产品和服务个性化

一、产品和服务个性化的概念

产品个性化（personalized），有时也称定制化（customized），是指相较于只提供服务大众消费者的一般产品，企业为适应顾客的特定需求而推出更具特色的产品的过程。个性化是为了更好地服务用户的独特需求。在原有的大众产品相对单一、难以满足用户不同需求的情况下，面对不同的用户推出适合他们想法的个性化产品是十分必要的。产品的个性化早已渗透到了当代人的日常生活中，比如购买服饰时对颜色的偏好、购买食品时对口味的选择、饮料是否加冰等，这些都是产品个性化的体现。产品个性化的本质，是企业对不同客户不同使用场景下需求的个性化满足与调整。

服务个性化（service personalization）是指为了满足用户的需求而提供特定的服务。即依据用户的信息需求、行为习惯等为用户创造满足其个性化需求的新的服务环境。与大众化服务不同，个性化服务具有针对性，也即个性化的特定服务是需要针对用户的个性化需求提供一系列有目标性的信息服务，通过收集用户可能感兴趣的信息，甚至预测用户可能的发展与需求，在合适的时间向其推送或提供匹配度更高的服务内容。

产品和服务的个性化体现了企业以人为本的经营理念，是现代企业提高核心竞争力的重要途径。但在实际市场中，消费者对个性化产品和服务的需求并不容易琢磨。例如，虽然消费者在买衣服时非常看重颜色与款式，但他们在买车时显然更看重汽车的性能，所以增加汽车的颜色并不是汽车产品个性化的好方向。可见，并不是什么样的个性化产品及服务都有价值。换言之，个性化产品及服务不应强调形式，涉及的具体内容才是最重要的。

二、智能时代的产品和服务个性化

随着经济全球化、市场多样化和产品服务个性化的需求不断上升，大规模个性化生产（mass personalization production，MPP）被列为未来重大创新工程。相较于 B2C（business-to-customer）的营销模式，"厂家生产什么就只能买什么"的标准化、固定化的消费模式已经逐渐被市场淘汰。近年来，消费者对于个性化、定制化产品与服务的需求日益增强，伴随着买方市场话语权的增强，C2B（customer-to-business）的营销模式已是大势所趋。

因此，在个性化定制需求不断增长的条件下，制造商如何能够巧妙地利用智能技术满足消费者的个性化定制需求就成了当下智能制造的热点。以下列出一些智能化时代用于产品和服务个性化设计的新兴智能技术。

（一）AR+3D 交互技术

增强现实（augmented reality，AR）技术和 3D 技术支持的全平台与系统的集成，为各行各业提供了定制交互的绝佳解决方案。它可以凭借 3D 技术呈现出产品与服务的在线 3D 模式，并且其定制效果能够及时地通过 AR 技术进行预览，实现产品与服务全景式的完美结合。AR+3D 交互技术可以应用于模型部件与材质的替换，直通工厂打样加工，解决产品与服务同质化问题，满足新时代用户 C2B（customer-to-business）产品与服务的个性化需求。

（二）柔性制造系统

柔性制造系统（flexible manufacturing system，FMS）是一种现代先进制造技术。其将以往工厂中相互独立的设计制造等过程通过数字化驱动技术，形成一个覆盖整个企业的自动化机械制造系统。随着 C2B 时代的到来，制造业的柔性特征已经变得越来越重要。这里所说的柔性，主要体现在机器与工艺的柔性水平上，即当厂商被要求生产一系列不同产品时，机器与相应的工艺能够自动随着不同产品与服务的特征而发生显著的变化。例如，一汽红旗工厂智能焊装车间里的 14 条生产线可以满足上百种车型柔性高效生产的需求。通过生产线的升级改造，降低了企业的营运成本，并依托数字化技术的应用，生产客车的各个环节实现了模块化拆解，最终通过不同的排列组合完成定制产品与服务的小批量生产。

（三）智能时代的产品配置系统

智能时代的产品配置系统（product configuration system，PCS）是为智能时代智能产品与服务的到来而生的。其通常包含一组预定义的属性和约束，以供客户在产品可配置范围内进行选择。该系统输入端是客户对现有属性的选择，而系统输出端是为了满足客户需求而从系统中衍生出来的推荐产品或目标产品。通过上述方式能够快速弥合客户需求和最终产品与服务之间的差距，并满足客户对个性化产品与服务定制的需求。目前，智能时代的产品配置系统大致可以分为两类：基于网页呈现的产品配置系统、基于 VR

虚拟技术呈现的产品配置系统。

①**基于网页呈现的产品配置系统**。该产品配置系统运行前首先需要客户完成问卷调查，即进行智能环境的预定义。系统通过找出客户使用场景中潜在的 P2P（product-to-product）以及 P2U（product-to-user）连接，从而根据新的用户数据不断更新产品配置系统。接着该系统便进入了产品配置过程，在这个过程中，客户需要先选择定制自由度（degree of freedom，DOF），系统将根据指定的定制 DOF 为客户提供相应的配置解决方案范围。如果客户对选择的 DOF 不满意，可以跳回选择更高或更低的 DOF 直至满意。当定制 DOF 以及智能环境被定义完成以后，该产品配置系统便能够通过网页的形式呈现在消费者面前，供消费者进行（诸如颜色、形状、功能等方面的）选择。

②**基于虚拟现实技术的产品配置系统**。一个好的产品配置系统应始终以用户体验感为首要考虑因素，因此基于网页呈现的产品配置系统由于可视化呈现效果较弱，形成了通过虚拟现实（virtual reality，VR）技术建立虚拟样机来改善产品配置中可视化问题的方式。VR 是一种借助计算机与最新的传感技术创造出来的人机交互手段。它通过提供虚拟幻境，让消费者有"身临其境"之感，使得整个产品配置系统中用户的体验感极速上升。其优点主要体现在可以减少企业使用实体原型所需的成本（如材料、设备、工资）、时间和精力，并且由于界面直观，用户可以实时体验到自己调整的结果，可以使用户的修改结果更接近他们的真实想法。由于整个工作流程是数字化的，借助 VR 系统，用户所做的调整可以很容易地集成到设计中。同时，在 VR 系统中，因为虚拟样机不受物理样机不能违反物理规则的约束，所以企业可以很容易地隐藏一些设计细节。

总之，随着新兴智能技术的发展，智能产品与服务的生产运营成本得以大幅下降，生产效率与个性化定制之间的矛盾问题得以解决，制造生产能够快速适应瞬息万变的市场需求。虽然未来仍有很多技术问题亟待解决，但可以肯定的是，这些新兴智能技术的应用能够使智能制造的产品与服务向着实时、可靠、高效、低成本的方向发展，帮助中国的个性化制造跨入新时代。

研究前沿与相关案例 3-4

人工智能技术带来了向客户提供个性化产品和服务的新模式

（一）研究内容概述

该研究原题为《理解人工智能在个性化参与营销中的作用》（*Understanding the Role of Artificial Intelligence in Personalized Engagement Marketing*），由美国佐治亚州立大学（Georgia State University）的库玛（Kumar）等人发表于 2019 年的《加州管理评论》（*California Management Review*）。该研究探讨了人工智能在个性化营销中的作用。作为一种创建、沟通和向客户提供个性化产品的方法，消费者应该为新的模式做好准备。人工智能是一种以个性化的方式精选和整理无限选择和无限信息的工具，在人工智能普遍应用的背景下，该研究还为管理人员提供了关于发达国家

在线阅读 3-4

和发展中国家品牌和客户管理实践的长期和短期预测。

1. 研究背景

在如今的社会,人工智能技术发展迅速,逐渐影响了我们生活的方方面面。人工智能技术的进步促进了企业战略结构的改变,增加了组织在交付产品和管理客户需求方面的知识潜力。同时,公司发展战略因为技术进步迎来了结构性的转变,企业关键的竞争优势也将来自对知识的应用、传播与创造。因此,企业如果想在未来的市场中占据有利地位,必须顺应时代发展的潮流,扩大对人工智能研发的投入,积极利用人工智能为用户带来个性化的产品与服务。基于此,该研究针对人工智能在个性化营销中的作用展开了探讨。

2. 研究内容

为了更好地理解人工智能在个性化营销的作用,该研究对研究对象进行了界定:人工智能在个性化营销中的应用是一种创造、沟通并向客户提供个性化产品的方法。围绕这个定义,该研究展开了研究,最后给出合理的预测。该研究主要从以下四个方面进行分析。

①**个性化和人工智能的融合**。在市场营销方面,个性化与定制经常被一起提及和讨论。企业往往会根据之前收集的客户数据来决定采用何种营销组合和营销策略,利用从客户那里收集到的数据来分析相应的产品与服务的产出,此时便产生了个性化。传统上,个性化在很大程度上是一个由公司控制的过程,它是由客户数据驱动的。而与之相较的是,定制在很大程度上是一个由客户决定的过程。进一步探讨个性化,提出个性化是一个将顾客和营销人员联系在一起并巩固他们之间关系的过程,两者之间的联系越紧密,顾客的参与程度就会越高。在个性化提供产品与服务的过程中,客户的信息不仅在数量上受到限制,其质量也有可能达不到理想状态。此外,企业收集、整理、利用客户数据信息的能力也受限。为了克服这些困难,利用人工智能助力个性化进程势在必行。

②**人工智能下的数字化策划**。在当今这个信息数量庞大的数字时代,产品、价格和促销等活动的有效策划对于公司来说至关重要。人工智能为企业提供了一个新的个性化策划方法。首先,人工智能技术可以利用企业与客户的交易信息以及客户消费产品的习惯等数据来推测客户偏好的产品种类,甚至于购买时间。此外,人工智能技术能够在与客户的互动中进行学习,通过分析客户的喜好来发现其未来更有可能选择的产品或服务,以提高对客户偏好预测的准确性,从而提升客户对公司的积极态度。

③**人工智能在个性化营销中的作用**。人工智能在市场营销中的应用,为企业带来了不可替代的竞争优势。首先,企业致力于降低成本的同时也增加了收入。人工智能利用算法技术来提高工作效率,从而降低了成本。随着企业对人工智能技术的不断使用,预计收入将不断增加。其次,人工智能可以运用数据进行预测,实现客户与公司产品的精确匹配,从而帮助企业进行高效的决策。最后,人工智能有助于管理者创造力的迸发。随着人工智能技术的运用,企业程序性的工作和任务不断实现自动化,此时企业管理人员可以将节省下来的时间用来开发新产品和服务。

④**人工智能给企业带来了竞争力的同时也带来了巨大的挑战**。首先,人工智能高度

依赖数据，一个发展完善、资源丰富、连接良好的数据生态系统对于企业来说至关重要。其次，考虑到人工智能的跨学科性质，公司甚至需要考虑跨学科的运营模式，而不是传统的基于层级的自上而下的模式。再次，使用者可能不熟悉人工智能的一些内部工作（从概念化或调试的角度来看），使用者有时甚至无法理解人工智能分析的结果。最后，对于企业而言，人工智能可能会创建以前不存在的新工作角色，在这种情况下，公司需要做好准备，迎接工作场所不断变化的挑战。

⑤人工智能驱动环境下的品牌和客户管理。该研究将企业按照长期或短期以及发达经济体或发展中经济体进行分类，对人工智能环境驱动下的品牌和客户管理实践进行了预测。该研究发现，从短期来看，在发达经济体中企业短期内使用人工智能是一种战术性方案；而在发展中经济体中企业短期内使用人工智能是为了帮助客户建立起对企业品牌的信任。从长远角度来看，发达经济体中企业运用人工智能不是为了制定和解决短期的战术方案，而是偏向于创造品牌价值（brand value）、实现人机互动以及增加顾客知识价值；发展中经济体中企业运用人工智能则偏向于创造区域品牌价值（regional brand value）、适当增加人机互动以及增加可盈利性的客户忠诚度（profitable customer loyalty）。

3. 研究意义

随着"互联网+"热度的不断增加，人工智能逐渐成为社会发展的大趋势。在市场营销领域，人工智能在日常生活中占据着非常重要的地位。近年来，用户的消费习惯不断改变，消费水平也不断提高，因此用户对个性化服务的需求也越来越强烈。人工智能技术可以根据用户共享的个人数据提供个性化的体验，例如个性化推荐内容、产品推荐等。

该研究基于人工智能技术的应用分析了个性化营销背景下企业运营管理的流程及要点。分析人工智能可能带来的风险，企业在将人工智能引入运营之前，需要提前做好面对挑战的准备。除此之外，在人工智能不断被应用的背景下，该研究还为管理人员提供了关于发达国家和发展中国家品牌和客户管理实践的长期和短期预测。

（二）相关案例解析

1. 案例背景与目标

随着科技创新，数字经济为我国经济的发展带来新动力，人工智能技术逐渐融入各行各业，教育行业也在人工智能技术的影响下不断创新。中国教育市场需求庞大，教育资源分布不均的问题长期存在，在人工智能技术的创新发展协助下，传统教师与人工智能的协作成为新趋势。2018年教育部印发了《教育信息化2.0行动计划》，强调将人工智能融入实际教学，推动实现个性化教学。2020年新冠肺炎疫情的爆发对社会各行业提出了新的要求和挑战，传统教学方式显现弊端，采取线上教学减少"面对面"式接触扩大了在线教育行业的市场。在线教育迈进"个性化"时代，教育企业开始加速研发人工智能教育产品，期望实现因材施教，为学生打造个性学习模式。

流利说是一家科技驱动的教育公司，拥有一支优秀的人工智能团队。经过多年积累，流利说已建立了规模庞大的"中国人英语语音数据库"，累积实现记录大约40亿分钟的对话和537亿句录音。在此基础上，该公司自主研发了卓越的英语口语评测、写作打分引擎和深度自适应学习系统，致力于为用户提供一整套系统性的英语学习解决方案，从听、说、读、写多个维度提升用户的英语水平，并获得多项知识产权。2018年，流利说宣布品牌升级，公司正式启用"LAIX"作为集团化运营的新名称。LAIX前三个字母意为Learning＋AI，即以人工智能驱动教育，引领新的学习方式（李晓荣，2019）。

2. 痛点与挑战

（1）在线教育行业的痛点

在线教育行业发展迅速，但该行业也存在着一定的行业痛点和挑战。具体表现在两方面：①教学内容无实质性提升，个性化因材施教难以实现。在线教育在发展过程中，虽然硬件工具能够快速进步，但教学内容难以跟上，变换的只是上课的地点，线下内容搬至线上的模式难以满足用户的需求，而且教育人才匮乏和教育地区分散差异的问题仍然存在，没有解决根本问题。②欠缺互动性，客户黏性不足。线上教育缺乏制约性的学习氛围，客户虽然能"即开即学"，但也能随时退出，不如线下教学具有强制性。自制力、吸引力、自我驱动力成为线上用户的制约因素。因此，增加学员间的互动，增加课程的趣味性以及成本投入的制约成为在线教育发展的难点。

（2）企业的痛点

除了在线教育的行业痛点外，流利说公司本身也存在着一些痛点。①成人教育的课耗问题。流利说主要面向大学生群体以及职场人士，与少儿英语相比，成人语言培训的课耗问题更加严重。成人的在线学习多发生在工作与生活之外的空闲时间，学习时间缺乏规律性、投入时间也不足。线上教学的自由模式更难把握成人客户的黏性，课程设置一旦难以激励用户的学习动力，则很容易造成成人群体的"脱粉"。

②付费转化率逐渐降低。流利说公司的2019年财报显示，该公司平台累计注册用户总数为1.616亿人，上年同期为1.103亿人，但2019年第四季度付费用户购买课程服务同比下降30%。可见，流利说虽然用户规模在扩大，但付费用户不升反降，付费转化率明显降低，越来越多的用户不再愿意为流利说的课程内容与服务付费。

③用户评价影响口碑。在大数据时代，网络评论会对企业口碑产生很大影响。相关网络治理措施的出台以及线上退费处理、投诉现象对流利说的口碑造成了一定影响。2019年微信安全中心官方公众号发布《关于利诱分享朋友圈打卡的处理公告》，对流利阅读等在朋友圈"打卡"诱导分享产品行为进行治理。这也减少了流利说的付费用户数量。此外，不少用户反馈，流利说在退返学费的处理上存在拖延、回复不及时等现象，严重影响了客户满意度，这也给流利说的口碑带来危机。

3. 解决方案

（1）精准定位及个性化内容产品推荐

①人工智能算法团队帮助客户进行精准个性化定位。流利说强调"以学习者为中心"，在用户开始使用产品时，流利说App会发放一份问卷，以收集用户的基本信息，包括性别、职业、学习英语的目的、期望达到的目标等，同时发放一份简单的英语水平测试题。流利说通过专业的人工智能评测系统，对用户的英语能力进行科学的评测。经过评测后，学习者可以具体了解到自己的英语水平属于哪个等级。流利说定级测试与中国英语能力

等级量表（China standards of English，CSE）对接，学习者使用流利说可随时衡量自己的英语水平并与国家标准对应，进而根据测试结果制定学习目标，并通过与流利说人工智能英语老师的互动与学习提高对自身的英语水平。

②精细划分用户群体，针对性推出系列产品。流利说依托人工智能技术支持，获取用户画像，根据学习者想要达成的目标制订学习计划，在学习计划中会根据学习者的喜好进行学习内容的规划，同时根据测试结果，算法团队将为学习者推送相应能力级别的课程内容，满足学习者的个性化需求。近年来流利说逐渐推出"懂你英语"、"发音训练AI课"等英语学习产品。课程内容丰富，涵盖出国旅游、日常生活、考证考研等多种话题。

（2）数据式群体划分及对话式人工智能

①等级匹配及人工智能老师模拟真实对话场景，提升互动率和客户黏性。流利说能够实时匹配一个英语等级相似的真人学员，两个人按照课程的内容提示来完成对话，最后进行评分，每次练习后会有一个基于听说数据的学习报告，帮助客户了解自身学习中存在的发音、语法等问题，根据改正意见进行自我纠正。在真人对话环节，用户不用再按照录制好的课程内容进行跟读学习，而是和一个真实用户一起进行口语对话练习，适配的等级满足了用户自由主观表达的需要，促进对学习兴趣的培养。流利说开发了人工智能教学老师，设定男女两位人工智能老师，并且满足英式发音和美式发音的客户需求，同用户模拟真实对话场景，帮助客户随时随地开展对话，增强用户黏性。

②"情景实战课"个性识别，针对性指导：流利说上线了全新互动课程"情景实战课"，通过打造一系列身临其境的生活场景，让用户在交流中彻底摆脱"哑巴英语"。借助强大的语音库，对用户发音进行识别，同时采用智能口型识别纠音系统，及时发现用户英语学习中的问题并提供针对性的指导意见。

（3）预测分析消费者行为

流利说借助人工智能技术，利用手机App与客户的交易信息以及客户消费产品的习惯等数据来推测客户偏好的产品种类。此外，人工智能技术在与客户的互动中进行学习，通过分析客户的喜好来发现其未来更有可能选择的产品或服务，以提高对客户偏好预测的准确性，同时还能够识别和获取"相似"的潜在客户，与理想的买家角色紧密匹配。

（4）建立个性化社群，关注用户需求以及进行情绪分析

①智能分类用户社群，提升产品满意度。用户数量达一定规模后，流利说建立了交流社区，建立学习小组，促进用户互动交流。用户可以在社区里完成其他用户发布的练习，也可以自己建立小组进行练习。这一社交功能增强了用户活跃度和黏性。用户可以在圈子里和具有相同兴趣爱好的用户互动，通过社交的方式维持学习的兴趣。同时流利说借助数据分析和用户建立的各个社群，可以了解学习者对自己的产品与竞争对手产品的看法，实时关注并回答有关自己的产品与服务的问题，这也推动了流利说在与客户的交互或客户与客户的交互中分析客户偏好，不断将产品与客户进行精准匹配，实现个性化产品的开发。

②拓展少儿语言培训项目，扩大用户群体。流利说活跃用户中，超过50%为成人用

户。针对成人课耗的问题，流利说开发少儿市场作为公司的第二增长曲线。其针对少儿的核心课程包括"英语启蒙兴趣习惯养成"和"听说读写核心能力培养"。延续此前流利说自主研发的核心优势——人工智能老师，少儿英语也采取人工智能个人定制化，根据用户的英语能力和整体的英语水平推送适合未成年人学习的内容。

4. 营销效果

流利说通过人工智能技术实现了精准预测和数据收集，提升了客户满意度，利用大数据技术抓取系统数据，包括：搜索的关键词、页面的停留时间等来洞察客户对产品的关注点和走势，实时掌握用户需求及动向，从而有针对性地解决客户的个性化需求，增加好评度。同时针对客户问题开展有效提升，从而形成良好的市场口碑，利用现有用户发掘潜在用户。对用户个性化需求的满足显著提高了用户黏性，逐渐实现了精准营销，从而建立起产品个性化竞争优势。

研究前沿与相关案例 3-5

基于视频自动推荐系统（VAR）的智能服装推荐

（一）研究内容概述

该研究原题为《基于视频自动推荐系统（VAR）的智能服装推荐》（*A Video-Based Automated Recommender System for Garments*），由于英国剑桥大学（University of Cambridge）的卢（Lu）等人发表于 2016 年的《营销科学》（*Marketing Science*）。该研究提出了一个使用实时店内视频的自动化和可扩展的服装推荐系统，该系统可以改善服装购物者的体验并增加产品销量。视频自动推荐系统（video-based automated recommender，VAR）源于服装购物者在商店镜子前的试穿和自我评价。该系统将先进的计算机视觉技术（computer vision techniques）与消费者喜爱的营销模式相结合，根据消费者的反应自动识别其偏好，并利用这些信息做出有价值的个性化推荐。首先，该系统使用摄像头捕捉购物者在镜子前的行为，根据购物者的面部表情和在每个时间点检查的服装部位来推断购物者的偏好。其次，该系统从购物者数据库中识别出与目标顾客偏好类似的购物者，且该购物者的偏好、购买情况和/或考虑的决定是已知的。最后，根据这些购物者的偏好、购买情况和/或考虑的决定，向目标顾客提供建议。这三个步骤中，每一个步骤都可以采取多种方法来实施，零售连锁店可以选择最适合其目的的特定配置方式。该研究采用了实证研究法来进行检验，将一种特定类型的 VAR 系统的实施结果与另外两种备选的、非自动化的个人推荐系统的实施结果进行对比，即与自我解释联合模型（self-explicated conjoint，SEC）和试穿后的自我评估模型（self-evaluation after try-on，SET）进行对比。研究结果表明，VAR 的实施效果始终优于 SEC 和 SET。第二个实证研究证明了VAR 在实践应用中的可行性：第二项研究的参与者喜欢 VAR 体验，几乎所有人都试穿了推荐的服装。因此对于服装零售商和购物者来说，VAR 系统无疑是一个有价值的工具。

在线阅读 3-5

1. 研究背景

在大部分服装和配饰零售商店中，由于空间的限制，每家店只能展示小部分产品。但即便如此，评估一家商店里的所有商品也会消耗购物者大量的时间和精力，而且由于他们评估的只是全部商品里一个子集的库存，购物者可能会因为没有找到他们喜欢的东西而离开商店。解决这个问题一个可能的方法是根据顾客的偏好提供个性化推荐。零售商通常采取以下两种策略：①销售人员根据顾客主动提供的反馈来辨别顾客的喜好，并提供适当的建议。②使用营销研究工具，如联合分析（Conjoint Analysis）。这是一种定量研究消费者选择偏好的方法，用于估测消费者对一些能够详细定义的产品属性的相对重要性和属性水平的效用的评价，以了解客户对各种产品的偏好并提出相应的建议。但受销售人员能力、顾客感受以及相关成本等因素的限制，这两种策略的效率与可行性皆不高。

根据现有研究发现，视频数据可以提供关于物体的时间、空间和社会维度的信息，通过对视频数据的分析，甚至可以反映顾客的心理信息（情绪反应、相关刺激因素和其他同时发生的行为反应），且不会打断正常的购物过程。目前还很少有学者应用自动化的视频分析来推断客户在真实商业环境中的偏好。基于此，该研究提出了一种基于视频的自动推荐系统（VAR），使用店内实时的视频来分析顾客的偏好，进而提供个性化的推荐，最终改善购物者的体验并增加产品销售量。

2. 研究内容

VAR 系统将先进的计算机视觉技术与消费者偏好的营销模式相结合，根据消费者的反应自动识别消费者的偏好，并利用这些信息来做出有意义的个性化建议。VAR 系统的运行包括以下三个步骤：①利用店内实时的视频来分析并推断顾客的偏好；②从已知偏好、购买情况和/或考虑的决定的购物者数据库中识别出与目标顾客偏好类似的购物者；③依据以上分析结果对目标顾客提出个性化的建议。

该研究进行了两项实证研究来验证 VAR 系统是否能有效地被使用。该研究将这个特定的 VAR 系统与两个基准模型进行了比较：自我解释联合模型（SEC）和试穿后的自我评估模型（SET），利用购物者对所推荐的产品的购买意图来衡量个性化推荐的有效性。研究一显示，VAR 系统在判断顾客偏好时更加精确。在自然环境中，通常销售人员通过从不同的角度来观察人脸，进一步判断顾客对产品的偏好；而 VAR 系统利用数据分析技术进行人脸识别和面部表情识别，能更高效准确地对顾客的偏好进行推断。再者，VAR 系统在寻找与目标客户有相似偏好的购物者数据时更加高效快速，在现实生活中，销售人员很难寻找与目标客户拥有相似偏好的购物者。总的来说，VAR 系统的表现始终优于 SEC 和 SET。研究二在研究一的基础之上进行，不同的是，研究二的实验场景更加接近现实的购物情境，研究结果仍旧表明 VAR 系统的实施效果要优于 SEC 和 SET，且 VAR 系统在实践中仍具有可行性。

3. 研究意义

视频数据是零售业一个新的信息来源。作为使用视频数据分析来推断顾客个人偏好的第一次尝试，VAR 系统会给顾客和企业带来好处：比如减少顾客的搜索工作，通过个性化推荐来增加零售额，帮助公司调整设计或库存以符合顾客的偏好等。VAR 有望成为对顾客和零售商都有价值的工具，为顾客和零售商创造利益。但大规模实施 VAR 系统的相关成本是巨大的，因此，一个公司在部署这样一个系统之前也应该仔细权衡预期的利益和成本。

（二）相关案例解析

1. 案例背景与目标

宝洁创始于 1837 年，是一家日用消费品公司，在日用品市场上有很高的知名度，其产品包括洗发、护发、护肤用品、化妆品、婴儿护理产品、妇女卫生用品、医药、织物、家居护理、个人清洁用品等种类。作为一个业务范围如此广泛的老牌企业，宝洁公司一直在美妆护肤领域进行深耕。SK-II 是宝洁旗下的高端奢侈护肤品品牌，被用户誉为"神仙水"。SK-II 起源于日本，于 1990 年被宝洁发现并收购。2015 年，宝洁对旗下产品疯狂"瘦身"，集中发展 SK-II，并将其输出到中国市场。

2. 痛点与挑战

SK-II 在中国的销量增长面临着两重挑战。①经济增速放缓。近年全球经济增速放缓，宏观经济环境较为稳定，因此，奢侈品市场出现大幅增长的可能性较小。②新媒体营销的冲击。高端品牌通常是顶级品质与排他性的代名词，传统上，奢侈品销售依赖装修精致的门店和经验丰富的店员。但新媒体的发展带来了零售业的快速迭代和时尚行业运作周期的加快，在数字革命与电子商务的蓬勃发展中，高端品牌必然需要适应这种趋势。

3. 解决方案

在中国香港与中国台湾，SK-II 与视频广告技术公司 Unruly Media 合作，通过 Affectiva 公司的情绪识别技术分析受众对 SK-II 视频广告的情绪反应（吴志奇，2019）。Affectiva 的旗舰产品 Affdex 是一种情绪识别技术，Affdex 启动后，镜头会锁定人脸，通过观察面部表情的纹理、肌肉和变化，编码人类五官的特征点，并和图像数据库比对，进而确认受众的情绪并做出回应。这些数据大部分都是从人们收看电视或开车上下班的选择性录像中收集得到的，涵盖多个国家不同年龄、性别、种族的超过数百万张的面孔。当收集到人们的影像后，Affectiva 办公室的标记人员会对其进行分类，例如人们表现出低垂的眉毛、紧绷的嘴唇和凸起的眼睛，标记人员就会贴上愤怒的标签。当被标记为快乐、愤怒、悲伤的脸谱到达一定规模后，Affectiva 也就能将情绪辨识处理得越来越精准，甚至能判断你是否隐藏情绪。这种情绪定位能力让 SK-II 可以聚焦于有可能对其产品感兴趣的观众，从而与消费者之间建立情感联系，进而再将已建立的情感联系转变为有利于品牌推广的影响力与销售数据。

4. 营销效果

宝洁公司 2017 年的财报显示，受外汇、通货膨胀等多重影响，宝洁的美妆产品销售受到了一定的冲击，净利润有所下降。但 SK-II 品牌仍然实现了连续两位数的增长，抵消了该年不利情况对美妆区域的负面影响。诚然，SK-II 的销量和利润增长综合了实力、营销、市场的扩大等多种因素，并不能将全部原因归结于此人工智能技术的运用，但是以人工智能识别情绪促进销售，仍成为实体零售业营销的一种手段，为企业振兴带来了活力生机和可能。

第三节　使用人工智能实现更好的品牌管理

一、客户关系管理的概念

根据美国营销学会（American Marketing Association，AMA）的定义，品牌是一种名称、术语、标记、符号、图案，或是它们的相互组合，其目的是便于消费者识别某个销售者或某群销售者的产品和服务，并使之同竞争对手的产品和服务相区别。品牌本身能表达六层含义，包括属性、利益、价值、文化、个性和使用者。要想让一个品牌健康的成长，就要将这六层含义转化为企业的竞争力，其过程自然离不开品牌管理（程春华，2011）。因此，所谓的品牌管理就是指现代企业积极整合其内部资源，通过一系列的计划、组织、包装、控制等措施来实现企业品牌的发展。企业品牌管理主要包括品牌的策划、推广、完善、延伸等各个环节，贯穿于品牌发展的全过程。这种全过程品牌管理不仅能够有效调整企业品牌的发展运营策略，而且能够从推广品牌中获得良好的口碑，有利于提升企业的知名度，也有利于获得更高的顾客忠诚度，进而促进企业产品和服务的销售，使企业真正获得更高的经济效益（科特勒和阿姆斯特朗，2020）。

品牌管理是市场营销体系的主要功能和内容，营销人员需要分析一个品牌在市场中是如何被感知的，然后考虑品牌战略目标，再考虑和规划品牌应该如何被感知，从而持续保持品牌按计划被感知并确保品牌战略目标的实现。在这个技术快速变化和市场高度竞争的数字化时代，品牌比以往任何时候都重要。今天的消费者拥有太多的信息，其中充满了有质量争议、甚至虚假的信息，因此良好的品牌管理能有效促进品牌差异化，简化信息选择，帮助消费者作出有效决定。

二、智能时代的客户关系管理

智能化时代，许多公司将关注重点放在了如何利用人工智能技术（例如机器的语音识别、情感计算等）来改善消费者的体验，进一步提升客户对品牌的忠诚度，增强品牌的传播力度。以下从利用人工智能技术打造差异化品牌营销手段、为顾客提供优质服务、品牌创新、兑现产品承诺四个方面来介绍智能化时代下企业可采取的品牌管理方式（刘珊和黄升民，2019）。

（一）运用人工智能打造差异化品牌营销手段

①提取品牌元素。利用机器学习技术中的图像处理技术、语音识别技术等，对大量非结构化数据进行归类和分析，以了解品牌所传递的具体何种信息与创意元素吸引了用户的注意。运用人工智能技术洞察目标用户，为品牌提供创新点，形成能够吸引客户并愿意为之付费的有效产品广告。例如，Mondelez（亿滋）使用了人工智能创意总监"AI-CD β"为其口香糖品牌 Clorets Mint Tab 策划广告,这也是世界上较早使用 AI 创意来制作新的商业广告案例。通过解构、分析和标记大量的电视广告及近十年来的一些获奖作品,AI-CD β 基于大数据,结合一定的逻辑算法,为一些产品和信息提供有针对性的创意广告指导,让机器学习获奖作品,从而诞生针对性更强的新广告。

②**识别关键影响人物**。机器学习和自然语言处理技术可以识别出社交网络上的意见领袖与关键影响力者。通过对社交数据进行分析,品牌营销人员可以确定影响品牌市场占有率的关键人物,并了解其中能够引发追随者共鸣的内容。通过影响那些关键人物,提升其对企业品牌的了解,从而间接地增强了品牌的传播力度,进而有助于品牌内容与目标的精准定位。起亚(Kia)汽车集团就曾使用机器学习来识别哪些社会媒体影响者为超级碗(Super Bowl)工作,进而发现并研究影响力者,了解作为一名有效影响力者应具备的具体个性类型。一旦确定,起亚汽车集团就会启动特定的营销战略,促进品牌传播。

(二)运用人工智能为顾客提供优质服务

①**定制化与反馈机制**。通过引入数据接收器,一方面,人工智能算法可以对某一特定媒介进行分析,研究其中的非结构化数据,为品牌商提供内容策略、层次结构、设计布局,以更好的媒介设计来为客户服务,提升其体验感。另一方面,通过使用图像处理器,可用来识别正确的图像和设计细节,从艺术的角度为营销人员提供经验洞察。例如亚马逊购物网站的商品推荐与奈飞的影视推荐,其背后都有诸如"用户在浏览网站时在何处停留较久、哪类关键词的检索频率较高等"大数据的支撑。

此外,人工智能还可以帮助商家搜集消费者相关的反馈信息。例如可以了解品牌所处领域的消费者是如何看待企业品牌及其价值的,顾客对于品牌的解读是否符合品牌商对于其所传递的价值观的期望。例如,普拉达(Prada)使用复杂的人工智能解决方案来改善消费者体验,并深入了解客户购买行为。这家意大利奢侈品牌已采用体验云(Adobe Experience Cloud)解决方案来支持其营销工作,并为消费者提供了更有价值且量身定制的体验服务。体验云包含广告云(Adobe Advertising Cloud)、分析云(Adobe Analytic Cloud)、营销云(Adobe Marketing Cloud)。其中,营销云可以帮助品牌商创建和管理内容,在统一的平台上规划和实施营销活动,并将与用户的互动情况反馈给品牌商,并为顾客提供个性化的信息。

②**交互性与及时性**。自然语言处理、语音激活设备和会话机器人的进步,使得 AI 系统逐渐参与构建品牌个性,并可以促进客户交互和行为。例如达美乐(Dominos)披萨使用了 Amazon Alexa 的语音交互平台技术,客户仅靠说话就实现下单、支付以及订单跟踪等一系列活动,通过人工智能系统成功整合了外卖系统中的用户体验。聊天机器人也被运用于客户服务中,具有即时响应的优势。荷兰皇家航空便利用这一优势,推出聊天机器人 BlueBot,提供预订机票、提醒登机时间等服务。由于聊天机器人的存在,响应率提升迅速,客户查询量也大幅增加,自动发送登机牌、更新航班的功能也得以实现。

(三)运用人工智能进行品牌创新

通过正确的数据策略和技术,机器学习、自然语言处理和图像处理可以深入揭示某一范围中消费者感兴趣的关键领域，从而创造出新产品、新服务，为品牌指出未来发展方向以及品牌创新方式。同时，人工智能技术可以帮助品牌识别潜在阻碍以及发展机会，了解品牌向外拓展的方向，有助于推动企业创新。最后，人工智能技术也可以确定市场一些新兴趋势发生的速度和影响。例如营销人员通过分析消费者大数据，提炼出新的消费趋势关键词，观察其在社交网络上的发展速度及其状态，预测其是否将成为一种新的趋势，并思考是否将这种趋势融入品牌创新之中。

（四）运用人工智能实现品牌差异化

完整的人工智能工具具有获取数据、提取观点、做出决策等功能，从而提高了组织的运营效率。尽管有人认为品牌的成功很大程度上取决于品牌产品差异化的能力（该能力主要指非功能性价值，而非那些容易模仿的实用性、功能性价值），但现实并非如此，产品承诺作为最能形成产品差异化的因素，同自身产品所具备的功能性特征一样起到十分重要的作用，如零售商的"准时送达包裹"与电信公司的"提供更好的信号"。换言之，人工智能技术可以让商家用真实的产品去更好地兑现品牌承诺，即让消费者相信该品牌有相应的价值。随着科技的发展，产品的实用功能有被模仿的可能，但能够不断兑现品牌承诺的 AI 是难以复制的，毕竟构建复杂的系统、理解业务的细微差别都是极其困难的事，而利用 AI 技术去兑现品牌承诺，可以有效减少风险，真正实现品牌差异化。

研究前沿与相关案例 3-6

利用深度学习技术发现内在特征，从而更好地发掘用户偏好

（一）研究内容概述

该研究原题为《地理位置和社会影响与深度学习相结合的个性化兴趣点推荐》（*Combining Geographical and Social Influences with Deep Learning for Personalized Point-of-Interest Recommendation*），由天津大学的郭（Guo）等人发表于 2018 年的《管理信息系统杂志》（*Journal of Management Information Systems*）。该研究讨论了个性化的兴趣点（point-of-interest，POI）推荐对基于位置的社交网络（location-based social networks，LBSNs）非常重要，它可以帮助用户探索新的地方，并帮助第三方服务推出有针对性的广告。从签到数据中发现，有效的特征或表征是 POI 推荐的关键。深度学习是一种具有多个层次的表征学习方法，用于发现内在的特征，以更好地代表用户的偏好。该研究详细分析了用户的签到行为，并开发了一个深度学习模型来整合地理和社会对 POI 推荐任务的影响。该研究用一个半限制性的玻尔兹曼机（Boltzmann Machine）来模拟地理相似性，用一个条件层来模拟社会影响。对真实世界的 LBSNs（基于地理位置的社交网络）的实验表明，该研究方法比其他方法表现得更好。从理论上讲，该研究有助于有效利用数据科学和分析技术来设计社交推荐系统。在实践中，该研究有助于提高网站和应用程序的个性化 POI 推荐服务的质量。

在线阅读 3-6

1. 研究背景

目前，大多数社交网站或应用程序都会有签到服务，供用户分享自身体验。这些软件都有一个共同的名字：基于地理位置的社交网络（LBSNs）。但近期，这些软件连连受挫，主要原因在于个性化服务的质量不足以满足用户的需求。要提升个性化服务的质量，关键在于提升软件的推荐服务功能。其中，个性化的兴趣点推荐就是优化个性化服务质量的一种方式。兴趣点在基于地理位置的社交网络中，指的是一些特定的地点，这些都是以往用户根据经验推荐的一些附近的地点，可以是一个餐厅、一个商店，又或者是一个博物馆，等等。以餐厅为例，每个兴趣点都包含餐厅的名称、地址、用户评价等信息，有了个性化兴趣点推荐之后，用户就可以省去大量时间和精力去确认一家餐厅的产品和服务到底好不好，让做决策变得更加便捷。总之，个性化兴趣点推荐可以大大提高 LBSNs 服务的质量，并且有利于用户和兴趣点提供商。一方面，用户可以找到他们可能喜欢的兴趣点；另一方面，兴趣点提供商还可以针对特定用户推出有针对性的广告或促销活动。这些推荐信息不仅增强了用户黏性，还增加了兴趣点提供商的收益。由此可见，兴趣点推荐服务质量的提升对于 LBSNs 来说非常重要，在一定程度上也决定了 LBSNs 的发展前景。

2. 研究内容

该研究从分析签到数据入手，因为用户的签到频率是 LBSNs 可以在兴趣点收集到的唯一数据。但是签到数据不能完全代表用户对兴趣点的偏好。例如，用户可以在一个地方签到 5 次，在另一个地方签到 100 次，但这并不意味着用户喜欢后者的程度是前者的 20 倍。并且签到频率在不同类别之间不具有可比性，例如每周参观博物馆 6 次不应等同于每周"参观"（visit）超市 6 次。因此，为了探讨签到行为的本质，该研究采用了"词频–逆文档频率"（term frequency-inverse document frequency，TF-IDF）的方法来评估单词在文档集合中的重要性。这种方法不仅考虑了搜索单词出现的频率（TF），还考虑了其稀有性（IDF），进而从签到频率数据中深入挖掘和分析用户的偏好。这种用户偏好数据比之前的签到频率数据更能反映用户对于某些地理位置的偏好。

为了进一步从签到数据中探索用户的偏好，该研究开发了一个深度学习模型来整合地理和社会对兴趣点推荐任务的影响。深度学习是一种多层次表征学习方法，这种方法的原理是在每个模块中从较低级别的数据中抽象出更高层次的特征。例如，在计算机视觉中，一张图片可以从低层次的像素特征转化为代表颜色、纹理和形态的高层次特征。因此，深度学习模型非常善于发现内在的高层次特征。此外，兴趣点推荐任务最重要的特征是地理数据和社会影响力。该研究提出了一种新的基于受限玻尔兹曼机（restricted Boltzmann machine，RBM）的深度学习方法来模拟地理相似性，并且使用条件层将社会影响集成到深度学习模型中。

最后，该研究通过一系列实验和分析，得出以下结论：LBSNs 中的个性化兴趣点推荐与传统推荐的主要区别在于地理位置因素和社会因素的影响。该研究验证了地理位置因素和社会因素对用户的签到行为存在显著影响，而这是提高兴趣点推荐服务质量的重要因素。此外，该研究还考虑了地理和社会影响的个性化兴趣点推荐更能准确地预测用户的偏好，并且可以应用于任何与位置相关的推荐服务。这不仅能够帮助用户发现符合个人偏好的兴趣点，从而丰富用户生活，缩短搜索时间，而且能够使兴趣点提供商在明确用户偏好之后以一对一的方式向特定受众投放兴趣点广告，并在用户和兴趣点之间建立连接，增强用户黏性，使 LBSNs 获得稳定、长远的发展。

3. 研究意义

首先，该研究是在 LBSNs 背景下利用深度学习进行社交推荐研究。该研究设计了一个兴趣点推荐的深度学习算法，以及一个将签到数据转换为偏好的函数，使得 LBSNs 环境下的应用程序在个性化推荐方面有了很大突破。然后，该研究证明了在 LBSNs 背景下利用社会影响信息进行有效社交推荐的价值，当评分和评论文本不可用时，社会影响就可以作为 LBSNs 兴趣点推荐的有效预测因子。同时这也提醒了开发者，现实中可能存在影响用户签到行为的其他因素，兴趣点推荐任务应该考虑尽可能多的因素。最后，从数据科学的角度，该研究提出了一种通过深度学习技术来结合地理和社会影响信息的新方法。相比于传统的技术，这种考虑了地理和社会因素的深度学习模型非常擅长发现一些隐性的特征。尤其在存在多个未知特征的现实环境中，深度学习模型能在 LBSNs 中发挥很大作用。

（二）相关案例解析

1. 案例背景与目标

大众点评网成立于 2003 年。作为一家互联网企业，它的服务范围不止于为用户提供商家相关信息、消费者关于商家和商品的评价和促销优惠活动等信息，还包揽了场所预订、外卖销售和配送等服务。在发展过程中，大众点评为大众提供了一个获取生活相关信息以及进行日常交易的重要平台。

2. 痛点与挑战

大众点评需要通过获取用户位置信息来对用户的行为做出处理和判断，从而推荐给他们行为相关的兴趣点，因此需要对其位置进行精准确定，例如具体到一条街道上的哪一家商铺。同时，用户的兴趣不是一成不变的，用户的兴趣点也被分为一般兴趣点和特殊兴趣点，其中特殊兴趣点属于临时性、突发性的需求，这就需要平台对此及时进行处理。但是，基于位置的社交网络服务（location-based social networking services，LBSNs）应用和服务的请求具有临时性，因此，需要及时找到处理 LBSNs 环境下用户兴趣转移和位置快速变化的方法（何俊，2015）。

3. 解决方案

大众点评将处理用户兴趣的算法模型分为长期兴趣算法模型和短期兴趣算法模型，以此来对用户的兴趣进行不同时期的预测。为了处理这种长短期问题，大众点评利用了时间平移法和遗忘模型，时间平移法认为兴趣依旧维持用户最近的喜好内容，所以个性化推荐的内容应该基于用户最近的浏览记录，遗忘法则认为兴趣是依据历史的数据产生的，兴趣和用户的过去行为有很大的相关性，所以应该参考用户的历史数据生成推荐内容。此外，传统的个性化推荐只将目光放在了用户和项目两个因素上，而忽视了周围环境对当下用户行为的影响，例如用户看电影和外出聚餐时的需求和日常解决一日三餐时的诉求可能会发生很大的改变。大众点评为了优化平台的个性推荐模块，将长短期模型应用其中，并结合情景信息的搜集、处理与整合模型应对用户兴趣的变动和兴趣转换情况。

同时，大众点评还力图解决冷启动问题。该问题可以分为三类：用户冷启动、物品冷启动和系统冷启动。用户冷启动是指如何给新用户提供个性化推荐。物品冷启动是指一个新推出的商品应该推荐给什么样的人群。系统冷启动是一个系统或平台网页刚开始投入市场时，如何在没有用户使用基础和历史用户使用数据的前提下提供个性化推荐。对以上问题，大众点评采取了一些方案：①提供非个性化推荐。大众点评将一些当下流行的或热点内容推荐给用户，增加了用户喜欢这些推送内容的概率。②利用用户注册信息进行预测。新注册的用户会填写个人信息，其中个人信息也可以分为两种，一种是身份信息，另一种是兴趣信息。个人身份信息包括性别、年龄、所在地等，可对这些基本信息进行分类，通过分类有差别地向用户推荐不同的兴趣点。兴趣信息即在用户首次接触平台时，弹出窗口供用户选择自己的偏好，例如食品类更偏好什么口味、什么菜式。③利用用户手机的兴趣偏好。大众点评利用手机的使用状况可以推测用户的身份、喜好和当前状态。例如用户手机中的购物软件比较多，使用比较频繁，就可以推测出用户的购物偏好；又例如手机中存在辣妈帮、蘑菇街等女性使用频率较高的软件，可以推测用户可能为女性，等等。

4. 营销效果

截至 2016 年第四季度，大众点评网月活跃用户数超过 2 亿人，收录商户数量超过 1400 万家，覆盖全国 2500 多个城市及美国、日本、法国等近百个热门旅游国家和地区。目前，除上海总部之外，大众点评网已经在北京、广州、天津、杭州等 26 个城市设立分支机构。除此之外，很多人在大众点评上进行评分和打卡，甚至有大量专门从事评分和打卡的测评员。大众点评已成为人们外出吃喝玩乐时的重要参考。

研究前沿与相关案例 3-7

利用社交媒体数据实现品牌声誉的实时跟踪

（一）研究内容概述

该研究原题为《使用社交媒体实时跟踪品牌声誉》（*Real-Time Brand Reputation Tracking Using Social Media*），由美国马里兰大学（University of Maryland）的鲁斯特等（Rust et al.）发表于 2021 年的《市场营销杂志》（*Journal of Marketing*）。该研究讨论了企业如何才能知晓利益相关者对品牌的实时或长期的看法与感受。传统上，大多数的品牌声誉测量都是在总体层面上进行的（例如，国际品牌集团的"全球最佳品牌"榜单），或者依赖于定期的客户品牌认知调查（例如，Y&R 的品牌资产评估机构）。为了知晓消费者对品牌的看法，品牌声誉的衡量标准必须倾听利益相关者的声音（而不只是对品牌属性的评

在线阅读 3-7

价），同时必须实时反映重要的品牌事件，并且必须与品牌对公司的财务价值相联系。该研究创造了名为 Rust-Zeithaml-Lemon 的价值–品牌–关系框架，在每周、每月和每季度的基础上挖掘世界 100 强品牌的推特评论，开发了一个新的基于社会媒体的品牌声誉跟踪器。该研究表明，品牌声誉可以被实时和纵向监测，利用驱动因素之间的互惠和良性关系来实现管理，并与公司财务业绩相联系，由此产生的测量结果存储在一个在线纵向数据库中，供品牌声誉研究者使用。

1. 研究背景

现阶段，大部分品牌衡量标准是总体层面上的，而且通常只能每个时间段（例如每年）提供一次。而其他品牌衡量标准通过调查来衡量客户品牌认知的多个维度。但因为衡量的维度（例如差异化、相关性、尊重度和知识）不能直接映射到战略业务决策上，所以维度的可操作性有限。鉴于此，该研究通过社交媒体数据，开发了一个实时的纵向品牌追踪器，提供了利用新的社会环境的品牌衡量标准。

2. 研究内容

首先，该研究基于多个概念来源对品牌声誉进行概念化。品牌声誉定义为利益相关者对品牌的思考、感受和谈论的整体印象。定义中的利益相关者包括当前和潜在的客户、员工、合作伙伴和投资者，而不只是潜在的客户。此定义中有思考、感觉和谈话成分（不只是关于品牌的知识），其不仅可以反映真实的品牌事件，而且与企业的财务业绩挂钩。品牌声誉的影响因素有实际的品牌事件和财务业绩，既可以是可控的营销活动，也可以是可控的公众事件，这体现了品牌声誉的可操作性。所以营销人员可以主动管理品牌声誉，并追踪声誉，进行风险和危机管理。

其次，该研究开发了社交媒体跟踪方法来跟踪和监测品牌声誉。一方面，该研究采用 Rust-Lemon-Zeithaml 框架中的驱动力结构来开发跟踪器。因为该框架具有较高的可操作性，并且抓住了品牌声誉的思维和感觉方面。另一方面，该研究选择在推特社交媒体平台上构建一个关于品牌的动态情感跟踪器。因为大多数推特账户是公开的，这意味着推特上的对话对公众对品牌的认知有较大影响。此外，推特还提供了一个公开的应用程序编程接口（application programming interface，API），可以识别有关品牌的对话。

接着，该研究通过 130 周的跟踪数据证明了品牌声誉跟踪器可以用来监测和管理品牌声誉和竞争动态，并对公司的异常股票回报负责。该部分共有三步：

①**跟踪品牌声誉和竞争**。该研究通过两组竞争对手来说明这一用途，两个技术服务品牌脸书和谷歌，以及两个技术商品品牌苹果和三星。品牌声誉时间序列显示，2018 年前三季度，脸书的品牌声誉高于谷歌。到第四季度，两个品牌的声誉差距缩小。脸书的品牌和价值驱动因素时间序列显示，从 3 月 19 日那一周开始出现了负峰值，两周内品牌驱动因素得分从 0.575 骤降至 0.045，再降至至–0.218。与此同时，脸书将未经授权的 3000 万人的账户给了剑桥分析公司的事情被揭露出来。当年 9 月份，5000 万脸书账户和敏感的个人数据被泄露。这次负面事件的规模更大，数据泄露更严重，体现在品牌驱动力上便是更持久的暴跌，说明利益相关者相当关注这次重大个人数据泄露的后果。这表明品牌声誉追踪器能实时捕捉到一负面事件，以及其带来的影响。谷歌的关系驱动因素时间序列显示，

谷歌在这一驱动因素方面总体上表现不如脸书。因为脸书是人们建立和维持关系的社交网络平台。该研究还进一步调查哪些子驱动因素对品牌声誉起伏有关键作用，脸书在激动人心的子驱动因素方面优于谷歌，而谷歌在创新子驱动因素以及值得信赖的子驱动因素方面做得更好。总之，研究表明跟踪器反映了重要的品牌事件，并可用于监控竞争。

②**管理品牌声誉驱动因素的动态**。该研究使用一个严格的动态多元面板向量自回归（vector auto-regression，VAR）模型和广义矩量方法（generalized method of moments，GMM）进行估计，将三个驱动因素同时估计为一个方程组，来进一步研究管理品牌声誉的三个驱动因素之间的内在关系。

③**建立跟踪器的财务责任**。该研究进一步证明，跟踪器的非预期成分为利益相关者提供了额外的有关公司异常股票收益的信息。该研究将品牌跟踪数据与证券价格研究中心（Center for Research in Security Prices，CRSP）里的公司财务数据进行匹配。研究结果表明，驱动因素的剩余部分无论是以立即还是延迟的方式，无论是单独还是集体都为公司的异常收益提供了信息价值。因此，通过监测驱动因素的波动，利益相关者可以对公司的财务业绩有一个更准确的了解。

最后，该研究将这个跟踪器推广到多个社交媒体平台，并使用其他品牌测量方法对该跟踪器进行验证。该研究选择了脸书和照片墙（Instagram）这两个社交媒体和三种方法验证品牌声誉跟踪器。验证分为三步：①用社交媒体平台脸书和照片墙来复制该研究的方法。发现每个平台都有不同的功能，脸书更专注于社交网络，而照片墙专注于照片分享。②该研究与基于调查的舆观（YouGov）品牌数据建立了名义上的关系，从而证明了追踪器与 YouGov 的品牌口碑和品牌热度有关，并导致了 YouGov 的购买意向。③该研究证明了追踪器与国际品牌集团（Interbrand）、福布斯（Forbes）和凯度（Brandz）这三个年度品牌综合衡量标准有明显的正相关，表明追踪器不仅与年度综合衡量标准趋同，而且为品牌声誉提供了更细化的信息（在时间间隔和驱动因素方面）。

3. 研究意义

首先，相对于大多数品牌价值的综合评级或排名，品牌声誉追踪器能够对品牌声誉的组成部分进行更细致的调查。不同于以调查为基础的态度性品牌测量，追踪器的设计是为了更直接地映射到竞争的战略营销支出。其次，该研究与关于使用社交媒体以获得品牌声誉的文献联系在一起。通过开发一种适用于多个社交媒体平台的方法，并提供一个足以指导营销行动的纵向数据库，使研究人员更容易将有关社交媒体的内容与品牌声誉联系起来。再者，该研究为研究企业声誉提供了一个新思路。到目前为止，大多数有关企业声誉的研究都是在讲管理和战略，而对较少涉及营销行为。这个数据库使企业声誉研究与市场营销有了更自然的联系。最后，通过提供本研究使用的品牌声誉追踪器数据来促进品牌的纵向研究，为研究品牌声誉做出贡献。同时本研究也可进一步扩展到更长的时间段或更多的品牌，为品牌研究提供了宝贵的资源。

（二）相关案例解析

1. 案例背景与目标

品牌声誉是每个企业都不会忽视的战略话题。在智能时代中，如何利用智能化技术为品牌赋能，让企业能够更深入的洞悉客户，同时让品牌声誉成为拉动增长的利器，成为企业关心的重要问题。美国测试者在社交媒体上揭示苹果手机品牌的"电池门"事件，让苹果的股价应声大跌。这足以说明在社交媒体时代每一位普通的消费者都可能引爆品牌的声誉危机。

2. 痛点与挑战

过去品牌负面信息的曝光主要通过传统的媒介来传播，例如电视、报刊等，这是一种典型的中心化式的传播方式，这种传播方式存在人为切断传播渠道的可能性。而社交媒体的出现，使传播途径变得更加多元化和去中心化，同时，人为控制传播途径的控制力道也大幅度下降。在此背景下，企业想要控制并收集企业的声誉信息就显得难上加难。

另外，出于规避风险的意识，网民格外重视品牌的负面消息，并在情绪传染的作用下自发性地参与负面事件的传播。虽然网络中的网民彼此陌生，但由于对事件有相同的认知和情感，他们常常会迅速聚集并团结起来。加上算法推荐所带来的信息茧房困境，网民聚集后往往不是致力于理性思考，而是寻求情绪发泄。这增加了处理网络舆情的难度。

3. 解决方案

在此背景下，上海文军信息技术有限公司利用"大数据+人工智能"技术，通过对互联网实时大数据进行抓取和监控品牌舆情，利用网络信息数据，即社交媒体数据、新闻资讯等，致力于做好企业品牌的传播和管理，实现品牌声誉的实时跟踪。具体来说，该平台基于大数据的智能舆情监控，通过自主爬虫采集，实现 24 小时不间断服务。当发现舆情问题时，该平台将第一时间预警，保证运营人员快速发现问题。然后针对检测结果，专属项目顾问提供定制化解决方案，帮助企业做好营销战略分析，协助企业制定品牌营销策略，提升企业的美誉度。

针对社交媒体时代的品牌声誉管理，文军信息技术公司开发了 WJMonitor 检测平台，该平台可以利用大数据和网络爬虫技术，全天候在新闻媒体、微信、微博、网络论坛等信息渠道监测品牌、产品及目标公司高管人员的信息变化，把握舆情动态。在此基础上，该平台将定期发送预警及检测报告，将品牌声誉和营销效果的走势完全可视化，形成各种样式的舆情可视化报表。

同时，针对群体情绪，文军信息技术公司针对来源、情感、观点等构建人工数据挖掘与分析模型，充分理解网民情绪，人性化面对，辅助提高对客观数据分析结果的准确性，在回应网络舆情的观点和思维方式上做到灵活处理。

4. 营销效果

在智能时代，社交媒体愈来愈成为企业品牌声誉的重要驱动力。上海文军信息技术有限公司的智能网络舆情监控系统帮助企业获得了品牌声誉的量化传播结果，使企业在互联网时代实现了高效的品牌声誉管理。这增强了消费者对品牌的信任，促进了消费者对品牌的认同。

第四章

人工智能与价格策略

第一节　使用人工智能实现个性化定价

一、定价的概念

（一）定价的概念

定价（pricing）指的是企业对商品和服务的价格制定和变更的策略。从企业端看来，价格是企业为产品或服务收取的货币总额。从顾客角度出发，价格是顾客为获得、拥有或使用某种产品或服务的利益而支付的价值。在营销组合策略中，价格是唯一与收益直接相关的要素，也是最灵活的市场营销要素，所以，企业必须对其产品在质量和价格上的关系做出决策，以达到企业利润和消费者支付意愿之间的平衡。

一般来说，产品的价格水平介于"价格天花板"（即高于这个价格，消费者将没有需求，例如天价茶叶和咖啡）和"价格地板"（即低于这个价格，企业将没有利润）之间，企业要在这两种极端的价格水平之间定价。同时，企业在定价中也必须同时考虑其他内部因素（如企业整体的营销战略、各项成本等）和外部因素（如市场竞争、法律法规等）。

（二）定价策略的选择

实践中，产品或服务定价的策略有很多种，企业会随着时间的推移而轮换定价策略，或者将不同的策略融合在一起。以下介绍几种常见的定价策略。

①**基于成本定价策略**。基于成本定价也叫产品导向定价。传统上，企业营销活动中采用最多的是基于成本的定价策略，即以产品成本为基础，把价格定位在"回收成本"的目的上，而不是关注"市场需求"或"用户愿意支付的价值"。基于成本定价策略的定价流程为：设计产品→确定产品成本→确定产品价格→说服顾客相信产品的价值。

②**基于价值定价策略**。基于价值定价也叫顾客导向定价。越来越多的企业逐渐偏向基于价值定价的方法。基于价值定价方法是以顾客对产品的感知价值为基础，而不是以产品成本为基础。这就要求企业必须了解顾客对不同的竞争性产品和服务的价值感知。有效的顾客导向的定价包括理解顾客感知价值，并设定获得这一价值的价格。基于价值定价策略的定价流程为：评价顾客的需求和价值感知→设定与顾客感知价格匹配的价格

→引导顾客接受产品的价格。

③**基于竞争定价策略**。这种定价策略涉及根据竞争对手的价格来设定自己的价格，这种定价方法是企业在实践中最常采用的。要使用基于竞争定价策略，首先，企业需要确定所在市场的竞争对手，哪些企业在销售类似的产品或服务？这是一个市场调查过程。其次，企业需要了解竞争对手的价格构成，挖掘竞争对手的定价模型和定位策略，从而了解自己和竞争对手的产品在市场上期望的定价和定位类型。最后，企业需要创建价格地图，了解主要竞争对手在做什么，以便可以为自己的产品或服务选择最好的价格。

二、智能时代的个性化定价

随着智能技术的发展，传统的定价策略正逐渐被个性化定价取代。商家不再统一定价，而是结合各种复杂的算法进行演算，从而就同一产品或服务，对于不同的客户给出不同的标价。例如，网约车公司会根据一定时空内乘客和车辆的供需比例，智能调整每位乘客的打车价格，从而实现利润最大化和市场供需协调。虽然不少顾客会质疑这种智能定价的公平性问题，但在实践上，这种个性化定价逐渐成为企业为适应市场供需而广泛采用的智能化策略。智能时代下这种个性化定价策略为商家带来了许多好处，具体体现在如下几方面。

①**人工智能技术提高了企业优化定价的能力**。智能时代下，个性化定价大体围绕着数据收集、数据分析、决策最优价格来进行。在大数据、智能算法等一系列人工智能工具的辅助下，企业可以更好地追踪并收集客户的信息（例如客户消费的需求、消费能力等），从而加强了企业决策者的数据收集和分析能力。随后，企业营销人员可以依据产品组合、渠道、销售点以及客户需求的不同，在人工智能算法下不断优化价格，确保每一级的最优定价都有助于提高企业的盈利能力。

②**人工智能帮助企业实现实时定价，满足客户要求**。人工智能辅助的个性化定价算法，可以让企业根据市场需求、突发事件、客户数据等信息实现实时定价。这不仅增加了企业利润，还能使企业结合历史定价和当前市场竞争态势推测顾客的消费行为，即顾客最有可能购买的产品，从而开发出最优的产品，制定最合适的价格，以满足客户的需要。

③**人工智能帮助企业团队转向以客户为中心的定价决策机制**。不同于过去相对统一的定价策略，智能时代背景下的个性化定价更能考虑到消费者的需求、消费能力等各种条件的不同，制定出因人而异的最优价格，帮助企业转向以客户为中心的定价决策机制。企业团队只需要准备必要的数据以及想要的定价产品，人工智能的算法就会扫描这些数据，梳理出各种定价场景，给出最优的价格。算法动力模型还会考虑到不同的消费者对价格的敏感程度不同，推荐出使整个消费群体满意的价格。而企业也就可以更好地为客户服务，把更多的注意力放在收集数据上，为客户量身定制出适合他们的价格。例如机器学习中的多臂老虎机算法（multi-armed bandit algorithm，MBA）可以在价格信息不完整的情况下实时动态调整在线价格（Misra et al., 2019），使企业可灵活采用多种复合定价策略。

④**智能时代的个性化定价会带动整个市场的进步**。随着越来越多的企业开始在定价策略上运用人工智能算法技术，消费者能以自己愿意接受的价格购买到想要的产品，与此同时，企业也实现了销售利润的提高，而这也给传统的企业带来了越来越大的压力，较为传统的企业为了能够吸引更多的顾客，从而转向人工智能辅助的个性化定价营销策略。这种连锁反应会带动整个市场更好地运转，充分发挥市场的资源配置功能，提高整个市场的经济效应。

在智能化时代背景下，个性化定价正悄无声息地改变着整个消费市场。在人工智能、大数据分析等相互关联的算法技术的辅助下，企业能够更加清晰地了解到消费者的购买力、需求等实时数据，来做出定价决策。这不仅没有增加额外管理成本，为企业带来了更多的经济回报，也为不同的消费者群体带来了更合适的价格选择，为企业和消费者都带来了利润。正是在人工智能的辅助下，企业可迅速实现产品定价及价格调整，逐步实现利润最大化。然而，这种智能化的个性化定价方法也受到许多消费者的质疑，认为"同货不同价"的做法破坏了公平性原则。因此，定价策略的智能化之路仍需谨慎。

研究前沿与相关案例 4-1

多臂老虎机算法：在信息不完整条件下实时动态个性化定价

（一）研究内容概述

该研究原题为《基于多臂老虎机实验的不完全信息动态在线定价》（*Dynamic Online Pricing with Incomplete Information Using Multiarmed Bandit Experiments*），由美国加利福尼亚大学（University of California）的米斯拉（Misra）等人发表于 2019 年的《营销科学》（*Marketing Science*）。该研究指出，在线零售商的定价经理面临着一个独特的挑战，即他们必须对有着大量需求信息的不完整的产品实时定价。定价经理通过价格实验来了解每个产品的需求曲线和最优价格。在实践中，均衡价格实验可能会产生很高的机会成本，因为大量客户得到的是次优价格。该研究提出了一个替代动态价格实验方法。该方法将统计机器学习中的多臂老虎机（Multiarmed Bandit，MAB）算法扩展到微观经济选择理论中。通过在自动定价策略中使用可扩展的无分布算法解决了MAB 问题，证明了其方法对于任意弱向下倾斜的需求曲线都是渐进式的最优选择。在一系列蒙特卡洛仿真中，该研究发现，其所提出的方法比均衡实验和计算机科学的动态定价标准方法更适用于实时定价。在一个基于现有定价实验的校准模拟中，该研究的算法在测试当月可以增加 43% 的利润，并且平均每年增加 4%。

在线阅读 4-1

1. 研究背景

在线零售商的定价决策有两个特点。第一，在线卖家可以连续改变价格，并且经常出于学习的目的而随机改变价格。第二，大型在线零售商销售的产品数量远多于实体零售商销售的产品数量。例如，亚马逊网站（Amazon.com）每天销售数亿件产品，其中有成千上万的新产品。在线零售商的定价经理在定价时不可能完全了解每个产品的需求曲线。因此，定价经理必须考虑自动定价政策，以便在不完整的需求信息的条件下制定实时零售价格。

公司在面对不完整的需求信息时，通常采用价格实验来确定最优价格。例如，一个公司正在决定一组（10 个）产品的价格，但公司没有关于每个产品价格的需求信息。该公司可以一次试验一个产品价格，观察各个层次的需求和利润，然后选择总利润最高的价格。这种价格实验形式被称为"先学习，然后赚取（Learn, Then Earn）"。但是，这种传统的定价方法在估计每个产品价格下的平均需求和平均利润时存在误差，导致机会成本增加。因此，在线零售商的定价经理需要一种新的定价策略，即利用智能化算法来动态定价，其中多臂老虎机算法是比较有名的智能化算法。

2. 研究内容

该研究以动态价格实验文献为基础，研究在线零售商动态定价的优化问题。为实现在学习的同时最大限度地提高利润的目标，该研究利用多臂老虎机的思路在动态定价的框架下研发了一个算法，通过依次设定价格，以平衡当前赚取的利润和对未来利润的需求学习。该研究解释了在线零售定价的两个关键环境特征。

第一个特征是种类繁多的产品和数百万种产品的实时变化。为了确保提出的算法可以用于各种各样的产品，该研究没有假设每种产品的需求曲线来自同一个分布族，而是选择了一种由经济理论驱动且灵活的方法。通过限制参数假设，该研究保证其所提出的算法在面对任何弱向下倾斜的需求时比当前算法收敛得更快。

在线零售的另一个关键特征是大规模实时定价。该研究确保其所提出的算法可以在数百万件产品上实时运行。该研究提出的算法具有最小的估计要求，因此其的运行速度比当前的解决方案快了几个数量级。

在一系列的模拟环境中，该研究表明，其所提出的算法与其他算法相比，实现了更高的平均利润和更低的不同环境下的结果差异。这表明该研究所提出的动态定价算法具有更高的获利能力和更好的稳定性。

3. 研究意义

该研究通过实验证明了以多臂老虎机思路得到的置信区间上界算法（upper confidence bound，UCB）可以运用到动态定价策略中，而且相比于传统的"先学习，然后赚取"方法，这种算法能获取更高的利润并更具稳定性。该研究提出的解决方案扩展了常见的MAB 算法，将微观经济学中的选择理论包括在内。另外，该研究所提出的定价实验策略可以应用于多种类型的产品（稳健）并实时运行（快速），对现实中在线零售商的定价策略具有指导意义。

（二）相关案例解析

1. 案例背景与目标

作为移动出行平台，滴滴出行平台的属性十分特殊：真正在滴滴出行上提供服务的不是平台本身，而是千千万万在平台上注册的个体司机。这与淘宝店铺的性质相似，但不同的是，淘宝上的商家可以自由决定自己的产品或服务在平台上的售卖价格，由消费者判断商家的出价是否合理，而滴滴出行平台实行统一的定价管理，个体司机并不能自主决定服务的售价。

于是，滴滴出行平台在营运的过程中，常常遇到这样一种问题：在深夜时段，常常会出现大量的、不能被满足的需求。例如，凌晨三点，许多司机已经终止了接单服务，此时就会出现有出行需求的乘客打不到车的情况。而仍在提供服务的司机，在这种情况下显然也不愿意以平时的价格来接这一单。面对这种问题，如果滴滴出行平台不调整订单的价格，就会导致供不应求。在需要用车的时候却叫不到车，不仅会使顾客的满意度下降，还会使顾客的不满情绪日益增加。因此，滴滴出行平台需要一种动态价格调整策略以改变这种不平衡的供需关系。

2. 痛点与挑战

尽管滴滴出行的平台模式与淘宝类似，但是出行需求和零售购物需求又是截然不同的。首先，出行需求的时间窗口较短。乘客一般会在出门前几分钟开始使用滴滴打车，若短时间内叫不到车，乘客将选择其他交通方式。其次，滴滴打车的供给并不稳定。通常是司机就在周围，而恰巧周围存在乘客要打车出行的需求，这样才能使需求和供给配平。同时，车辆的流动性也使得服务的供给能力在当前范围内不断变化。最后，如何在选择滴滴出行的顾客中筛选出对价格不敏感的核心刚需用户，并对其与普通用户和潜在用户进行区分？如何分层对于动态定价策略的影响很大，因为用户层级的参数为在线动态调整价格模型提供了重要的信息。上述几点出行需求的特征，对滴滴出行的动态价格调整策略形成了挑战。

3. 解决方案

滴滴出行采用了类似多臂老虎机的智能算法思路来实现动态价格调整。首先，由于历史数据能反映成交率的高低，因此首先要获取一个区域范围内的历史供需关系。其次，明确顾客的需求层级，对顾客进行分层。如在暴雨天有出行需求的客户可以称为核心刚需用户，而普通上下班时有出行需求的客户则为普通用户等。最后，考虑许多其他的信息，如考虑某地段在某时点的交通拥堵情况，考虑一个地区的订单平均价值等。将这些参数都考虑之后，利用信息技术，滴滴平台开发了动态调价的算法，并已投入使用。

4. 营销效果

在动态调价之后，滴滴出行解决了某些情况下的供不应求问题。同时，这是一种选择而非强迫——乘客可以选择不调整价格而选择不加费用的"继续等待"，他们的选择更加广泛，可以根据自身的需求程度自行选择是否调整价格。这对乘客和司机都是有好处的，乘客可以自主选择出行还是等待，即使在下暴雨的天气或是深夜也能够享受到滴滴出行的服务。对于司机来说，他们可以以更高的价格成交订单，从而获取更多的利润。这更符合市场的供需规律。算法提供的动态调价系统有效提高了打车成功率，同时还能够筛选出一批高质量的用户，这些用户对于价格的变动是不敏感的。滴滴出行也因此在一定程度上提升了盈利能力。

研究前沿与相关案例 4-2

基于消费者隐私信息的价格个性化

（一）研究内容概述

该研究原题为《基于内生性隐私的网络市场中个人信息的价值》（*The Value of Personal Information in Online Markets with Endogenous Privacy*），由美国 Compass Lexecon 公司的蒙特斯（Montes）等人发表于 2019 年的《管理科学》（*Management Science*）。该研究探讨了当至少有一家竞争公司利用消费者的私人信息来进行价格歧视，但消费者通过支付隐私成本来防止这种使用时，价格歧视对价格、利润和消费者的影响。与垄断者不同，相互竞争的二元垄断者并不总是从较高的隐私成本中获益，因为每个公司的利润都会减少，消费者剩余则会随着该成本而增加。在这种竞争下，以单一区块出售信息的消费者数据所有者的最佳策略是只卖给一家公司，从而使竞争对手的买家利益最大化。由此产生的低效率意味着政策制定者应该更多关注阻止排他性交易，而不是确保消费者能够轻松地保护他们的隐私。

在线阅读 4-2

1. 研究背景

过去几年里，线上的价格歧视屡见不鲜。2000 年一位顾客抱怨说，他把电脑浏览器中的缓存（cookies）删除后，发现亚马逊网站（Amazon.com）上某张 DVD 的价格更低。曾有报道称，Orbitz Worldwide 旅行社向苹果电脑用户提供的酒店优惠价格高于其他电脑用户。史泰博网站（Staples.com）也采用了类似的做法：一旦确定了潜在买家的位置，该网站就会显示出不同的价格。其他公司也会利用客户的浏览历史和地理位置来改变报价和产品，例如发现金融服务公司（Discover Financial Services）、罗塞塔石碑公司（Rosetta Stone）和家得宝公司（Home Depot）等。

可见，在营销中使用消费者个人隐私数据并不是一种新现象，因此维护客户数据库和进行市场研究一直是商业活动的主要内容。技术进步和经济数字化扩大了数据的性质（例如智能手机提供的实时位置数据）、来源（例如跨设备跟踪用户的网络旅程）、应用（例如机器学习）和数据量。市场营销中对个人数据的广泛使用产生了对消费者个人信息的巨大需求，这反过来又催生了数据经纪人行业。其中一些经纪人是大型数据聚合器，另一些则专门研究特定类型的消费者。例如安客诚（Acxiom），蓝凯（BlueKai）和益百利（Experian）。这些公司通过各种来源收集数据，包括他们自己的数据收集技术、在网站所有者的安排下允许中介实现用户跟踪技术（例如 Cookies）、公共信息（电话号码、社交网络上的信息）、来自公共当局和第三方公司(网站、银行、其他数据经纪人)的数据。

该研究旨在研究信息和隐私在市场中的作用，尤其是在线市场。更准确地说，该研究希望了解消费者信息的价值，无论是对这些信息的销售者，还是对购买这些信息的公司。该研究还旨在探讨消费者是否应该被赋予更多或更少的对信息的控制权，而企业可以用这些信息来调整其商业报价。

2. 研究内容

该研究建立了一个包含消费者、两个相互竞争的零售公司和一个可以收集消费者信息的数据供应商的模型。假定消费者一定会从给予他们最高效益的公司购买产品，即使该公司已经形成垄断。消费者可以被分为两类，即"新"消费者和"旧"消费者。不使用线上平台的客户或不活跃的线上客户被称为"新消费者"，他们的个人信息无法或者只能非常有限地被数据供应商获取。相对的，活跃的线上客户就被称为"旧消费者"，数据供应商可以获取他们大量的个人信息。

假设数据供应商是这个市场上的垄断者，能够收集到旧消费者的所有个人信息。与此同时，消费者有权采取一些事后措施来消除他们的活动痕迹，他们为此所付出的代价即为"隐私成本"。这样一来，市场可被简单地分为"匿名市场"与"个性化市场"。新消费者和消除了自己活动痕迹的旧消费者组成了"匿名市场"，在这个市场上，厂商只能进行统一定价；没有消除活动痕迹的旧消费者则组成了"个性化市场"，厂商有条件对他们进行个性化定价。

该研究分别针对垄断及双寡头垄断两种情况进行了分析和研究，并得出以下结论：

①在垄断的情况下，隐私成本的变化对消费者的影响可以被理解为一个零和博弈，即消费者总剩余几乎不随着隐私成本的增加而产生明显的变化。一部分消费者获利，就会有另一部分消费者失利，社会总福利也没有明显的变化。

②在双寡头垄断的情况下，消费者总剩余明显随着隐私成本的增加而增加，当隐私成本增加至没有消费者可以承担的时候，消费者总剩余最高。社会总福利与隐私成本的函数关系曲线呈 U 形，表明消费者隐私数据完全受到保护或完全无法保护的两种极端情况下社会总福利是最大化的，越靠近中间水平则社会总福利越低。

该研究针对数据供应商的行为做了进一步分析，发现当数据供应商将拥有的某一部分数据提供给某一细分市场中唯一的一家企业时，可以实现信息价值最大化。同时，同一细分市场中，拥有的信息可以给企业带来越大的利润提升空间，相应地，数据供应商也就能获得更多的数据。因此，对于数据供应商而言，单从利润考虑的最优选择是最大化企业之间的竞争，并且只选择一家企业出售消费者隐私数据。

3. 研究意义

该研究探索了不完全竞争条件下，客户信息和隐私对网络市场定价行为的影响。研究指出了当企业利用消费者的私人信息进行价格歧视，同时消费者又被给予防止这种歧视的手段时，价格歧视对价格、利润和消费者剩余的影响。通过分析，得出了一些关于客户信息价值（即寻找潜在客户数据的公司的付费意愿）的有趣结论。

该研究就隐私和价格歧视提出了明确的政策建议。在该研究建立的模型中，政策制定者有两种工具：一种工具是可以使隐私成本增加或减少，另一种工具是对独家数据安排的监督。该研究发现，监管者应该促进消费者数据在竞争公司之间的非排他性分配。此外，在该研究的模型中，信息的不对称分配是双重无效率的，因为它不仅诱发了无效率的消费模式，还导致消费者浪费隐私支出。因此，尽管监管最初关注的是价格歧视，但其重点应该转向信息如何交易。在缺乏良好的经验证据的情况下，该研究希望其所提出的理论设置可以提高对这一重要问题的认识，并促进这一主题的进一步研究。

（二）相关案例解析

1. 案例背景与目标

优步（Uber）是于 2009 年在美国硅谷创立的科技公司，主要利用手机应用软件（App）从事智能打车业务。2012 年初，优步波士顿研究组的调查显示：在周五和周六凌晨一点左右，大部分司机会准备收工，而此时存在着大量结束周末娱乐活动、准备回家需要叫车的用户。这种大量的"未满足需求"导致了瞬时的供需不平衡。因此，优步的研究组设计在周末高峰期（0–3 点）适当提高每次乘坐车的单价。两周后，该时段的出租车供应量增加了 70%~80%，满足了近 2/3 的用户需求。该设计成功开启了优步动态定价的先河，随后正式应用于任何高峰时段（蔡文文，2017）。

动态定价算法通过用户等待时间的陡峭上升趋势而触发。该机制的核心在于市场的供求关系。根据优步的业务模式来看，在供给侧，不同于酒店、机票的刚性供给，出租车可在城市各区域内调配，司机也可以根据个人意愿自行调度，具有一定的弹性；在需求侧，任何需要交通出行的人都有可能使用优步打车，App 潜在用户多，市场庞大。当需求大于供给，算法会自动提高价格，减少需求、提高供给，使得供需达到一个动态平衡。通过市场化经济体制，优步在将用户看作"理性经济人"的前提下，使优化资源、配置资源达到最大化，为平台和旗下个体经营者争取最大的价格补贴。

2. 痛点与挑战

虽然优步的个性化定价方案非常好，但是也存在一些痛点，具体表现在以下几方面。

①**打车费用过高**。由于算法对价格和等待时间敏感，部分消费者对于动态定价产生质疑。2014 年 12 月，澳大利亚悉尼的公共场所发生匪徒持枪劫持案，促使该区域内打车需求陡增，优步系统自动决定提价，案发所在地的优步价格瞬间涨至原价的四倍。澳大利亚的媒体抨击优步"趁火打劫"，给企业声誉造成了损害。而在高峰期，优步存在超负荷运转，无法提供出租车服务的情况。越来越多的用户怀疑优步的可靠性，导致客户忠诚度降低，损害了品牌形象。

②**"理性经济人"的缺陷**。动态定价机制成立的前提是假设所有市场中的参与者都保持理性，可以被价格这项唯一机制驱动，但其忽略了影响司机和消费者行为的其他因素。在节假日和恶劣天气的影响下，即使订单存在溢价，司机依然可能拒绝接单，从而用户需求仍未得到满足。

③**动态定价的区域敏感性**。一个区域的叫车价格攀升会导致相邻区域的出租车出现调配，从而影响相邻区域的供给，导致相邻区域的打车价格也迅速上升的连锁反应。在诸如突发公共性重大事件的情形下，城市打车需求陡然上升。因此，优步出租车供给的相对弹性无法从根本上解决供需不平衡的问题。

3. 解决方案

针对上述痛点。优步研发了 Surge Drop 功能。如果存在溢价可能，优步会激活该功能，在溢价结束后发出通知。在 Surge Drop 开启后，如果用户附近的打车倍率恢复到非溢价状态，系统将向用户推送通知。由此可以看出，一方面优步希望动态溢价尽可能地提升司机收入，增加市场供给，同时也试图将这种动态溢价控制在乘客可接受的范围内；另一方面，如果用户因为溢价打算放弃此次产品的使用，优步则将增加产品的出现频率，以此来增加用户使用的概率。一般对价格敏感的用户，对时间成本相对不敏感，因此 Surge Drop 功能有其用户基础。

同时，优步还对其动态定价模式进行了辩解与澄清。优步认为自己是一个网络平台，平台上的司机自主经营出租车业务，公司与司机之间不是雇佣关系，而仅是撮合交易。所以，是否使用优步完全取决于司机个人。此外，优步的大部分收入为司机所有，而不多的剩余收入中，优步还要支出信用卡欺诈、退款、客服、解决纠纷等额外花费，利润空间已相当小，远不及高利润行业。优步作为一个市场平台的本质是通过价格机制决定供求关系，优化市场资源的配置，从而实现利润最大化。

4. 营销效果

优步的策略似乎没有达到理想的效果。科恩（Cohen）等人的分析表明，优步价格越高，选择"同意并继续"使用的用户就越少。其中，用户购买比例在 1.25 倍动态价格处有一个突然下降。可见，正是动态定价遵循了市场价格的供求机制，因此当价格超过一定区间后，消费者需求会自然而然地减弱，需求曲线下移，重新达到供需均衡点。这也意味着优步通过动态定价机制不可能获得极高的收益，从而不能达到为出租车司机带来最大化收入的目标。消费者不会为天价打车费买单，如果遇突发情况公司还很有可能遭到政府罚款。因此，智能技术驱动的个性化定价，虽然在技术上很容易实现，但是在市场上应用还有很长的路需要探索。

第二节　使用人工智能促进价格智能调整

一、价格调整的内涵和策略

（一）价格调整的含义

价格调整（price adjustment）是一种企业调整已上市的产品价格的手段，其目的在于使产品价格适应市场供求变化，并与营销组合的其他因素（产品、渠道、促销）更加协调，发挥最佳促销作用，提高营销效益。任何产品在市场上都要经历诞生、发展、成熟和衰退的周期性变化过程，而产品的价格既影响着消费者的购买需求，也制约着产品在市场上的销售表现。所以产品的定价并不是一成不变的，而是具有动态性与不确定性，从而适应产品在市场上的不同阶段和不断变化的市场形势(曾越君，2014)。

（二）价格调整战略

价格调整是动态的，企业根据新的市场目标，可能上调价格，也可能下调价格。但是，每一种价格调整策略的基本目标都是以最好的方式满足客户的需求，从而获得足够的利润。以下介绍几种常见的价格调整策略。

①**细分市场定价**。细分市场定价又称分段定价，是指企业基于不同的受众群体、市场、地域、时间，以两种或更多的价格出售某种产品或服务，并且价格差异不以成本为基础。其中基于客户的分段定价是指同一产品对不同的客户收取不同的价格。例如与其他参观者相比，博物馆对老年人和学生收取的门票价格相对较低。

②**折扣与津贴定价**。折扣是对及时付款的购买者的价格转让。津贴又分为"以旧换新津贴"（是对购买新产品时返还旧商品的顾客提供的价格减让）和"促销津贴"（是为回报经销商对广告和促销活动的参与而提供的报酬或价格减让）。在这种价格调整策略中，客户会选择批量购买、提前付款和淡季购买等方式来获取折扣和补贴。

③**促销定价**。企业往往运用促销定价法使产品或服务的价格的低于正常的市场价格，甚至低于成本价格，以提高购买者的购买欲望，大幅度提升销量。促销定价有多种形式，一些商店和超市经常会以极低的价格来出售商品，以吸引顾客将注意力放到更多的商品上去。此外，在某些季节企业也会使用特别促销定价，以迅速获取客流量，有时生产商也会向从特定经销商处购买产品的客户提供现金回扣。

二、智能时代的价格调整

随着云计算、大数据、智能算法等技术的发展，基于人工智能的动态价格调整策略正成为一种新的商业手段。智能技术的加持，使得企业的价格调整能力大大增强，企业得以更好地应对市场需求的变化以及愈加激烈的竞争。以下列举几种智能时代下的价格调整方法。

（一）智能的价格调整策略：动态定价引擎

①**基于规则**。一些企业会使用基于规则的定价程序，这种程序依赖于人工制定的"if-then"（如果—就）规则，运行逻辑相当于对市场中各种因素进行"观测"，如果程序捕捉到了某种变化，它就会对此做出响应，进而自动调整价格。

②**基于机器学习**。随着大数据概念的提出和各种技术的丰富，许多企业开始着手建立自己的动态定价系统。首先，需要建立一个高质量的数据库。从数据收集层面来说，企业一般需要收集三类数据，即宏观市场环境数据、微观消费者数据和内部实时数据。其次，通过大数据分析和定期培训来帮助企业开发合适的程序，以深入了解数据，从而达到更好地处理现实事件的目的。最后，在综合考虑其他因素的基础上，对价格进行调整。

③**基于预测分析**。不少企业开始开发基于价格弹性和预测算法的程序，试图预测消费者的需求，以提前优化价格、调整定价。例如，Microsoft Azure 可以使用需求预测模型进行价格优化。该平台通过使用历史事务数据在零售环境中训练需求预测模型来解决定价问题。然后，价格优化算法使用该模型预测各种价格点和业务约束因素的需求，以随时调整价格，使潜在利润最大化，从而节省在调价任务上花费的时间和精力。

（二）智能价格调整在生活中的应用

需要智能价格调整的行业，往往其产品价格会随着供需或时间因素等高频率波动。

消费者对此类商品的价格波动习以为常，而这时商家就需要正确评估客户对某一价格的支付意愿，进一步优化价格。接下来以常见的行业实例，来阐述智能化时代下企业常用的价格调整方式(王中华 et al.，2021)。

①**航空业**。飞机票是典型的动态定价产品，其价格需要随时做出调整。近些年，航空业的竞争格局复杂，机票的价格需要随时变化。许多航空公司使用深度学习来训练人工智能模型，实时调整机票价格。深度学习技术的神经网络被分为三种不同类型的层，即输入层、隐藏层和输出层。输入层接收输入数据，例如起飞机场、目的机场、出发日期等。输入层将输入的数据传递给第一个隐藏层，而隐藏层对输入数据进行数学计算。最后，输出层返回输出数据，提供机器预测的机票价格。目前，各大航空公司都构建了类似的机票价格调整策略，从而获得最大化收益。

②**电子商务**。目前很多在线零售商和传统零售巨头都采用了智能化的价格调整策略。以美国在线零售巨头亚马逊（Amazon）为例，亚马逊通常以固定的零售价或标价来表示商品原始价格，实际销售价格以折扣方式显示，并且它所提供的减价折扣会随着时间的变化而变化，以适应具体的市场情况和剩余库存。

③**酒店业**。酒店业的价格也随着季节变化而波动。以爱彼迎（Airbnb）为例，其研发了一款名为 Aerosolve 的动态实时定价推荐系统，在考虑各种宏观变量和微观细节之后，会生成"建议价格"提供给房东，极大地解决了信息不对等或传递不及时的问题。

总之，越来越多的企业开始使用智能技术进行价格调整，以获取更多的利润。但与此同时，也应谨防陷入大数据侵犯隐私、差别定价和价格歧视的陷阱。企业应该尽可能地考虑价格调整对消费者心态的影响，毕竟消费者对企业的态度和信任程度，直接影响着企业价格调整策略的成功与否。

研究前沿与相关案例 4-3

利用机器学习工具，根据在线口碑动态调整定价

（一）研究内容概述

该研究原题为《在线产品评论触发的动态定价：理论与证据》（*Online Product Reviews-Triggered Dynamic Pricing: Theory and Evidence*），由香港城市大学的冯（Feng）等人发表于 2019 年的《信息系统研究》（*Information Systems Research*）。该研究指出，在市场的需求方，用户生成的在线产品评论在很大程度上影响着消费者的购买决策；然而，在供给方面，人们对在线产品评论和公司战略之间的相互作用了解得并不多。该研究建立了一个分析模型，根据消费者对品味（横向差异化）或质量（纵向差异化）的偏好来区分产品，并表明企业不仅能通过定价影响在线产品评论（从而影响销售），而且能够根据在线口碑动态地调整定价。该研究模型通过可能的价格轨迹得出了丰富且可检验的结果。为了给分析的预测提供经验支持，该研究对价格

在线阅读 4-3

和评论进行了面板数据研究，并且采用双重差分模型框架来解决内生性问题。

1. 研究背景

线上口碑（word of mouth，以下简称 WOM）泛指网络上对于某种商品的评论和留言，一般是顾客通过浏览网页收集其他消费者提供的产品资讯和主题讨论，同时针对某个主题分享相关的知识、意见及自身体验并表明自己的态度，从而形成关于某个主题的网络口碑。动态定价则自经济学中的价格歧视，即针对同一件商品，针对不同的消费者采取不同的销售价格。随后，经济社会扩展了动态定价的内容，包括相同商品在不同销售周期定价也不相同。随着库存变化和市场需求变化，产品定价也随之发生变化，参考市场需求和产品特点等要素，使用相关数学模型等对产品进行了定价。在营销实践中，线上口碑不断受到重视，动态定价机制也被广泛应用并不断发展。但将线上口碑作为动态定价的参考前提，并列入公司决策的考虑范围的相关课题却极少被提及。因此，该研究通过建立分析模型，得出公司决策与线上口碑之间的关系，并为公司提供了基于在线评论进行动态定价的可能性。

2. 研究内容

首先，该研究探讨了 WOM 分析如何使供应方战略优于对 WOM 内容的直接干预。与现有研究一致，该研究认为卖家可以通过定价这一传统的营销工具影响 WOM 的产生。该研究模拟了利润最大化的卖家如何对在线评论进行战略监控和反应，从而改变潜在在线评论的价格动态。

然后，该研究提出了一个分析模型。在模型中，消费者的效用受到消费者特征（如错位成本）和产品特征（如产品质量）的影响。这两个方面与口味的横向分化和质量水平的纵向分化相一致。通过将错位成本（misfit cost）和质量水平与在线评论相结合，对企业的最佳价格轨迹形成一些有趣的见解，即在线评论对不同质量水平和错位成本的产品的影响可能是不同的，具体来讲，该研究发现：①并非每个卖家都会受到在线评论的影响，在一些情况下，卖家最好表现得好像网上评论并不存在一样。②传统观点认为企业需要通过降低初始价格来诱导未来的好评。与之相反，该研究发现，并不总是需要降价策略，甚至企业收取高的初始价格可能是有益的。因此，企业的初始价格和利润都与产品的感知质量或消费者的错位成本无关。③信息使得企业无法仅从一段时间的价格趋势来判断企业是采取渗透还是撇脂的定价策略。即使公司最初收取的价格很低，也可以观察到价格下降的趋势；即使公司收取的初始价格很高，也可以观察到价格上升的趋势。

接着，该研究分析模型表明，鉴于产品质量和消费者的错位成本的差异，卖家在应对产品评论时有不同的最优定价策略。因此，该研究检验了这种现象在实践中是否存在。由于在不同的质量和错位成本所界定的区域内，价格和评论数之间的关系具有不同的特点，该研究提出以下假设。H1a：当产品质量较低、成本不适合度较低时，公司会随着评论数量的增加而提高价格。H1b：当产品质量较高、成本不适合度较低时，一家公司会随着评论数量的增加而降价；H2a：当产品质量较低、成本不合适为中等水平时，一家公司会随着评论数量的增加而降价。H2b：当产品质量很高，成本不合适为中等水平时，公司会随着评论数量的增加而提高价格。H3a：当产品质量较低、成本不适合度较高时，一家公司会随着评论数量的增加而降价。H3b：当产品质量较高、成本不适合度较高时，一家公司会随着评论数量的增加而降价。

最后，该研究用一组图书的面板数据为这些理论预测提供了经验支持。为了克服不可观察的产品和卖家特征的内生性问题，该研究从两个来源（亚马逊和美国在线书店Barnes & Noble）收集数据，并通过双重差分设计（difference-in-differences，DID）建立因果关系。利用这组数据，该研究支持了分析模型的主要发现，验证了研究假设是正确的，同时也表明在正确的假设情况下，商家可以通过调整价格获取利益。

3. 研究意义

该研究认为，卖家可以利用在线产品评论来制定更好的定价策略。该研究首先建立了一个理论模型来研究当考虑在线 WOM 信息时卖家的最优定价策略。如果没有消费者评论或 WOM 效应，需求减少，最优价格会随着时间的推移而下降。但是，有了消费者评论，在线 WOM 对定价的影响取决于消费者特征（如错位成本）和产品特征（如产品质量）。该研究还发现，在线评论对企业的定价策略和企业的利润在产品质量和错位成本两个维度上都有非单调性的影响。然而，当产品质量处于极端状态（极高或极低）或错位成本很低时，在线评论的影响相当有限。企业可以根据在线评论，采用降价策略或提高初始价格的定价策略。由于企业的价格调整策略十分成熟，因此无法仅通过观察产品价格的上升或下降来判定该企业是否采取了掠夺或渗透策略。简单来说，企业可以根据在线评论动态地调整价格，所以该研究补充了先前研究关于静态模型的定价见解内容。

此外，在线产品评论是在线零售商容易获取的营销数据来源之一。所以，可以建立分析工具，从在线 WOM 中了解消费者的意见。以前的研究很少研究定价中的战略变量，该研究通过建立理论模型来解决企业的最优动态定价问题，该模型是具有质量不确定性、风险规避和在线产品评论的统一框架。由于菜单成本对在线零售商来说实际上是微不足道的，而且根据在线评论数据的实时反馈进行自动价格变化的编程并不困难，所以卖家应该能够采取类似的定价策略并对在线评论做出快速反应。

（二）相关案例解析

1. 案例背景与目标

爱彼迎（Airbnb）是一家联系旅游人士和家有空房出租房主的中介服务网站，它可以为用户提供多样的住宿信息。众所周知，合适的房屋定价可以提高交易率，但要实现动态定价必须考虑众多因素。爱彼迎观察到，房主在填写出租价格时大多会犹豫不决，而房主不当的定价会影响交易成功率。所以爱彼迎决定通过动态定价的方式，帮助顾客做出正确的决定，提高交易成功率。爱彼迎引进了自动学习算法，该算法可以通过获取房源的关键属性以及不断学习，实现房屋动态定价。

2. 痛点与挑战

想要实现房屋动态定价，爱彼迎需要考虑数以千计的因素，包括房屋本身的地址、大小、装修以及一些规律因素（如季候性天气变化）和不规律因素（如本地大中型活动）等，同时爱彼迎还需要决定房源的哪些属性是关键属性，并给予关注。这些因素庞大繁杂，且实时变化，用人工方式处理是不可想象的。

3. 解决方案

首先，爱彼迎建立了动态定价模型，针对不同属性来解决定价问题。该模型简单描述为：当一个房主在网站上加入新房源时，爱彼迎系统会通过获取房源的关键属性，查看在其附近是否有属性相同或相似的且被成功预定的房源，同时参考其他因素，给房主一个价格参考。其中，该研究选取的关键属性是相似性、新旧程度和位置。

①对于相似性数据，爱彼迎先查看所有已知的可量化的房源属性，然后查看哪些房源与顾客计划支付的价格最接近，最后看房间的容纳量，是一个大的多人寝还是小的单人房，以及房源的类型（公寓、别墅等）和评论数量。

②对于数据的新旧程度，由于旅游业市场变动大且具有季节性，因此在进行分析时，应基于当前的数据，或往年这个时候的数据，而不是上个月的数据。

③对于位置属性，爱彼迎在一些主要的大城市为每一个街区绘制边界。这些信息的创建是非常准确的，通过使用相关的地理空间数据，如周围的河流、公路和运输线，对房源进行准确分类。

然后，爱彼迎引进自动学习算法来动态定价，它可以通过比较提示价格和成交价格进而改进系统。考虑房源是否以一个特定的价格被预订，将帮助系统调整价格提示以及评估价格被接受的概率。当然，房主可以选择比参考价格提示更高或者更低的价格，系统也会对估计概率做相应的调整。之后系统会检查房源在市场上受欢迎的程度，并使用这些信息调整未来的价格提示。同时爱彼迎也会通过实时监控系统，人工调整错误的信息。

4. 营销效果

研究人员提出的策略模型在爱彼迎上应用了一年多的时间。在刚使用第一代模型时，网站的预订量就得到大幅提升，采用了这一方法的房东们也受益颇多。这使爱彼迎成了旅游短租中介行业的领军者。

研究前沿与相关案例 4-4

亚马逊：在线食杂零售平台的智能动态价格调整

（一）研究内容概述

该研究原题为《电子商务使得价格刚性结束了吗？》（*E-commerce and the End of Price Rigidity?*），由瑞士联邦农业局农业研究中心（Agroscope Switzerland）的希伦（Hillen）等人发表于 2020 年的《商业研究杂志》（*Journal of Business Research*）。该研究发现，在线食品杂货平台在许多国家的食品供应上发挥着越来越大的作用，然而，人们对其定价策略知之甚少。正如来自非食品行业的理论和经验研究所表明的那样，网上的价格是否比实体店的价格更不具有刚性？一个互联网巨头的收购对传统的线下商店的价格调整意味着什么？该研究利用亚马逊生鲜（Amazon

在线阅读 4-4

Fresh）每日报价的大数据集，分析了网上价格变化的频率和幅度。该研究发现，亚马逊生鲜销售的主要食品类别，其价格调整非常频繁，而且大多是小幅调整。对于 2017 年被亚马逊收购，产品种类在网上和线下都有分布的全食超市（Whole Foods Market）来说，其价格行为是完全不同的：价格继续具有黏性，并遵循传统的线下零售定价模式。该研究的结论是，亚马逊确实为食品零售业引入了一种新的动态定价方式。然而，至少到现在为止，这种变化仅限于亚马逊生鲜的在线渠道，还没有扩散到被收购的全食超市。

1. 研究背景

在美国，在线食品杂货部门是所有产品组中增长最快的。尽管和电子产品或其他经济行业相比，在线销售的额度较小，但就总体上来说，在线销售额几乎是成倍增长。一则美国调查报告显示，在线食品杂货平台在食品部门中发挥的作用越来越大，有超过其他行业的迹象。但是，消费者对这种在网络平台上售卖货物的定价方法并不了解，只是单一的执行购买任务。所以有消费者存疑，在线商品的价格和实体店商品的价格相比，到底哪一个更为严谨或者更能被消费者接受？基于这样的疑问，该研究利用美国最大的零售商平台——亚马逊的报价数据，分析了在线价格变化的幅度和频率。

2. 研究内容

首先，明确了研究的主要内容。一方面，有关零售行业的研究多集中于非食品领域，而对于食品领域内定价策略和影响的研究较少，因此，在选择研究对象时，对商品的属性进行了更为详尽的划分，从而进一步分析不同领域商品价格的刚性问题。另一方面，通过研究网络商务为主的平台（亚马逊）和提供线下线上两种服务的商店（亚马逊收购的全食超市）这两种不同的经营模式，分析两种模式定价之间的差异。

然后，该研究使用 2017 年 11 月至 2019 年 2 月在亚马逊生鲜网站上收集到的主要食品类别即 3000 多种产品的每日价格报价，形成了一个具有 180 多万个价格观测值的面板数据集。该研究收集的数据样本包括 8 个主要食品类别：烘焙、乳制品、熟食、冷冻食品、肉类和海鲜、预制食品、农产品、全食品。所有产品都用独特的亚马逊标准识别码进行记录，以确保相同的产品即使列在不同的类别中也可以被识别出来。

最后，为了阐明价格调整的范围和规模，分析了不同产品组和不同时间的价格变化的频率和幅度，并应用 Logit 模型分析了价格变化频率的驱动因素。研究发现，电商平台的价格变动虽然频繁，但其变动幅度较小。其中需要冷冻的商品，如乳制品和肉类的价格波动较大，研究猜测，这是由于仓储本身也是市场运营的一部分。企业可以通过调整易腐坏商品的定价，促使这些商品尽早卖出，以减少商品腐坏和存放成本，提高利润。相比电商平台，不定期的促销活动使线下的全食超市大范围以及大幅度降价，从而产生价格波动的情况。虽然商品价格存在上升和下跌的情况，但是除了海鲜和乳制品之外，大部分商品很少出现极端的正负收益现象。此外，即使在临时促销这种较为极端的价格波动情况下，也并未影响到最终结论的判断。

3. 研究意义

该研究主要分析了大型网络零售商收购线下零售商后的价格行为。鉴于亚马逊和收购前的全食超市存在两种截然相反的定价策略（小幅频繁调整价格的动态定价与控制了促销活动后的刚性价格），了解价格是否同步发生，以及如果发生，其方向（更多或更少的价格刚性）对学术界和业界都有意义。对于学术界来说，已有研究多集中于非食品领域，而对于食品领域内定价策略和影响的研究较少。部分与食品有关的研究又仅限于包装好的非易腐产品。相比之下，该研究关注食品领域，不仅将不同种类的食品细分为农产品、冷冻食品以及熟食等，还分析了各产品组的价格刚性，丰富了研究类型。

对于产业界来说，在非食品行业中，纯在线零售商比纯线下零售商更频繁地调整价格。多渠道（非食品）零售商在其线上和线下渠道中大多采用了一种定价策略。不同于非食品行业，该研究揭示了大型科技平台和杂货零售商之间的结盟，在线卖家使用算法对产品价格进行微小以及频繁的动态调整。这种动态定价可以基于但不限于关于客户和需求、库存以及供应商和竞争对手的实时价格等信息。此外，鉴于食品零售业的高度集中，大型企业的定价策略可能会高度互联，实时响应彼此的价格变化，有可能改变整个食品零售行业的定价做法。

（二）相关案例解析

1. 案例背景与目标

新零售市场是阿里巴巴等一众互联网巨头提出来的理念。新零售，即零售企业以互联网为基础，通过利用大数据分析、人工智能等前沿技术手段，再结合心理学知识，对产品的制造、流通与分销过程进行提升与重塑，进而重建业态结构与生态圈，并对线上服务、线下体验以及现代物流进行深度融合的零售新模式。新零售可总结为"线上+线下+物流"，其核心是以消费者为中心的会员、支付、库存、服务等方面数据的全面打通。

盒马鲜生是阿里巴巴集团旗下的子公司是，阿里巴巴于 2015 年率先创立独立的新零售品牌，整个运营模式是对线下超市进行重构的新零售业态，并开发了超市配送体系，推出"传统商超+外卖+盒马应用软件 App"的组合模式，提出了盒马门店周围 5 公里（或3 公里）范围内半小时送达的零售新理念。盒马鲜生主要经营水果、蔬菜、冰鲜肉、海鲜水产等生鲜产品和粮油调味、厨卫百货等家庭日用品，同时还提供食材加工服务和配送服务。"海产品"是盒马鲜生的重要卖点，针对中高端年轻人群，走中高端精品路线。而其面对的中高端目标用户群体，主要是"80 后""90 后"年轻群体，他们比"60 后""70 后"更关注品质，时间敏感度高，而价格敏感度相对较低。

人民网新电商研究院发布的《生鲜电商 2020 年发展趋势研究报告》显示，生鲜电商领域自身存在产业链长，供应链仓储履约成本高，行业渗透率低，信息流、物流、资金流问题中间环节解决效率低等问题。因此，生鲜电商的定价是十分困难的。生鲜产品通常易受周期性、季节性和区域性变化的影响，对存储和配送的环境有着特殊要求，新鲜度对于生鲜的价值至关重要。生鲜零售商在制定生鲜产品价格时，需要考虑成本因素。在定价过程中，必须保证零售商在正常经营的条件下，回收生鲜产品采购成本。所以精确计算采购成本，合理制定生鲜产品的价格，对生鲜零售商而言至关重要。盒马鲜生有阿里大数据作为指导，在互联网和人工智能的共同作用下，可以通过直观数据分析在解决生鲜定价难问题的同时使得定价更加灵活，实现又快又准的智慧定价，从而使企业实现更大的利润。

2. 痛点与挑战

①**提供优质商品，价格高但利润率低**。和传统的超市不同，盒马鲜生并没有以低价来抢占市场。消费者对盒马鲜生的第一感受是价格偏贵。实际上，盒马鲜生采用的是成本加成定价方式，其海鲜价格虽然不便宜，但在相同品质下，其价格是明显低于其他高端渠道的。目前盒马鲜生使用的成本加成定价策略在一定程度上压缩了利润率，虽说使生鲜价格更加亲民，但是低利润率的成本加成定价策略导致部分门店难以发展，甚至出现关店的现象。

②**生鲜价格变动大，传统价签成本高**。除了价高但利薄外，生鲜类变价快，需要及时变价、打折促销。传统商超通常采用人工更换价签的方式，这就需要完成采买大量耗材、印刷、换装、核对等流程，工作烦琐，成本高昂，不仅费时费力，还容易出错。盒马鲜生虽然是依托于互联网平台的新零售，但在其发展的早期依然无法摆脱人工核价和贴价签的操作，降低了运营效率。

3. 解决方案

为了解决生鲜价格变动大、传统价签成本高的问题，2021 年 6 月，盒马在全国门店陆续上架自主研发的智慧价签。智慧价签会显示商品上架时间、新鲜程度、销量排行等信息。这极大程度上提升了消费者的消费体验，使消费者更便于了解商品信息。而且智慧价签的运用可以一定程度上缓解低利润率的问题。

首先，电子价签的应用，既节约了经营成本，又提高了效率。操作简单，一"键"变价，电子价签不仅可以让生鲜类等商品随时快速变价、打折促清，也有效降低了人工更换纸质价签时耗材、耗时、低效、易错的痛点。对于新零售电商而言，可以帮助其实现线上线下同时变价的需求。

其次，通过电子价签系统收集到的数据可用于定价策略分析。不同地区的市场状况、竞争程度不同，不同地域的消费者，在生鲜商品上有着不同的偏好，导致其在价格、新鲜度等方面接受程度上有所不同。如果统一定价，会影响各地区的盈利能力。盒马生鲜可充分利用大数据对不同地区各类生鲜产品的销售情况进行分析，按照不同地区对不同生鲜的偏好制定不同的价格。根据用户在不同消费场景，不同的消费偏好，不同的消费者画像等数据特征，给出智能定价，能够实现用户个性化需求的充分的、贴切的满足，从而最大限度地提升实体零售的服务能力。

最后，通过电子价签，盒马鲜生的拣货流程得到了极大优化。盒马基于大数据和算法为线上订单设计的"高速公路"，能帮助分拣员高效率地完成工作。当顾客线上下单后，智能调度算法会根据用户订单时间、地点对相同商品进行聚合，并将拣货指令就近合并发送给最近区域的拣货员。据估算，这个系统让分拣员平均每天少走 1.5 万步，能完成以往 3 倍的工作量。技术的升级与改造，将努力实现人和算法的进一步协同，继续减少分拣员的劳动量，从而降低了门店的运营成本（环球网，2021）。

4. 营销效果

盒马首席执行官（CEO）侯毅在 2020 年全零售峰会上透露，截至 2020 年 9 月，盒马在上海、北京的门店已经实现全面盈利，其中线上占比超过 75%，预计 2021 年可以达到 90%，远高于行业平均水平。根据其公司的财报，2019 年盒马鲜生销售规模达到 400 亿元，位列行业第六。根据阿里巴巴财报，截至 2020 年第二季度，盒马门店数量累计达到 227 家，在线下超市行业整体门店扩张放缓的背景下，盒马依旧保持了稳健扩张态势。

第三节　使用人工智能增强价格智能协商

一、价格协商的概念

（一）价格协商的定义

价格协商（price negotiations）又称议价，是指买卖双方通过商议确定一个双方均愿接受的价格，这个统一的价格是双方建立在会计计算、谈判争执和最后妥协折中的基础上所确定的。价格协商的目的在于让双方确定一个均满意的价格并实现双赢。企业不仅要维护自己的利益、争取有利条件，同时也要让协商对象感受到利益不被侵犯并且接受我方价格。在对单一问题的价格协商中，用户如果将他们所愿意接受的最低价格与报价进行比较，有助于交易的达成，以及提升双方对协商结果的满意度，因此价格协商也是整个定价策略中极为重要的一环。

（二）价格协商的特点

①**协商价格存在上下限**。在协商中，企业与协商对象都应对双方的运作成本和利润空间有深度的了解。通常来讲，在价格协商过程中，双方会将市价作为协商的"上限"（因为要排除广告费、管理费用、税金以及其他费用等），而将产品的成本变动依为协商价格的"下限"。

②**协商价格存在规律性**。对于卖方来说，基本原则是保本价格，即有关成本、各项费用和预期最低利润之和。其派生考虑因素有：从交易成立到合同履行期间的利息贴水，市场价格潜在的不利变化趋势以及货币风险等。对于买方来说，基本原则是在过去的经验和搜集到的有关企业、市场信息的基础上，建立一套价格目标中的底价（买方愿意支付的最高价格）以外的任何价格。

（三）价格协商的分类

①**企业与供应商的价格协商**。企业与供应商的价格协商又称采购价格供应商谈判，指的是企业采购人员与供应商之间就价格、成本、交货期、质量、技术和其他合同问题进行谈判。进行价格协商的企业采购方要具备生产技术、成本、法律等方面的知识，才能胜任减价的协商工作，有时候甚至需要专门的人随同前往交涉，比如会计师、专业工程师等。

②**企业与客户的价格协商**。企业与客户的价格协商是指企业销售人员与客户买方就订单、价格、合同进行商业性谈判，其协商建立在客户掌握企业真实的财务信息的基础上，并且客户对企业提供的会计信息具有强烈的稳健性需求。客户主要凭借自身的议价

能力，通过高质量外部审计师的选择、压低产品价格、延长或增加商业信用等压力机制实现对企业会计稳健性的影响。有研究表明，客户对企业的营销策略选择具有显著影响，供应商在选择会计政策时会基于客户的需求做出迎合反应。

二、智能时代的价格协商

传统的价格协商往往需要烦琐的步骤、冗长的回复协商时间等。随着智能算法的飞速发展，先进的人工智能技术被广泛应用到各个领域，极大地改善了人们的生活，其中就包括价格协商。在价格协商领域应用人工智能技术后，不仅大大缩短了谈判时间，而且提高了效率，为市场带来新的价格协商方式（智能代理人—智能代理人和人—智能代理人等方式）。以下介绍三点关于人工智能在价格协商中的发展及应用。

①**利用智能代理人（agent）模拟协商程序**。随着数字技术的日益成熟，数字技术、人工智能以数据驱动市场的重要性在日常生活中体现出来。人工智能建立的价格协商模型可以在人类与代理人、代理人与代理人之间进行转换。复杂的智能代理人，不仅可以模拟成千上万次协商，对数据进行自动挖掘与预测，也可以同时考虑产品价格、功能和质量等相关信息，更准确地与买卖双方的偏好相匹配。例如可以在模型中预先设定议价目标，包括想要什么样的协商价格、交货、付款日期和质量保证条件有哪些，以及双方的底线原则是什么。综合权衡多种信息后，双方就可以在同时满足各自利益的备选方案中做出选择，整个过程省时省力，从而达到一个合理的可被双方接受的价格结果。

②**利用人工智能强制执行对话结构的规则，不掺杂主观因素**。传统的商业协商，不仅包括烦琐的程序，而且由于全程以人为主导来展开协商，因而在价格协商过程中不可能做到事无巨细且不带入个人主观情感。将人工智能运用到价格协商中，人工智能就可以通过收集相互作用的数据，自动创立效用函数，从而在数据库中客观地"计算出"相关的回归模型，从而作为评判依据，科学地去评判协商过程和结果，以及初步评估相关参与者的效用满意度与参与程度等。在此期间，人工智能完全可以做到不带入任何主观情感地执行对话规则以保证自身利益的最大化，并且简化了协商步骤，使管理者从烦琐复杂的价格协商程序中解放出来。某种程度上来说，这也提升了企业销售运营的效率。

③**利用人工智能提供沉浸式价格协商环境**。沉浸式体验是指通过环境渲染、场景塑造、内容仿真等方式，使在此环境中的用户与现实世界中存在有限边界的物理空间进行互动性体验的娱乐项目。人工智能技术可提供一种支持人类和软件代理人之间自然的交互形式，从而为价格协商的双方提供一种真实感与社会存在感。

总之，在竞争越发激烈的当下，价格协商的复杂性将进一步提高。人工智能技术为价格协商流程提供了一种全新的模式与协商框架，例如包括沃尔玛在内的许多知名企业开始采用诸如在线矛盾化解（online dispute resolution，ODR）的第三方平台以及基于人工智能技术的谈判机器人（negotiating robots）来与客户进行价格协商，以弥补传统价格协商的局限性，大大提高了商业价格协商的效率，提高了协商结果的准确性。

研究前沿与相关案例 4-5

基于机器学习的价格预测谈判辅助机器人

（一）研究内容概况

该研究原题为《基于机器学习的价格预测谈判辅助机器人》（*Negotiation Assistant Bot of Pricing Prediction Based on Machine Learning*），由四川大学的刘（Liu）等人发表于2019年的《国际智能科学杂志》（*International Journal of Intelligence Science*）。该研究指出，人工智能已经被用于发展和推进许多领域，包括金融、医疗保健、教育、交通等。然而，在商业谈判领域（如讨价还价），人工智能仍没有很好的表现。为了探索人工智能在商业谈判中的应用，该研究构建了一个智能机器人——可以帮助缺乏谈判技巧的顾客在购物场景中进行谈判的。该机器人通过机器学习（machine learning，ML）和决策树工具（the tool of decision tree）实现价格预测功能进而自行做出决定。该机器人在二手车交易中表现良好。虽然这个项目的算法相对简单，但其主要贡献是展示了人工智能在商业谈判中的潜在应用。该研究相信这能为商业谈判机器人的未来发展提供思路和方向。

在线阅读 4-5

1. 研究背景

谈判是一项在日常交流以及贸易往来中发挥着重要作用的技能。一般来说，谈判是两个或两个以上的人或当事方之间的对话，主要目的是对于一个或多个问题达成有益的结果，解决至少一个存在冲突的问题。因此，谈判主要是发生在各实体之间的一种互动和交流的方式。通过谈判获得的有益结果可能对所有参与者都有利，也可能只对其中一方或一部分人有利。这意味着，谈判者需要了解其他谈判者以及整个谈判过程，以增加达成交易的机会，获得最大限度的互利。可见，谈判是一种规则清晰、流程复杂，需要有极强的临场应变能力的工作。实际上，人们无法记住谈判过程中所有的细节，由此可能会做出错误的判断。此外，许多没有经验的人缺乏谈判技巧，因此谈判并不是一个人人都能够很好掌握的技能。

人工智能恰好擅长处理规则明确且过程复杂的事务，它能够以一系列假设和数据预测价值作为谈判过程中的参考标准。因此人工智能和谈判的结合能自动优化人们在谈判时的决定。当前人工智能算法技术在金融、医疗保健、教育、交通等领域的成功已经为其可持续的发展奠定了基础。尽管基于机器学习的价格预测谈判辅助机器人并不是人工智能算法以及谈判领域中首要的应用，但是由于现实生活中人类活动的复杂性和随机性，谈判也存在着许多问题，因此将机器学习与实际谈判相结合仍有很大的探索空间。

该研究以二手车交易网站为例，正如二手车交易市场中顾客往往无法记住商家提供的所有细节，比如里程数、汽车名称等，他们可能只能记住了价格。因此该研究给出了一个解决方案：通过设定的应用程序来记录数据，经过筛选后将有效数据放入机器学习模型，进而得出一个公平的市场价格，据此再通过搜索算法（search algorithm）将市场价格提供给谈判者。随后基于买卖双方的谈判过程，利用决策树（decision tree）从几个可能方案中选择最佳方案进而帮助用户完成谈判。该研究构建的人工智能机器人可以减少谈判者需要记住的细节，为谈判者提供一个公平的市场价格作为参考，以助其选择出最佳方案。

2. 研究内容

价格作为可预测的对象，在谈判过程以及与人工智能的结合中被看作可依赖的数据。该研究以二手车交易市场为例，在实际的操作中，价格预测谈判辅助机器人的工作主要涉及三个方面。

①当顾客来到商店时，销售商询问顾客需求，然后通过提前构建的搜索引擎检索，在数据仓库中选出符合顾客需求的二手车，并向顾客提供汽车的基本属性信息（品牌、车型、使用寿命、里程、交货日期、保险状况和售后保障等），顾客得到信息后，可以将汽车属性信息输入价格机器人（price bot）中，价格机器人通过机器学习算法给出一个公平的市场价格。这个公平的市场价格作为顾客的基本价格策略，可以避免顾客在价格谈判中损失过大。

②在得知推荐的市场价格后，程序将根据预先制定的谈判策略逐步为用户提供建议。若程序给出的推荐市场价格高于卖家报价，表明卖方向买方提供了良好的报价，此时顾问机器人（advisor bot）建议顾客接受该价格；若推荐市场价格低于卖家报价，顾问机器人会给出几个选项，顾客可以根据自己的需求进行谈判（例如：建议用户考虑保险或售后支持等作为权衡，建议用户询问卖家能提供的最低价格等）。买卖双方谈判后，如果卖方同意价格，用户将被问及是否对协商满意，如果买卖双方都满意，将达成交易；如果不满意，他们将进行进一步谈判。

③利用评分机器人（judge bot）对最终交易进行评分，对每一次谈判的结果与数据库里面推荐的市场价格做比较，用户可以根据对比分数决定是否继续谈判或直接交易。为了帮助用户提供参考标准，该价格预测谈判辅助机器人将寻找符合交易市场用户需求的替代选项，并以相同的标准对其进行评分，以便用户可以有一个替代选项。

3. 研究意义

该研究构建了一个融合谈判的初级智能机器人，并给出了其应用的场景——该人工智能机器人结合谈判和深度算法学习帮助买家进行谈判。价格机器人进行市场价格预测的数据来自二手车交易平台，利用收集到的数据预测二手车的公平市场价格，并将该市场价格作为协助买方决策的谈判基础。基于顾客提供的二手车数据的公平市场价格，以及市场情况，为顾客提供谈判的建议，然后对交易进行评分，成功模拟价格预测谈判辅助机器人在协商过程中的应用。该设计有助于规范二手车交易市场上买卖双方谈判的秩序。除此之外，此谈判机器人也可用于其他有谈判的场合，比如，一些日常需要交易协商的场合。市场上需要讨价还价的场合。或者应聘工作等。

该研究为人工智能算法的发展提供了借鉴和参考。首先，该研究的意义在于提供一个近似的模型来实时帮助谈判者，给他们一些谈判的参考以及建议。对于谈判者而言，来自人工智能的数据具有一定的说服力，这能够使他们更信任人工智能机器人的建议，进而提高谈判效率。其次，该研究帮助谈判者在交易的过程中以较高的效率找到最好的选择，并且在谈判过程中实时提示谈判者何时接受/拒绝交易。最后，该设计实现了人工智能与谈判的初步结合，建造了一个可以帮助顾客进行谈判的智能机器人。该机器人可以通过机器学习和决策树工具实现价格预测功能进而自行做出决定。对于人工智能以及谈判领域的研究，未来还有许多需要完善的地方。目前来看，该研究已经展现出基础的模式，为商业谈判机器的来发展提供了思路和方向。

（二）相关案例解析

1. 案例背景与目标

很多公司依靠商业谈判来确定合同价格。有时候，一些合同本身的价值不高，却耗费了企业很多的人力、物力，这会对企业造成一定的经济损失，也浪费了谈判者的时间。总部位于美国加利福尼亚州山景城的 Pactum 是一个可以使用人工智能进行合同谈判的平台。它利用人工智能系统，帮助客户与企业达成双赢协议，从而完成商业交易。Pactum 可以代替部分谈判专家，在类似聊天的界面上，与另一方的真人，自动协商与合同、协议相关的问题。在沟通交流之后，Pactum 会在企业资源计划系统、客户关系管理系统和其他系统中，更新合同的相关细节。客户可以通过 Pactum 进行多次协商会议，并且能够在几分钟内重新谈判一些细节。这极大地节省了客户谈判的时间，从而使客户把更多的时间和资源用于更复杂、更重要的谈判中。

同时，Pactum 的人工智能谈判软件可以与 Pactum 的人类谈判专家合作回答一系列问题，这些问题将为 Pactum 的软件设定讨价还价的目标，包括：公司想要什么价格，交货、付款日期，质量保证条款，以及公司还希望实现哪些其他条款和条件。系统还需要知道公司愿意在这些变量之间做出什么样的权衡，以及公司的谈判底线。在确定了客户的价值和软件做出让步的范围后，Pactum 的软件会使用聊天机器人与供应商进行谈判。通过一系列问题，促使对方透露自己的偏好，随后便开始为公司找到最大价值的解决方案，同时试图提供令供应商满意的交易（机器之心，2021）。

2. 痛点与挑战

虽然 Pactum 的人工智能智能谈判很有前景，但是它依然面临着如下问题。

①**人工智能无法识别情感变化**。人在谈生意时，对客户的态度一般比较委婉。为了使对方青睐自己的公司，人会在一定程度上讨好对方。通常，人与人的谈判一般有着一个轻松愉快的开始，这有助于在谈判前增进双方的感情，还可以在一个合适的场合先了解一下双方的情况，从而有利于之后双方一致意见的达成。但利用人工智能谈判是一种比较理性、程序化的谈判方式，和智能机器人很难做到在生意场上谈感情。在智能机器人带领）的谈判下，完全依靠理性评估、概率分析，这样的谈判，对方很难占上风，甚至会感到难以沟通下去，可对谈判能造成影响。

②**人工智能很难揣度谈判对象的隐性态度**。智能机器人不是人类，有时其语言处理系统可能无法理解特定的细微差别。在商业谈判过程中，人的内心是很复杂的，由于智能机器人很难揣测人的心理或者潜在的意图，它便很难模拟人类谈判过程中复杂的心理

过程和思维模式，于是在谈判过程中很可能出现答非所问，甚至完全曲解对方真正想要表达的内容的情况，这会导致谈判难以进行，甚至可能惹怒对方。

③**人工智能谈判在双方处于不对等状态下存在交易困境。**人工智能谈判可分为两种情况，一种是目标公司为大公司。比如在房价高涨的当下，开发商是强势的一方，底线就是"爱买不买"，买房者则希望房价越低越好。在这种不对等的谈判形势下，谈判机器人很难发挥作用。另一种是目标公司是小公司，在人工智能环境下，想在半对抗环境中达成交易，情况又很复杂。智能机智人知道小公司要的是什么，但目标公司在不知道智能机智人底线的情况下没办法对症下药。

3. 解决方案

Pactum 公司采用了以下方案来解决上述痛点（机器之心，2021）。

①**通过反复训练，融入心理策略。**在谈判过程中智能机器人可以通过重复对方的话，增强交流，使对方知道自己正在倾听他的话。这使智能机器人与另一方建立了对话模型，双方间就交易展开谈判。最终希望达成，机器人能像人一样，估摸出对方对特定报价的反应，并针对特定情形，有不同的应对方式，而非简单模仿人类行为。这也是机器与人类的区别所在，后者能根据对话提前思考及预判谈话走向，以便优化结果。简单来说就是让智能机智人了解人们如何谈判，通过不断训练，它会尝试不同的策略和战术，并在随后的谈判中做到更好。

②**使谈判针对特定领域。**Pactum 在竞争不特别激烈的领域特别有用，例如现付交易的谈判，这些项目或服务都是一次性合同，这种合同不值得人类谈判团队花费时间和精力。使用谈判机器人可以节约成本和时间。

③**对不同规模的供应商采取不同的策略。**大多数供应商规模较小，从一开始就没有受到大企业高管的关注。一些供应商甚至表示，与之前和人类谈判相比，机器人更懂得倾听，与机器人的谈判也更富有实际意义。Pactum 的工作主要聚焦在与大公司的供应商谈判，同时也应当注重解决供应商的长尾合同。这些合同的单个价值不够高，不足以引起大公司谈判团队的关注，但累加起来的总金额十分可观。

4. 营销效果

Pactum 公司目前在人工智能价格谈判领域已经取得了很好的效果和口碑。目前，Pactum 公司有许多排名位于财富 500 强的合作企业，零售巨头沃尔玛（WalMart）就是其中之一。沃尔玛的负责人表示，过去需要几天时间的合同流程，包括合同准备、起草、更新、审批和签名等，现在平均只需要数小时的时间，这很好地减少了公司时间和财力的浪费，帮助企业实现了快速、高效的增长（丁艺璇，2020）。

第五章

人工智能与渠道策略

第一节　使用人工智能构建智能营销渠道

一、营销渠道的概念

美国市场营销协会（American Marketing Association，AMA）将营销渠道定义为企业上游的供应商、生产商和企业下游的代理商、经销商（批发和零售）的总和。通过这些组织，企业的产品或服务才得以上市销售。简而言之，营销渠道是指将生产者和消费者相关联，转移商品所有权的整个环节，包括生产者、中间商和消费者三方面的内容，其中，中间商起着关键作用。

从整体上看，营销渠道主要有两种模式，即直接营销渠道和间接营销渠道。直接营销渠道是指在生产者和消费者之间不存在任何的中间商环节，所有商品都可以直接交到消费者的手中。间接营销渠道是指在生产者和消费者之间存在一定的中间商，比如代理商、批发商、零售商等，企业生产的产品由这些中间商转移到消费者的手中。在实践中，绝大多数企业都会采取间接营销渠道，将一部分营销工作移给专业的中间商来做。这种营销模式能够在一定程度上减少消费者和生产者之间的矛盾，但同时会使消费者购买产品时的支出增多。

营销渠道的重要性不言而喻。首先，营销渠道有利于企业进入并站稳市场。生产者最重要的任务是将自己生产的产品销售出去，并且要在进入市场、适应市场的同时得到消费者的认可。中间商可以及时、大量的收集市场和消费者的需求信息，并将这些信息传递给生产者，生产者可以根据这些信息调整生产，并将产品打入市场，从而获得更多的利润。其次，营销渠道可以调节生产者和消费者之间的供求矛盾，并为生产者提供市场信息。中间商可以减少生产者和消费者因直接接触而产生的各种矛盾和摩擦，起到了桥梁的作用。一方面，中间商通过跟消费者的直接接触，了解到消费者和市场的真实需求；另一方面，中间商可以直接与生产者沟通，对生产者的生产方向有比较详细和具体的把握，从而能够在生产者和消费者之间起到调节供求矛盾的作用。最后，营销渠道有利于企业扩大生产规模，创造更多的经济利益。高水平的销售渠道可以进一步扩大企业的知名度，提高企业产品在市场中的受欢迎程度以及消费者对该企业产品的接受度，从而更有效地提高企业的利润。

二、智能时代的营销渠道

由于传统的渠道参与者都是独立个体和企业，为了维持自身利益，这些参与者往往会做出对整个渠道不利的事情，从而妨碍企业的营销计划。例如，企业根据市场调查结果，决定在甲地区和乙地区采取不同的定价策略，但经销商有可能会将低价区的产品倒卖到高价区，从而赚取差价。因此，传统营销渠道的运作方式存在渠道冲突和窜货现象，而智能化的营销渠道管理可以在一定程度上改变传统营销渠道的弊端。

（一）渠道的高时效性

在智能时代，消费者与产品的关系发生了新的变化。企业不再局限于抽样的样本数据分析，而是通过大数据技术了解消费者的需求，以门户后台留下的真实的消费记录为分析数据进行解析。人工智能技术可以通过个性化定制来实现产品与客户需求的高度契合，通过发掘和分析消费取向，为消费者提供更大的定向利益，为营销渠道节省成本，以达到规模化生产的效果。同时，新兴智能技术比如区块链技术，使营销渠道信息透明化、公开化，区块链技术也可以用于营销过程中消费者和产品的追踪以达到高效、准确营销的效果。

同时，智能化物流也助力了智能营销渠道的高实效性。为达到更好的网络营销效果，人工智能技术对物流管理体系的效率提升起到了很大作用。智能物流技术，如用于灾难响应的人工智能（artificial intelligence for disaster response，AIDR）、机器人和无人机等可以在运输、存储、包装、装卸环节达到更好的工作效率并减少错误率，更加突出"以顾客为中心"的理念。智能物流的思路同样可以反向延伸至工厂甚至供应商，即整个供应链管理，物流智能化可以通过信息技术很大程度上改善分销效率，从而创造利润。在当前智能时代来临的大环境下，完善的供应链管理软件（如 ERP、EDI 系统）可以在实现信息共享的同时加速 B2B（Business to Business，企业对企业的电子商务模式）市场供应链的运行效率；机器人流程自动化（robotic process automation，RPA）可以自主完成采购和新数据录入功能，大大降低了供应链的经营成本。此外，人工智能以及大数据分析对于整个营销渠道的管理和评估也起到至关重要的作用。因此，智能时代的到来为传统的营销渠道开辟了新的发展空间。

（二）渠道的多元化

随着大量 B2C 电商平台的崛起（例如阿里巴巴），企业可以在这些网站上自己销售产品，也可以授权第三方对产品进行分销。营销对象除了国内客户，也可以直接销售给大批的国外批发商、零售商，这种混合营销系统的出现为传统的营销渠道融入了线上数字化销售的新形式。企业可以同时在线上建立多个自己品牌的授权分销店同步进行销售，为客户提供便捷多元化的购买方式，降低营销成本，提升企业收益。智能电商平台的出现使企业面向的客户类型更加多样化，也适应了复杂多变的国际环境。以阿里速卖通为例，截至 2019 年，海外买家数累计突破 1.5 亿人，用户遍及全球 220 多个国家和地区，全球范围内每月访问量超 2 亿次，客户的需求更加多样化和个性化。这种广泛的买家来源有利于制造企业出口市场的多元化，但是也对企业的产品、价格和促销等营销策略带来了考验。

（三）渠道融合与交互

在现有行业中，网络社区时代的变革对于媒体的颠覆性影响也同样作用于新时代智能营销渠道。新兴自媒体诸如微博、微信、抖音、小红书、快手等直播平台的诞生，使得媒体的进入标准逐渐降低，信息交互变为双向交流，消费者也可以成为营销信息的制造者和传递者。随着信息化水平的提高，电子市场营销的受限程度越来越小，跟踪消费者的踪迹有了可能，消费者在网上留下了大量信息，可支持企业的营销决策。

由于产品与媒介的分界逐渐模糊化，许多功能性软件和 App 也同时兼顾了营销渠道功能。例如，许多健身 App 不仅提供健身知识和教程，同时也是许多健身食品、器材的推广和售卖平台。电商门槛的降低，使卖家、消费者、产品的信息愈加透明化，价格、质量等产品指标的竞争将更加激烈，由此会带动各大卖家深入挖掘市场潜力以及识别客户偏好，不断推出有效、准确的促销策略。企业应基于营销地区的资源状况、政策、文化特色制定属于自己的销售策略与营销渠道，以达到更大的市场竞争力，而企业相互竞争的行为会加速优化市场环境。

总之，随着智能数字化转型的来临，我国产业经济正面临转型。伴随科技信息化水平的提升，营销渠道的发展经由媒体、零售、智能物流、人工智能技术、大数据技术、区块链技术呈现出高效性、多元化、融合性和交互性的特点。这些智能技术的出现，使得市场营销策略的制定、物流体系的管理、平台渠道的评估与检测都在不断向着新的标准化、高效化迈进。未来，中国产业将不断拓宽数字化边界，全方位提升营销效率，以提升产品的比较优势。

◆ 研究前沿与相关案例 5-1

人工智能驱动的算法极大地提高了物流行业的效率

（一）研究内容概述

该研究原题为《物流行业的认知科学和人工智能系统》(*Cognitive and Artificial Intelligence System for Logistics Industry*)，由西安外国语大学的赵(*Zhao*)等人发表于 2020 年的《国际创新计算与应用杂志》(*International Journal of Innovative Computing and Applications*)。该研究指出，人工智能是认知科学的一个重要分支。目前，人工智能已被应用于医疗、教育、物流等行业，具有广阔的发展前景。酒店物流行业已经利用人工智能技术完成了智能搜索、人脸识别，并结合大数据计算，合理规划仓储路径。该研究以中国酒店物流行业为研究对象，分析了人工智能技术在物流行业中的应用。在仓储环节，人工智能技术包括使用编制仓储代码（compile storage

在线阅读 5-1

code）、用自动导引车自动分拣（automatic picking with automated guided vehicle）、仓库机器人（warehouse robot）来提高工作效率。在物流配送环节，利用人工智能技术规划最佳路径，提高快递单号的识别率，节省了大量的劳动力。人工智能技术通过配置物流资源、优化物流环节、提高物流效率等措施，促进了物流信息化和自动化的发展。

1. 研究背景

进入 21 世纪以来，认知科学（cognitive science）快速发展。认知科学是一门是探究人脑或心智工作机制的学科，包括心智哲学、认知心理学、认知语言学、认知人类学、人工智能和认知神经科学。科学界对人脑工作机制的探索更进一步，消费者对消费体验的重视度提高。物流作为第三产业中极具代表性的行业，在我国的经济体系中占有重要的份额。近年来，物流业的规模不断扩大，2020 年中国社会物流总额为 300.1 万亿元，全国快递包裹数量达到 830 亿件，即使在疫情的冲击下依然保持着良好的发展态势；物流业服务水平不断提高，正向现代科学管理技术下集仓储、运输、配送于一体的新型物流迈进。除此之外，物流行业拥有良好的发展环境。传统物流产业需要大量劳动力，工作量大、工作效率低。由于传统物流产业发展模式的局限，我国物流产业的增长速度正在下降，难以满足消费型需求的快速增长要求。增长率从 2013 年的 9.5% 下降到 2017 年的 6.7%，虽然在 2015—2017 年增长率有小幅度上升，但是整体的增长率较过往呈现走低趋势。此时利用认知科学和人工智能技术开创新的物流模式便应运而生。

该研究认为，企业要建立智能物流系统，利用数据共享平台，使得企业之间可以共享数字信息，提高物流行业的工作效率。同时，可以通过使用移动机器人系统（mobile robot system，MRS），发展智能物流。基于此，该研究提出利用人工智能技术提高仓储、路径规划和运输的效率，促进人工智能的发展，并实现物流行业的快速发展。

2. 研究内容

（1）人工智能技术在仓储环节的应用。 在仓储环节，主要通过以下三项人工智能技术来提高工作效率。

①编译仓储代码（compile storage code）。传统的仓库中包裹是随意堆放的，仓储环节需要大量的劳动力，而快递员寻找包裹也需要耗费大量的时间，这便增加了物流成本，而使用人工智能技术计算仓储路径、编译仓储代码，可科学有效地解决这一问题。编译仓储代码；指的是利用不同种类的代码，对每一件货物进行编号，帮助仓储人员快速找到货物，节省人力和时间。

②用自动导引车自动分拣（automatic picking with automated guided vehicle）。随着人工智能技术在物流行业的广泛应用，自动导引车（automated guided vehicle，AGV）在物流企业的货物分拣中发挥着重要作用。自动导引车是一种高性能的自动物流搬运设备，可以根据代码查找和运输货物，而不是像以前一样通过人工搜索、运输和装载货物。利用自动导引车自动搬运货物，可以最大限度地缩短物流流转周期，最大限度地提高运输系统的效率。

③仓库机器人（warehouse robot）。利用仓储机器人可以提升工作效率，例如，仓库中使用仓储机器人，可以独立定位货物和运输货物。仓储机器人的效率远高于人力劳动，

而且鲜少出错，每小时可处理 2 万件包裹，无须休息。仓储机器人的使用可以提高仓库货物的转运效率，实现物流产业智能化。

（2）人工智能技术在运输环节的应用。运输是物流行业的重要组成部分，它完成了物流业中货物的转移过程。在运输过程中运用人工智能技术，可以加快运输速度，提高整个物流行业的效率。在运输环节，人工智能技术主要通过以下两方面来提高工作效率。

①智能无人机（intelligent unmanned aerial vehicle）。采用人工智能技术研制的智能无人机飞行速度快，可以用于沿湖航运和陆路运输两种短途运输，减轻人工的工作量。目前，顺丰快递的智能无人机可以在 9 分钟内飞行 5 公里，15 分钟内飞行 10 公里，将 1 个小时的投送时间缩短至 10 分钟左右，投送效率明显提高。智能无人机使用新能源动力，可以减少交通运输带来的环境污染。

②智能分拣技术（intelligent sorting technology is applied step by step）。人工智能技术逐渐成熟，硬件设备不断升级。根据邮政编码，智能物流通过智能感知技术（intelligent perception technology）、机械臂（mechanical arm）、自动分拣（automatic sorting belt）等设备，应用智能排序技术（intelligent sorting technology）对包裹进行自动化分拣，提高包裹和网点匹配的准确性，提高分拣效率，降低了仓库爆仓的可能性。智能分拣技术取代了人工分拣，提高了物流效率。

（3）人工智能技术在配送环节的应用。智能物流配送系统通过人工智能技术收集配送路线（例如：收件人的地址信息等），经过分析处理，计算出最佳路径，选择最近的仓库进行配送，实现网络优化和协同合作，形成规律、高效的配送网络，提高了配送效率。不同于过去传统的收件人签字签收货运单的方式，目前依靠大数据（large data）和云计算（cloud computing），物流公司采用图像识别（image recognition）、地址库（address library）来提高货运单的识别率和签收的准确性，减少了人工签字的工作量和错误率，使快递签收效率大大提高。

3. 研究意义

该研究认为，作为认知科学的一个重要分支，人工智能技术具有广阔的发展前景。该研究以我国物流行业为研究对象，探索人工智能技术在物流行业中的应用，发现人工智能技术能够在仓储、运输、配送等方面发挥极大的作用，鼓励企业尽快利用人工智能技术实现从传统物流到智能物流的转型，促进物流信息化和自动化。

该研究弥补了该应用当前的不足。比如我国物流企业在编码和解码等环节缺少统一的国家标准，影响了全国人工智能物流网络的效率。再者，我国物流行业的专业技术人才较为缺乏。此外，由于我国智能产品和设备的发展周期较长，智能基础数据采集设备在我国还没有完全普及，人工智能物流网络尚未完全覆盖，这都极大地影响了物流业的发展。

该研究建议，未来企业需要通过深度强化学习来提高认知水平，通过将计算机与物联网相结合来发展人工智能物流，优化产业分工，再造产业流程，转变产业发展方式，重点发展物流模式、物流大数据、物流技术，实现产业结构和产业链升级、数据升级和经验升级。

（二）相关案例解析

1.案例背景与目标

京东物流是电商平台自建的 B2C 模式物流。作为京东商城自建物流体系，其下属物流中心覆盖一线城市，为京东商城提供物流配送服务。而在未建物流中心地区，京东物流与第三方物流合作配送。相较于传统物流模式的收件—运输—中转—派件方式，在 B2C 物流模式下，京东物流仓储配送一体化路线省略了收件及中转环节，极大地提升了运营效率。京东物流希望依托自建的物流体系的数据支持以及 B2C 模式下布局的物流网络，实现以下三点目标：①利用商城数据不断优化自有仓储，进一步提升物流配送效率，优化消费者体验。②减少劳动力依赖程度，进一步减少建设物流中心等成本。③解决"最后一公里难题"（即配送从乡镇深入到村，保证每个村都可以快速送达），提升村镇的物流配送效率，实现渠道下沉。

2.痛点与挑战

京东物流在实现企业目标的过程中主要面临以下三点挑战：①关于仓储优化问题。京东物流通过一体化的京东商城拥有了各地区客户消费数据，可以对各地自有仓储作出相应的静态调整，但静态调整存在的数据滞后性问题会导致仓储不能达到最优化。②关于京东物流的成本问题。物流行业在各个环节都极其依赖人力，京东物流的 B2C 模式需要在各地建设物流中心，物流网的基础建设过程无法避免产生大量成本。③"最后一公里难题"中客户收件处普遍距离快递点较远且村镇中路线复杂，末端配送到户成本高，效率低等问题难以解决，成为京东物流在实现渠道下沉方面的一大难题。

3.解决方案

针对以上痛点，京东物流计划通过建设智慧物流体系解决痛点，达成目标。首先，针对仓储优化中的数据滞后问题，京东物流运用人工智能技术在库存管理方面实现动态智能管理。人工智能技术可通过分析大量历史数据，从中学习并总结相应的知识，建立相关模型，对以往的数据进行解释，并对未来的数据进行预测。而京东物流的智慧物流体系利用这一技术，分析历史消费数据，动态调整库存水平，保持企业存货的有序流通。

其次，针对劳动力成本及物流网建设成本问题，京东物流解决计划如下：对于过度依赖劳动力的问题，京东物流利用智能技术在整个物流流程中力图实现无人化、自动化。在仓储阶段，京东物流利用智能存储技术建设自动化立体仓储系统，并利用近场通信技术（near field communication，NFC）、射频识别技术（radio frequency identification，RFID）、增强现实技术（augmented reality，AR）等信息技术来实现智能包装。在搬运阶段，京东物流以自动导引运输车（automated guided vehicle，AGV）与搬运机器搬运替代传统人力搬运。在分拣阶段，京东物流使用自动化分拣系统。在物流运输阶段，京东物流使用无人车及无人机进行配送。对于京东在物流网络建设中仓库选址的优化问题，人工智能技术能够根据现实环境的约束条件，如顾客位置、供应商位置、运输经济性等，通过学习与分析，为物流网络建设提供接近最优解决方案的选址模式。京东物流在物流网络建设方面引入人工智能，以减少人为因素的干预，使物流网络建设方面的决策更为精确，降低了在建设物流网络方面所耗费的成本（徐航宇，2017）。

最后，对于"最后一公里难题"，京东物流积极建设分为干线、支线、末端三级，以无人机为核心的智慧物流航空体系，依托京东现有地面物流布局，建设空中物流网络，以无人机代替汽车作为最后一公里的末端配送工具。智慧物流航空体系的第一级是干线的无人配送，主要通过大型无人机实现区域之间仓到仓的物流调拨；第二级是支线的无人配送，负责配送中心之间的小批量转运；最后一级是末端无人化配送，由小型无人机将货物派送至乡村推广员处，再由乡村推广员完成最后的配送。同时，作为无人机配送的辅助措施，京东物流在各地推广无人配送站，实现末端配送无人化。配送站运行时，无人机将货物送到无人智慧配送站顶部，并自动卸下货物。商品于内部自动中转分发后，入库、包装，到分拣、装车等环节皆由机器人完成，最后由配送机器人完成配送（曲越川，2018）。

4. 营销效果

在物流网建设方面，京东物流通过人工智能，能够充分利用信息，使仓储选址等决策更为精确且理性，在最大限度地利用已有资源的同时，他将成本降低至最低水平。在仓储环节，京东物流利用人工智能对库存进行动态智能管理，通过动态调整库存水平，使京东物流各大仓储中心的货物有序流通。同时，对库存的动态管理使京东商城能时刻了解存货数量，从而制定更为精确的生产计划，减小盲目扩大生产等事件发生的概率。

通过建设智慧物流系统，京东物流实现了物流全程自动化、无人化。一是自动化仓储系统、智能运输、智能搬运和智能分拣减少了传统物流过程的人力操作。相比于人工操作，高度的自动化不仅提高了各个环节的精准性，在智能化调度方面还更为高效、便捷，提高了物流系统的效率。二是高度自动化的智慧物流系统降低了物流对人力的依赖性，大大节约了劳动力成本。

京东物流通过智能配送解决了末端配送难题，提高了物流运输效率，优化了客户的物流体验。在物流运输阶段，通过实时跟踪交通信息，无人车根据目的地实时自主规划并优化运输路径，从而缩短了运输时间，并提高了物流配送的时间精度，提高配送效率。在末端配送阶段，使用无人机配送缩短了运输时间，使京东物流在交通不发达的偏远地区依然可以保障运输的时效性，有效解决了物流渠道下沉至村镇的"最后一公里难题"。并且，通过无人机替代汽车配送，有效降低了物流费用。

研究前沿与相关案例 5-2

区块链技术极大地改变了传统营销渠道中的中介形态

（一）研究内容概述

该研究原题为《分析区块链技术对运营和供应链管理的影响：从多个案例研究中得出的解释模型》（*Analysing the Impact of Blockchain-Technology for Operations and Supply Chain Management: An Explanatory Model Drawn from Multiple Case Studies*），由德国奥斯纳布吕克大学（Osnabrück University）的托尼森（Tönnissen）等人发表于 2019 年的《国

际信息管理杂志》(*International Journal of Information Management*)。该研究认为,既然区块链技术具有很高的颠覆性潜力,且不需要中介参与,那么它对物流和供应链的影响和可能性会有众多贡献。该研究使用多案例分析,为涉及区块链技术的运营供应链中行为者的互动建立了一个解释模型。该研究探讨了与区块链技术相关的含义和研究问题、区块链技术对商业模式的

在线阅读 5-2

影响,以及区块链技术如何对物流业造成了影响。此外,该研究展示了区块链可以取代哪些中介任务,以及这将对行业逻辑产生什么影响。为此,该研究根据真实的多案例研究分析了实践现状并为研究问题找到了答案。

1. 研究背景

区块链技术是一种分布式记账技术,它的特点就是去中心化、公开透明,让每个人都可以参与数据库的建立。因此,区块链技术的出现,可能会改变甚至颠覆传统营销渠道中的中介形态。具体来说,由于区块链是点对点网络,无须用户之间的中介,因此,在物流链中,区块链技术可使生产者或供应商直接与客户打交道。其中,去中介化或绕过中间商可以提高供应链管理的质量、速度、可靠性、可持续性和灵活性,并降低风险和成本。然而,目前尚不清楚区块链技术将对物流链产生什么影响,以及区块链将承担哪些中间任务。因此,该研究采用多案例分析法,建立了一个涉及区块链技术的供应链中行为体互动解释模型。该研究试图回答三个问题,问题一:区块链技术是否导致供应链中的中介机构被移除,从而导致去中介化还是再中介化?问题二:供应链中,中介的哪些任务被区块链取代或变得多余?问题三:去中介化或再中介化对供应链有什么影响?

2. 研究内容

为了回答以上问题,该研究首先通过文献搜索定义"营销中介"的功能,这些功能是进一步分析的前提。传统的营销中介机构的功能包括:①向客户和供应商提供相关信息。例如,关于需求、供应、价格的数据以及贸易要求。②在市场上匹配供应和需求。③作为平台提供者,在电子平台上为客户提供额外服务。④提供陌生人之间结算业务所需的信任,减少商业关系中的风险。⑤提供附加价值,如货物运输、信托服务、额外的支付安排和融资选择以及咨询。⑥通过在买方和卖方之间提供监管功能,确保买卖双方遵守治理规则。

然后,该研究在物流和供应链管理、食品贸易和运输、一般零售、制药和钻石等领域选取了 10 个案例,包括 Ocean Freight、Agridigital、Agri-food、Animal product、Cognizant Retail、Open Bazaar、Origin Tracking、Cargo Chain、Life Crypter、Everledger 等基于区块链的应用,并使用以上营销中介的功能分析案例来回答上述问题一和问题二。分析结果表明,Ocean Freight 应用无法取代典型中介的任何功能。因此,非中介化和再中介化都不会发生。Agridigital 也出现了类似的情况。Agridigital 作为粮食物流的服务供应商和应用供应商,没有取代中介机构的现有功能,而是创建了新的中介机构。Agri-food 应用旨在满足中国对食品透明度和可追溯性的严格要求。其商业模式只是一个基础设施供应

商，因而不具备粮食物流中介的典型功能。因此，这里不存在三种可能的中介类型。然而，纯基础设施供应商最终是否会以食品物流服务供应商的角色成为平台供应商、集成商或应用供应商，从而成为中介，还有待观察。Animal product 应用与 Agri-food 类似，除了封闭的区块链和平台供应商的商业模式外，它只满足了可追溯性的法律要求，没有接管中介机构的其他功能。平台供应商的功能是产品物流中的服务功能，因此被列为新的中介机构。Cognizant Retail 仅将区块链部署为基础设施，以提高供应链的可视性和产品的安全性。零售商作为一个典型的中介机构，利用这一应用程序来补充其对客户的价值主张。因此，这三种类型的中介都不存在。Open Bazaar 应用通过提供相关的信息和汇集买家与卖家的功能，与易贝和亚马逊等现有中介竞争。在这种情况下，现有中介机构的替换和新中介机构的出现，可能会发生再中介。Origin Tracking 并没有取代食品物流中介机构的任何基本功能，但沃尔玛在新的食品物流服务功能中充当集成商，这可以被视为中介机构。对于 Cargo Chain，物流服务供应商 IMPERIAL 充当应用程序供应商，但不承担现有物流中介的任何附加功能。这种新的物流服务功能是一种中介。在 Life Crypter 中也出现了中介，在一个封闭的区块链中，医药产品的可追溯性成为可能，并通过流程的自动化实现了效率提升。医药物流中其他中介功能并不存在。中介功能也发生在 Everledger 中，其中应用供应商的商业模式是钻石贸易中一种新的服务功能。从最初的生产者到珠宝商，物流过程中现有参与者的功能不受影响。

最后，该研究使用一个物流行业中角色和功能的解释模型来回答问题三：去中介化或再中介化对供应链有什么影响？研究表明，区块链应用程序的价值主张不允许中介机构去中介化。只有 Open Bazaar 可以取代易贝或亚马逊等中介，并通过新的中介带来再中介。而在新的中央中介或由中介决定物流行业规则的地方，中介存在的可能性要大得多。这种新的中介可能是由区块链技术的点对点架构而产生的，它需要一个中央实体来管理许可区块链的访问权限和应用。因此，各自行业的物流区块链服务供应商在此基础上发展起来。

3. 研究意义

已有研究从不同角度探讨了区块链技术对物流和供应链管理产生的影响。有了区块链的分布式系统，供应链中的参与者可以在一个公共登记册中协调不同的利益。但现有研究并未探讨区块链应用会对当前的物流商业模式产生哪些影响。该研究调查了 10 个区块链物流应用案例，表明不存在去中介现象。在 Open Bazaar 案例中，现有的中间商被新的中间商取代，发生了再中介现象。在 Agri-food 和 Cognizant Retail 案例中，尽管最初没有中介，但随着时间的推移，服务提供商可以成为中介。在 10 个区块链应用案例中，有 7 个案例表明中介是以物流链中新的服务提供商的形式出现的。然而，目前还不清楚拥有区块链物流应用的服务提供商是否会被接受为物流链中的中介机构。基于此，该研究认为，在全球物流链中，必须说服用户了解区块链应用的优势，促使物流链中的参与者使用该应用程序，这样才能提高物流链的透明度以及促进货物流动的可追溯性。此外，该研究提出了物流领域角色和功能的解释模型。具体来说，由于区块链应用程序的价值主张，现有生产者从区块链提供商或区块链服务提供商的平台中衍生出一些中介功能。

区块链提供商仅向区块链提供基本功能，而不参与相应的平台活动，而区块链服务提供商将其作为服务提供给生产者和消费者。区块链服务提供商帮助客户将平台和区块链集成到现有的 IT（信息技术）基础设施中，除了提供咨询和实施服务外，还提供平台定制，以满足客户的特定需求。区块链以加密、时序链和不变性属性接替了原来传统中介机构对治理规则和合规性的保护功能，即通过区块链中独立第三方（如政府机构和会计师）的参与，可以强制执行和认证合规性。

（二）相关案例解析

1. 案例背景与目标

在"区块链 +"受到火热追捧的今天，人们对于"区块链 +"是机遇还是骗局众说纷纭。北京伊链科技有限公司旗下的产品"伊链区块链信任租房平台"，是一款面向新一代租房者的房屋共享平台，致力于构建基于共识机制下的区块链租房社区生态系统。伊链科技的目标是打造区块链信用租房领域的领头羊和风向标。该平台认为区块链最终会改变现有的社会体系，让人与人之间的信任度更高，智能化更强，而伊链也能够最终解决租房场景中核心的"真人、真房、真住"问题。未来，伊链区块链信任租房平台将用自己的实际行动为区块链"正名"（新浪地产网，2018）。

2. 痛点与挑战

传统租房行业的痛点极多。虚假房源泛滥、"黑"中介横行、租客和房东之间缺乏信任、行业交易效率低下等问题，使得租房成了外地居民在大城市生活的安全隐患。互联网兴起后，许多线上信息类网站和专业网络平台通过新技术提供了租房服务。但在实践中，租客不愉快的租房体验似乎毫无改善。无论是线上还是线下租房业，都存在高额中介费、恶意苛扣押金、房源信息不准确与不对称等痛点。可见网络租房平台在市场上的扩张并没有解决目前租房市场中突出的信息不对称和行业不规范问题。

3. 解决方案

面对传统租房中介和网络中介平台的痛点，伊链区块链信任租房平台采用的新智能方法如下（新浪地产网，2018）。

①**通证（Token）经济 + 积分的体系**。区块链租房平台基于通证体系下的积分来进行交易。社区里的每一个人都可以利用积分或者代金券在伊链区块链租房平台进行交易结算。这样，平台本身就可以利用 Token 积分体系去掉租房过程中的中介费。

②**以信用为基础的租房行为规范机制**。一个激励诚信交易行为的社区，会对诚信交易行为给予 Token 奖励。信用租房体系模式的核心在于，每一套可租房源、每一位租客、每一位房东以及每一位中介服务人员，都将对应一套信用评价体系。只有信用好的租客和房东，才能在整个交易过程中提高成交率，信用不好则会处处受限。伊链区块链租房平台通过引用信用机制，叠加 Token + 积分体系，在一定程度上提高了房东与租客双方的违约成本，形成了保护社区利益也就是保护自身利益的共识机制。

③**把烦琐的租房工作以社区共享的方式完成**。如果给予用户一定量的 Token 奖励，那在传统租房平台上被视为成本的房源信息发布、拍照摄影、房屋带看、房源资料上传

维护、点评管理、法律咨询等工作，可以由伊链社区内有能力、有精力的人去做，从而以更低的成本、更有效的方式来完成。让每月做任务的人所获得的 Token 激励"大于"中介的月收入，这样原有的中介人员自然就转化为伊链社区义工，其原有房产中介的角色自然就越来越少，这样就会有更多的人加入伊链平台社区做义工，去完成共享任务。

④引入区块链技术保障所有信息公开透明、真实有效。 区块链的意义在于它可以构建一个更加可靠的互联网系统，从根本上解决价值交换与转移中存在的欺诈和"寻租"现象。基于区块链可追溯、可验证、不可篡改的智能合约技术，能够直接穿透资产，即只需要认定是否包含了区块链技术，那么应该是什么样的租客、什么样的房源以及以怎样的价格租出，这些问题就会显得特别透明。

4. 营销效果

伊链区块链信任租房平台是一次有益的尝试。在新的智能时代，区块链技术可以消除原来单纯因为数据垄断而存在的中介环节，保障所有信息公开透明、真实有效。但是 Token 积分体系、以信用为基础的租房行为规范机制，以及社区共享模式都高度依赖使用者对互联网的学习与操作能力，这样使得这一套方案比较理想化，在未来落地中可能会遇到市场接受度的问题。

第二节　使用人工智能优化全渠道管理

一、渠道管理的内涵

随着市场竞争的不断深入，渠道管理（channel management）已成为企业管理的重点活动。渠道管理是指制造商为实现公司分销的目标而对现有渠道进行管理，以确保渠道成员间以及公司和渠道成员间相互协调和能力合作的一切活动。在实践中，渠道管理可被看作企业通过对现有营销渠道的有效整理，综合协调生产、物流、广告、消费等多个环节，从而达到公司有效营销目的的一切相关活动。渠道管理的目标在于实现公司的分销目标，通过有效的渠道管理，保证公司和渠道成员之间、渠道成员之间的通力合作。渠道管理包含很多工作，例如需要重视对经销商的供货管理，保证供货及时，并在此基础上帮助经销商建立并理顺销售子网，分散销售及库存压力，加快商品的流通速度。同时，企业需要加强对经销商广告、促销的支援，减少商品流通的阻力。企业也需要提高商品的销售力，促进销售。企业还需要提高资金利用率，使之成为经销商的重要利润源；对经销商负责，在保证供应的基础上，对经销商提供产品服务支援等。

可见，企业想要获得长期稳定的发展，就必须在确保产品质量的同时，提升市场营销渠道的管理水平，使企业在竞争中占据优势，为企业的稳定发展提供支持。要做到此，首先，充分发挥企业的协调合作作用，营造大环境的发展氛围。在发挥协调合作作用的过程中，企业与合作伙伴构建可靠的营销渠道管理链接，强化营销渠道的服务质量。然后，合理完善营销渠道管理部门的工作内容，加强对商品生产、商品经销、流动等工作的监督，为营销渠道的服务质量提供保障。接着，构建专门的管理机制，实行多元化管理，使管理更加科学、高效，为营销活动的顺利开展提供支持。最后，构建完善的管理体系，对营销管理制度进行补充，提升营销能力。

二、智能时代的全渠道管理

在大数据、社交媒体等新兴技术改变营销模式的新时代，全渠道营销是当前较为流行的、符合智能时代特征的有效策略。与全渠道相关的营销渠道管理给老牌企业和新企业带来了挑战，企业必须做出正确的决策，以适应全新的零售环境。

（一）全渠道管理的概念

全渠道管理是对众多可用渠道和销售点进行协同管理，以使客户在各渠道之间的体验和感受得到优化，提供给顾客无差别的购买体验（Verhoef et al.，2015）。在全渠道环境下，产品或服务可以通过零售、营销、客户服务等一系列活动和各种渠道传递给消费者，如线上渠道、线下商店、视频和电视渠道等。产品或服务可以通过全渠道零售、营销和广告物流等行动交付给消费者。而消费者行为和在全渠道购物中的偏好也会反馈给生产者，以更好地设计产品。全渠道管理强调的是消费者出现的全部渠道，营销者应该把握消费者的喜好，在他们能够接触到的消费渠道中投入营销资源。

要将全渠道管理与多渠道管理和跨渠道管理进行区分。多渠道管理是指通过多种渠道向消费者提供产品或服务，但不包括各渠道间的协同管理。跨渠道管理只包含部分渠道的整合。近年来，"全渠道"相关运营操作较为常见并被广泛运用。例如美国最大的网络电子公司亚马逊推出了线下实体书店，给顾客带来具有创新性的独特体验，这也应用了全渠道管理的思想。

（二）人工智能对全渠道管理的影响

①**提升企业供应链运营效率**。要使全渠道战略取得成功，供应链需要保证在市场投放时间和用户投放时间上都有较高的效率。随着物联网、大数据、人工智能等现代技术的出现并驱动着数字经济的发展，数字化供应链成为发展的趋势。供应链的各个环节都存在大量的数据，利用新兴技术，企业就能够把供应链的不同环节、组织或人用数字化的方式连接起来，从而更有效地进行数据的整合和分析，并优化渠道管理。

②**提高客户服务质量**。全渠道策略往往会失败在客户服务上，在这方面有大量的实例。而人工智能和机器学习可以提高全渠道零售的质量，目前亚马逊已经率先使用人工智能和机器学习技术来判定一个既定的客户角色何时需要与一个实时代理进行对话。类似的策略还有智能代理、虚拟个人助理、聊天机器人和自然语言处理（natural language processing，NLP）性能等，同时利用人工智能技术还可以改进知识管理、内容创造以及现场服务支持等方面的工作。

③**优化产品或服务价格**。人工智能和机器能够学习、考虑品牌和渠道偏好、以前的购买历史和价格敏感性。对于品牌、零售商和制造商来说，基于云计算的价格优化和管理应用程序比以往的程序效率更高，功能也更强大，从而帮助企业更好地进行全渠道管理和优化全渠道定价。

④提高消费者购物体验。机器学习擅长模式识别，因此可使用人工智能技术来创建推荐引擎，这些引擎共同催生了新一代的购物应用程序。例如消费者在网络上挑选口红色号时，可以通过智能试色来挑选心仪的产品。当在购物平台上浏览了自己感兴趣的商品后，下一次打开购物软件，首页会推送很多类似的商品。除此之外，甚至还有一款正在开发基于移动的应用程序，购物者可以在这些应用程序中试穿自己感兴趣的服装等。总之，运用人工智能技术，企业能够提高消费者的购物体验，为消费者提供一体化的零售环境，避免消费者从竞争对手的渠道购买产品或服务。

总之，技术的进步为全渠道零售创造了机会，模糊了线上和线下购物之间的区别，并正在改变零售格局，因此零售商和他们的供应链合作者必须重新考虑他们所采用的竞争战略。人工智能技术使营销的渠道更加多样化、场景更加动态化。运用智能时代的新技术，企业能够制定有效的全渠道管理策略，从而在营销市场上拥有竞争优势。

◆ 研究前沿与相关案例 5-3

结合了机器学习预测的数据智能技术提高了全渠道管理中
需求和供应同步的效率

（一）研究内容概述

该研究原题为《全渠道零售供应链中需求和供应自适应同步的数据驱动方法》（*A Data-Driven Approach To Adaptive Synchronization of Demand and Supply in Omni-Channel Retail Supply Chains*），由巴西圣卡塔琳娜州联邦大学（Federal University of Santa Catarina）的佩雷拉（Pereira）等人发表于 2020 年的《国际信息管理杂志》（*International Journal of Information Management*）。该研究介绍了由全渠道引发的销售和履约过程的整合正在改变零售商的运营管理情况。在这种背景下，关于零售业供应链中数字世界和物理世界之间的联系还缺乏研究。该研究旨在提出一种数据驱动方法，将机器学习需求预测和基于运营计划仿真的优化相结合，自适应地同步全渠道零售供应链中的需求和供应。

在线阅读 5-3

通过在全渠道零售供应链中应用该方法，证实了研究结果。聚类和神经网络的结合改善了需求预测，支持对需求量和位置的断定。基于仿真的优化允许定义哪个设施能最有效地满足确定的需求。该方法缩短了履行交付周期，减少了由不兼容产品的需求和供应引起的延期交货，并降低了运营成本，而这些都是当今竞争激烈的零售市场的关键绩效指标。

1. 研究背景

全渠道零售包含销售渠道的协同整合，旨在为客户创造统一的品牌体验。全方位渠道模糊了渠道之间的界限，打破了渠道内的结构，且允许出现不同的信息提供方式，如线下展示和网络展示，以及新的产品交付方式。结构良好的全渠道供应链呈现出线上和线下渠道互补的优势，使供应链在经济上可行并对客户做出响应。但对于零售商来说，挑战在于如何理解整合、管理和协同运营多个渠道，所以不同渠道和接触点的整合使其更复杂，这会给全渠道零售商带来更多的障碍。目前全渠道零售依旧面临很多的障碍。因此，需要一种能够预测和准确了解市场需求的方法，对信息流进行综合管理。

一方面，现有学者在通过集成供应链理解和预测消费者需求问题上未分析端到端的供应链；另一方面，一些学者在利用数据驱动的方法研究相关问题时仅分析了过去的数据，并未采用任何预测需求的方法。因此，该研究针对这一研究空白，意图寻求一种数据驱动的方法，将需求预测和零售商供应链的一体化运营规划结合起来。该研究扩展了佩雷拉等人（Pereira et al.，2018）开发的概念模型，提出了一种数据驱动的方法，用于全渠道零售供应链的预测性和适应性管理，通过协调财务、材料和信息流，并同步全渠道供应链上的需求和履约，提供了更准确的需求预测和灵活的运营规划。

2. 研究内容

该研究以全渠道零售供应链成本最小化为目标，采用基于仿真的优化（simulation-based optimization，SBO）来评估全渠道零售商的最佳履约、库存分配和服务时间。全渠道零售供应链的数据驱动方法结合了虚拟和现实世界，平衡了复杂的随机供应链的供需关系。该方法包含一个两步模型，结合机器学习来处理需求的准确性，以及基于仿真的优化，使供应适应预测的需求。

第一步，基于机器学习技术，应用聚类和神经网络方法，提高预测精度。机器学习输入的信息是基于每个渠道每个产品的历史销售的时间序列数据集，而输出的是每个时间序列的需求预测。为了将机器学习与基于仿真的优化相结合，使用了逗号分隔值（comma-separated-values，CSV）格式的文件（为了改善资金和材料流动）。

第二步，基于仿真的优化，应用遗传算法和混合仿真方法。这两种方法都是迭代工作，直到取得结果。具体来说，预测的需求和供应链库存信息是优化的主要输入，而输出是供应链规划的初始解决方案。然后通过仿真模型对该方案进行测试。作为目标函数，仿真使用分销计划、预测需求、库存、仓库、运输和生产信息来模仿真实场景。仿真输出是全渠道零售供应链的物流成本。然后，这个目标函数值被反馈到优化中，以便考虑停止标准、进行验证。如果优化没有达到停止标准，程序将重新开始。全渠道零售供应链的数据驱动方法的输出是每个产品在每个渠道的预测需求，以及物理分配规划的有效参考。

此外，该研究对一家巴西零售公司进行了数值实验。为了评估信息流、资金流和物流的端到端一体化管理能够为全渠道零售供应链提供运营绩效，分析了三种情况：供应链上不进行信息共享、进行预测信息共享和机器学习的预测信息共享，最终得出在信息共享的情况下可以有效地降低运营成本，缩短在线客户的平均履约时间。最后，该研究得出在所有供应链评估指标中，包括成本、需求和供应之间的不匹配及履约时间，具有预期产品分布的场景、通过神经网络预测的需求以及整体集成供应链被证明是全渠道零售供应链运营管理的更准确和更有效的方法。

3. 研究意义

该研究的理论贡献一共有三点：①提出了数据驱动的方法，将需求预测和零售商供应链的综合运营规划结合起来，从而提出了一个预测性和适应性的数据驱动模型。此模型试图通过消费者和操作数据来整合流程，并使操作更加灵活。②通过对零售供应链中各种产品分销方案的分析，所开发的基于仿真的优化模型使决策过程更适应于实时的供应链信息。③相比已有研究，该研究首次提出将机器学习与基于仿真的优化相结合的方法，并用于全渠道零售供应链的运营管理。

此外，该研究对管理方面也有一定的影响。由于销售分散性增加，零售商面临着线下商店库存增加的情况。从库存成本来看，虽然采用自适应系统已使库存成本降低，但是如果使用预测系统，就能够将产品在正确的时间，以正确的数量放在正确的商店，这样可以将库存成本降到最低。要让管理者取得这样的业绩，就需要有一个预测性和适应性的系统，来整合和协调信息、物质和资金流动，以及线上和线下渠道。鉴于此，该研究提出一个结合机器学习和基于仿真的优化的数据驱动模型，可以分析光学字符识别系统的各种复杂性，并提出提高组织运营效率和支持其市场竞争力的解决方案。

（二）相关案例解析

1. 案例背景与目标

2012 年，良品铺子以入驻淘宝、天猫等多家主流购物商城的方式，开展线上业务。2013 年，良品铺子设立了电商物流部，并在全国各地设立仓库，开展研发线上订单派送，确保顾客购买的商品在全国范围 48 小时内送达。在后续经营过程中，良品铺子通过大数据后台系统，探索线上线下一体化全渠道运营模式，以实现更好转型。良品铺子的销售渠道比较广泛，既开展了线上 B2B 业务与 B2C 业务，也开展了线下的销售渠道，包括直营店、加盟店、大客户团购以及 O2O 外卖等（吴钰萍等，2020）。

2. 痛点与挑战

随着线上业务的快速增长，线下门店也逐年扩张，良品铺子遇到了快消企业最头疼的难题：难以平衡补货，供需关系出现缺口。在电子商务市场发展势头迅猛的大环境下，线上的订单爆满，商品供不应求；但线下门店有许多闲置的商品陈列在货架上，面临着食品过期的问题。线上供不应求，线下供大于求，所以良品铺子的线上线下补货不平衡问题亟待解决。

3. 解决方案

良品铺子采用了如下方法解决上述痛点（周琛等，2022）。

①"线上线下统一"的全渠道订单管理系统。良品铺子建立自营的订单管理信息系统，统一管理订单。按地理位置，从线下的接触点采集订单信息和商品信息到订单管理系统，再在数据系统中统一处理所有的订单。根据送货地址、库存量等因素将订单分发至最优的库存点。比如，顾客在线上购物时，发现缺货，系统可按照送货地址安排该服务范围内有货的门店代发货；假若该门店也无货，系统会选择最优的其他有货门店迅速调货，做出快速回应。当顾客在线下实体店购物时，发现门店商品缺货，系统可为顾客切换到线上渠道购买或者提交到就近有货门店快速生成订单，并进行配送。

②"供应链 + 多渠道"的全渠道库存管理系统。良品铺子建立了供应商、分销商、零售商与传统实体店、PC（个人计算机）网络渠道、移动终端渠道立体交叉的库存管理

系统。该系统将供应链库存管理上下游资源与多渠道库存资源进行智能化整合，互相共享，将各方供应商和多个渠道互相打通。线下仓库可以为线上零售渠道所用，线上零售渠道接收的订单，经过智能化库存管理系统，可由线下渠道提供仓储物流。

③ "仓配一体化"的全渠道物流配送系统。该系统将"仓储—配送"资源智能整合在一个数据系统中，进行深度交叉融合，形成智能仓配一体化物流配送体系。一方面，将制造商仓库和电商仓库、实体店仓库等仓储资源进行整合，优化仓库资源配置，实现各个仓储之间资源的共享，从而进行高效调配，满足多维度需求，形成协同效应。另一方面，将配送环节调整优化，降低运输成本，在实体店、服务站、顾客三方之间实现灵活配送。

4. 营销效果

通过智能技术优化零售流程，良品铺子在零食行业中持续领先，在国内休闲食品市场上有较高的知名度。良品铺子正深入全渠道业务布局，除拓展传统的平台电商业务外，还充分抓住新渠道流量，以大数据后台为支撑，迅速布局社交电商和社区电商，进一步拓展市场份额。良品铺子的零售贯彻全渠道订单管理体系，利用数字化和信息化，对包含上游、中游、下游的产业链互联互通，实现会员资源共享，打通了线上线下库存渠道。通过线上线下全渠道数据的打通，实现了商品备货的科学化和智能化，库存商品得到了合理调配，实现了总仓与分仓之间的互通。最大限度地缩短了库存周期，降低了库存管理成本，创新出更加优化的智能销售模式。

研究前沿与相关案例 5-4

基于遗传程序设计（genetic programming，GP）的新型信用评分系统可以预测用户在电子商务活动中的违约概率

（一）研究内容概述

该研究原题为《预测用户在电子商务活动中违约概率的人工智能系统》（*An Artificial Intelligence System for Predicting Customer Default in E-Commerce*），由葡萄牙新里斯本大学（Universidade NOVA de Lisboa）的万斯基（Vanneschi）等人发表于 2018 年的《专家系统应用》（*Expert Systems With Applications*）。该研究指出，为了防止拖欠付款，越来越多的电子商务订单开始加强风险管理。拖欠付款是指客户在收到账单后 90 天内没有结清账单。通常，信用评分模型（credit scoring，CS）会被用来测算客户的违约概率。目前信用评分模型已经被广泛研究，并提出了许多计算方法。该研究的主要目的是开发一个新的信用评分模型，以取代电子商务风险管理——风险解决服务（risk solution services，RSS）中的风险预警系统（the pre-risk check system）。RSS 是目前常用的估计客户违约概率的系统。风险预警系统使用电子商务活动订单中的数据，包括排除规则（exclusion rules）和通用的信用评分模型。该研究认为，新的模型应该取代整个风险预警检查，并且既要能独立工作又要与 RSS 的主要风险检查相结合。

在线阅读 5-4

该研究介绍了基于遗传程序设计（genetic programming，GP）的新型信用评分系统模型。该模型是在一家著名的德国金融解决方案公司（german financial solutions company）提供的真实数据集上开发的，该数据集包含由 RSS 处理的订单请求。研究结果表明，GP 在分类精度和收益上均优于风险预警系统的通用信用评分模型。GP 采用了几种最新的机器学习方法，如逻辑回归（logistic regression）、支持向量机（support vector machines）和加速回归树（boosted trees）等，实现了具有竞争力的分类精度。此外，GP 模型可以与 RSS 的主要风险检查结合使用，以创建一个具有更高辨别能力的模型。

1. 研究背景

在该研究背景中，拖欠付款的原因之一是未结发票（open invoice）的广泛应用。卖家先将商品和服务提供给消费者，并为消费者提供一定金额的发票；待收到卖家发来的付款通知后，消费者再按照发票上的金额和账号付款。因为消费者在付款前就获得了商品，所以称之为未结。在德国，大多数订单都使用未结发票，信用卡和 PayPal（第三方支付工具）这类支付方式所占市场份额反而相对较低。但这就给德国的电子商务供应商带来了一个问题：未结发票的使用会增加拖欠付款现象的发生。供应商发现，最常见的产生拖欠的原因是客户忘记结账或故意延迟付款，然而，有 53% 的供应商表示，偿付能力不足是支付中断最常见的原因。

目前在德国，超过 8% 的电子商务订单是因为拖欠支付未结发票而中断。电子商务供应商发现自己陷入了一种冲突：一方面，使用未结发票能够鼓励顾客下单，提高销售收入；另一方面，这增加了拖欠付款的风险，会导致收入下降。此时大多数商家采取以下两种途径来打破这一恶性循环：①对他们认为特别容易违约的客户群体使用排除规则（例如，初次合作的顾客或订单总额明显偏高的顾客）。②依靠外部风险管理服务（risk-management Services）。在德国有超过 30% 的电子商务供应商使用风险管理应用程序，希望能检测出违约概率高的客户。这些应用程序经常使用信用评分模型（credit scoring，CS）来构建。CS 模型可以分析历史数据，找出在预测违约概率方面有意义的特征。随着技术的不断进步，CS 模型已从供应商的"主观直觉"决策演变为基于统计上合理模型的方法。

该研究以德国的风险管理服务提供商阿瓦托金融解决方案（arvato financial solutions，AFS）为例，AFS 的电子商务风险管理服务称为风险解决服务（risk solution services，RSS）。RSS 涵盖整个电子商务订单流程，并为订单流程的每个阶段提供大量服务。评估客户违约概率的主要服务称为风险检查，分为风险预警检查（the pre-risk check）和主风险检查。主风险检查是基于信用机构的评分，该评分使用国家特定的个人偿付能力信息（country-specific solvency information）。对于无法获得偿付能力信息的国家来说，主风险检查没有实际操作意义。相反，风险预警检查始终具有可操作性，并能够对客户违约的概率进行评估。然而，目前一些行业中的风险预警检查只是基于一个通用信用评分模型，有时甚至没有可靠的统计上的支持。该项研究以基于遗传程序设计（genetic programming，GP）的新型信用评分系统模型，替代 RSS 风险预警检查中的一般 CS 模型，这就要求基于 GP 算法的 CS 模型既要能独立工作，又要与 RSS 的主风险检查相结合。

2. 研究内容

该研究基于探索性因子分析（explanatory factor analysis）、方差分析（analysis of variance）和逻辑回归（logistic regression），比较了现有属性和新属性之间各种关系，构建一项新型信用评分系统模型。该研究中使用的数据集由 AFS 公司提供。对比风险预警检查的一般 CS 模型与基于遗传程序设计（GP）的新型 CS 模型，找出二者在分类精度和收益上的差别。GP 模型属于计算智能研究领域的方法，由计算机程序的自动学习组成，其过程受达尔文的生物进化理论启发，从生物演变进化过程中汲取灵感。从理论上讲，人类用遗传编程只需要告诉计算机"需要完成什么"，而不用告诉它"如何去完成"。GP 模型是从随机生成的极大量的计算机程序中选择一个契合给定任务的程序，通过达尔文的适者生存原则来确定最终结果，计算机程序间也模拟两性组合、变异、基因复制、基因删除等进行代际进化，直到获得最终结果或完成预先设定的终止条件。

研究结果表明，与完全不使用 CS 相比，使用基于 GP 的 CS 模型，利润增加了 18.6%，可见 GP 模型能更好地预测客户的违约概率。因此，GP 生成的模型可以替代和提高预测精确度。该研究通过与 AFS 公司合作，以大量数据为根基进行模拟实验，发现运用 GP 技术可以获得更灵活、更实用、判别力更高的 CS 模型。

3. 研究意义

该研究开发了一个新的信用评分模型，GP 模型是一个非参数化的工具，不局限于特定的情况或数据集，可以在各种背景中使用。GP 模型可以在学习阶段自动选择重要的变量。当前，信用评分系统大多使用于金融行业，该研究第一次在包含电子商务供应商订单的数据集上使用 GP 模型，扩展了对信用评分系统的研究。

（二）相关案例解析

1. 案例背景与目标

淘宝是阿里巴巴集团于 2003 年成立的网购零售平台，目前已经拥有了超 5 亿人的注册用户，平均每分钟售出商品 4.8 万件。该平台是包括 C2C、分销、拍卖、直供、众筹、定制等多种电子商务模式在内的综合性零售商圈，旨在为人们带来更低廉的商品和更方便的购物体验。目前，淘宝的发展面临挑战，一方面，以淘宝为代表的电商平台历经近 20 年的高速发展后，其产业链已经走向成熟，电商的增速有所放缓。对于平台来说，城市用户已趋于饱和，下沉市场的增量用户逐渐成为各类电商平台所抢占的目标。另一方面，由于淘宝属于线上虚拟购物场景，无法满足用户急速增长的商品体验需求，因此，淘宝需要进一步增加线下渠道的购物体验。此外，受新冠肺炎疫情的影响，传统购物链路中断乃至销售体系运转停滞，各电商平台也在向"线上 + 线下"渠道全场景营销模式转变。

在此背景下，淘宝推出了"先用后付"的购物服务，通过让消费者先体验后付款的模式，来弥补线上商品体验感的不足。同时，此项服务可以进一步吸引下沉市场的用户，扩大用户规模，增加平台盈利；对于开通此项服务的消费者，平台则借助芝麻信用的评分系统来制定进入门槛，降低平台所承受的风险，保护商家权益。

2. 痛点与挑战

①**平台业绩增速放缓，消费市场有待进一步挖掘**。一方面，近年来，互联网经济强势崛起，电商平台也随之迅猛发展。当互联网人口趋于饱和，加之疫情的影响，淘宝等各类电商平台的营收增速相较于之前都有所放缓。2021年财报资料显示，京东、阿里巴巴、拼多多三家头部电商中，京东的营收最高，拼多多的营收增速最快，阿里巴巴的净利润下降明显。另一方面，从淘宝现有的消费者群体来看，以一二线城市用户居多，但同类的拼多多由于近年来对下沉市场的开发而有了明显的营收增速。因此，淘宝平台对于国内的消费市场尤其对下沉市场的消费者，还有待进一步的挖掘。

②**急速膨胀的消费者线下体验需求**。疫情使得线下的零售业遭遇打击，消费者能够进行线下的体验次数大幅减少，进而对于线上购物的需求增加，而淘宝无法满足人们在真实体验方面的需求。因此，为了提高用户的线下体验，并在疫情期间能够吸引更多的客流，淘宝急需推出新的网上购物模式，以降低购物门槛，增强消费者的购买意愿，提高商品的转化率。

③**"先用后付"服务的进入门槛难以界定**。由于上述两点，淘宝以及其他部分电商平台开始进行"先用后付"模式的试水，即商品可以先使用，根据使用后的感受再决定是否需要付款购入。其实，先用后付的概念在国外发达经济体中很早就开始运用，疫情期间，由于产业停滞、出行不便，国外使用线上先用后付的消费者剧增。但问题的关键在于，一旦开通了先用后付，平台所面临的挑战就是如何对用户进行准确的信用评级，规避消费者拖欠付款的风险，以确保平台和商家的权益。传统的金融机构往往通过背景调查、查询个人资产等方式来完善征信系统的数据，这种收集方式较为单一，导致许多数据残缺、造假情况的产生。同时，用户对于过去征信一系列的数据分值，也是完全未知的状态，信息不够透明。

3. 解决方案

①**推出"先用后付"服务，激发下沉市场动能**。针对前面两个痛点问题，2020年8月淘宝开始实行部分商户部分商品支持先用后付方式，消费者需满足芝麻信用在550分以上，可在标有此种标识的产品付款时，开通先用后付服务，并0元购入产品，收货后在不影响二次销售的情况下，支持7天无理由退货、退款。"先用后付"模式的推出，本质上来说是一种下沉策略的尝试，"先用后付"其实并不是信用卡、借记卡或其他金融产品的替代品，它是在用户原有的银行卡基础上，平台提供的一种支付弹性，在消费和付款之间，创造一个时间差，用户可以延迟支付购买商品的钱，缓解短时间内的财务压力，对年轻消费者的吸引力较大。也可以让用户先试用再考虑是否需要购入，对于下沉市场的用户而言，就可以直观地感受到商品的性价比，降低试错成本。

②**借助芝麻信用制定进入门槛，保护商家权益**。由于传统金融机构征信存在缺陷，淘宝选择借助芝麻信用的评分系统来进行消费者门槛的界定。消费者需满足芝麻信用评分在550分以上（今后会提升至660分）才可以开通这项服务。利用芝麻信用评分的优势在于，芝麻信用评分是在用户授权后，基于用户各维度的信息，涵盖金融借贷、转账

支付、投资、购物、出行、住宿、生活、公益等多种场景，通过结合云计算和大数据技术，可以进一步优化大数据的功能，快速处理用户数据，保障信用评估效果，客观地呈现个人信用的综合评分，更加真实地预测个人在信用行为中的违约率。通常情况下，芝麻信用评分越高，守信履约的概率越高，用户所得到的权益也更好。与此同时，芝麻信用完全公开了用户的个人分值，包括五个维度，涉及用户信用历史和履约能力以及人脉关系等内容，使信息更加透明化。

对于商家的权益来说，淘宝所推出的"先用后付"方案，理论上是先冻结用户的信用额度，收货后选择支付货款或释放预授权额度进行退款。因此，对于拖欠支付的问题，若消费者收到货不付款，商家只需要找平台客服进行申诉，客服就会解冻这一笔钱，那么商家就可以收到钱，维护自己的权益，但这笔钱最终影响的是消费者的征信，以及下个月芝麻信用的评估（界面新闻，2021）。

4. 营销效果

从淘宝平台及商家的角度来看，开通先用后付的店家，商品销售率将得到增长。同时，先用后付的订单一旦成立，淘宝平台就会先垫付一部分资金，使商家的回款周期缩短。而先用后付的特性，吸引了更多的消费群体，增加了平台以及商家的流量和用户黏性，增加了销售业绩。

从消费者评价来看，淘宝推出"先用后付"的优势在于，其做到了线下场景"货到付款"的效果，可以作为一种对未来的"线上＋线下"渠道全场景营销模式的借鉴。同时，对于大学生与"月光族"等消费能力较低的人群而言，可以先试用，缓解短时间内的财务压力。

但这种模式也有弊端显现，例如用户下单后会有订单信息，但是订单上对于订单款项的冻结天数，没有标明，容易导致下单人遗漏订单的支付。再者，先用后付规定，对于不喜欢的商品需要在不影响二次销售的前提下才能退货，其适用的商品范围相对较窄。因此，"先用后付"的新型智能营销渠道还需要进一步探索。

第三节 人工智能与消费者渠道体验提升

一、消费者渠道体验的概念

企业构建智能营销渠道、优化全渠道管理的重要目的之一，就是提升消费者在渠道中的体验。消费体验（consumer experience）既是感性的，也存在一定的理性思考，是消费者的一种主观反应和评价。消费体验可以诠释为以下四种体验价值的消费形态：①经济价值，指商品或服务本身的功能与效用能够有效满足顾客的购买目的和消费需求。②享乐价值，指顾客在购买活动中形成的良好感官体验与正面情感体验，并从中获得一种愉悦感与满足感。③社会价值，指顾客通过购买商品或服务所获得的社会身份体现、社会认同感以及群体归属感的价值。④利他价值，指顾客购买商品或服务的行为对他人以及社会所造成的有利影响。可见，狭义的消费体验局限于一种情感体验，认为消费体验是消费者在购物消费过程中的感受，偏向于情感上的认同，这种认同将影响他们下一次的消费倾向。广义的消费体验则强调消费体验是消费的全部经历，它产生于售前、售中、售后整个消费过程，通过产品、各种体验营销活动、良好的服务等要素组合满足消费者的需求，让他们在消费过程中获得美好愉悦的感受，进而影响消费者下一次的消费倾向或选择。

当前市场竞争激烈，消费渠道多样，消费者掌握着消费的主导权，可以轻松拥有自行购买所需产品或服务资源的多种选择。因此消费者是企业提高品牌知名度的最佳资源，积极的消费体验对于企业而言是至关重要的，可以带来用户满意度和客户忠诚度的增加，也可以帮助企业留住客户，并鼓励品牌宣传，提升企业的口碑与形象，从而促进企业的持续发展。

二、智能时代的消费者渠道体验提升

传统的消费体验管理大都遵循"七步法"原则，即以品牌价值为基础，通过诊断、评估、提升、反馈等经典的企业管理模式管理消费体验。然而这些方式存在着诸多问题，例如响应客户需求不够及时、观测消费者体验不够准确、消费者体验的预测和主动改进不足等（陈伟，2019）。随着智能时代的发展，新技术赋予了消费体验管理一种系统、精确的解释外部数据的能力，营销人员学习并利用这些学习成果，通过灵活调整来实现特定的目标和任务。以下是智能时代下消费者体验提升的特征及优势。

①**准确捕捉消费者的真实体验**。人脸识别技术在机场、学校、商场、公司等地方被广泛使用，随着人工智能技术的发展，人脸识别技术除了能够识别人物的身份以外，还能利用心理学、生理学的知识对面部肌肉进行智能识别和模型计算，通过人物的细微表情变化来判断其情绪。除此之外，在服务业被广泛应用的智能家电、智能机器人等人工智能设备都采用了语言识别技术，甚至随着语音情感分析识别系统的出现，人工智能能够通过提炼客户的语音语气对其当下的体验情感状态做出判断。同传统依靠消费者体验后的问卷调查或信息反馈的方式相比，这种技术有利于及时捕捉客户的即时体验，准确识别客户当下的体验状态。

②**快速响应客户需求**。人工智能技术通过对消费者体验的识别和判断，帮助人们构建一套自动化的分析流程，如数据准备和产品取向趋势预测。以电子商务客户为例，大数据时代下，人们的任何产品偏好都被以产品页面浏览次数、产品消费次数、店铺收藏和购物车情况、月均消费额等多项指标进行评估，从而达到智能化推荐的目的。人工智能甚至能够利用人们日常生活中不会利用的其他数据源，通过平台间的信息交互更好地实时了解客户的消费行为和习惯。例如，消费者从未在 B 平台搜索浏览 X 产品，但是在 A 平台搜索了解了 X 产品的相关信息。通过 cookies（一种保存在电脑上的文件）关联，消费者在下一次打开 B 购物网站时产品推荐里就会出现 X 产品。

③**推动产品和商业创新**。随着新技术层出不穷，智能化产品和服务模式的普及使得客户对于产品体验的期待日益提高，客户越来越追求符合自己需求和消费习惯的产品与服务。对于企业而言，打造以客户为导向、更加个性化的消费者体验就成了增强市场竞争力的关键点。人工智能在这方面能够帮助企业捕捉客户需求的变化，并根据客户的喜

好和要求即时做出反馈，从而实现新产品的开发，提前预知消费者体验的变化，主动调整产品及营销策略，以减少客户的负面体验，提高研发、制造和供应链的灵活性和实用性。

可见，智能技术与消费者体验的结合是智能时代下符合市场发展方向的必然趋势，利用智能技术获取真实、准确的消费者体验数据，既是企业优化产品和服务以及营销的重要环节，也是企业提升竞争力、规划拓展未来产品业务的重要参照。

研究前沿与相关案例 5-5

智能技术极大优化了零售流程

（一）研究内容概述

该研究原题为《零售业和零售业教育的演变和未来》（*The Evolution and Future of Retailing and Retailing Education*），由美国巴布森学院（Babson College）的克儒（Grewal）等人发表于 2018 年的《市场营销教育》（*Journal of Marketing Education*）。该研究指出，随着互联网的普及，以及消费者通过手机和智能设备获得了更多的赋能，零售业的演变速度急剧加快。该研究主要论述了重要的零售创新，揭示了零售商和零售业在过去几十年中的演变。该研究还讨论了零售教育所涵盖的主题是如何转变的，并进一步详细分析了当前互联网技术对零售业的作用，包括社交媒体和零售业分析，以及新兴领域，如物联网、机器学习、人工智能、区块链技术和机器人技术，所有这些都可能改变未来的零售业格局。因此，教育者应通过各种方式将这些技术纳入课堂讨论（从体验式练习到互动式讨论，再到最近的研究进展）。

在线阅读 5-5

1. 研究背景

随着互联网的普及和智能技术的创新，消费者购买商品的渠道变得更加多样化。京东、淘宝、拼多多之类的线上购物软件受到消费者的追捧，这些软件可以根据用户的购物习惯推测出用户的消费取向，并有针对性地为用户推送同类型产品，提高营销广告的转化率。对于企业来说，智能计算技术有助于缩短营销时间、提高销售效率并优化零售的流程，在为零售商及零售业减少营销成本的同时，也增加了销售利润；对于消费者来说，他们可以在购物过程中体验到智能科技产品，有利于更加快捷、高效地满足需求，购买到心仪的商品。

2. 研究内容

为了验证零售流程的优化是否与技术创新有关，该研究分别从过去、现在、未来三个维度进行论证，并着重于关注未来技术对零售行业发展的影响。该研究认为，一些极有发展潜力的技术领域（如人工智能、大数据、零售分析、物联网、区块链技术）是影响未来零售流程发展的关键。

一开始，该研究对《零售管理》（*Retailing Management*，Levy，Weitz & Grewal，2014，2018）一书进行了研究，回顾了零售技术从初始到发展阶段给零售业带来的影响：从 1994

年互联网的广泛运用、1995年亚马逊拉开电子零售革命的序幕、2007年苹果公司推出苹果（iPhone）手机，到2009年苹果（iPhone）手机与安卓（Android）系统的手机的流行，移动数据和线上程序的出现使得消费者能够随时随地购物。为了让消费者在线上购物时获得与店内一致的零售体验，实体零售商店开始布局在线渠道，通过传统渠道力量与先进技术渠道的优势结合，实现了所有客户接触点的无缝集成。

然后，该研究对当前零售领域运用到的技术展开分析。随着数据存储和处理成本的持续下降，零售商能够从企业系统中购买数据，更好地进行用户分析和产品分析，甚至能够搭建需求模型，更高效地管理库存和人工成本。在大数据支持的基础上，零售商通过组合数据集刻画用户形象，再利用这些信息为消费者创造价值。该研究表明，零售分析技术有望在零售业和零售教育领域发挥更加重要的作用。数据分析的战略性使用可以提高零售业在市场、公司、商店和客户四个层面上的洞察力。比如，零售商可能会分析商店级别的数据来创建按地理区域划分的移动广告，或了解特定商店气氛对销售、客户满意度或购物规模的影响。为了促进此类分析，商科学生需要学习Python和SQL编程语言。为了便于管理决策，这些分析结果还必须使用可视化程序显示在易于理解的动态仪表板上。

最后，该研究介绍了一些有发展潜力的新兴技术，这些新兴技术代表未来零售创新的可能和零售行业的走向。①人工智能。目前，人工智能通过算法已经能够实现对弈、语音交流、创作等功能。一些大公司也陆续推出了基于人工智能的应用，例如苹果公司的Siri、微软公司的Cortana等服务功能，可为人们解决较日常、初级的问题。未来人工智能的升级和发展将大幅度降低零售商的人工成本，并为客户提供满意的服务或有效的解决方案。②服务机器人。服务机器人的出现可以在多个领域发挥作用，比如在营业厅里提供指引服务，在商场里充当导购员，在疫情中充当传动机器，在对人身安全有威胁的矿区开展工作，等等。③物联网。在存储成本降低、零售分析和高级可视化的支持下，物联网有望为零售商提供大量的数据，帮助他们优化流程。需要注意的是，物联网既具有改进流程的潜力，同时也具有滥用消费者隐私的隐患。④区块链/分布式账本技术。运用分布式账本技术对交易商品进行身份验证，有助于取消中间商以及降低交易成本。将区块链和物联网技术相结合，产品在供应链中的位置能够被精准定位。这样做能够使零售商更好地追踪产品并消除中间商，有望大大降低运营和交易成本，提高盈利能力。

3. 研究意义

通过对零售行业在过去、现在、未来三个时间节点出现的技术及零售流程的变化进行介绍，反映出零售业变革是由技术的变革来推动的。该研究启示我们，面对大数据、人工智能、区块链等新技术，未来零售业将有更大的转变，零售商将通过更深层次、更多样化的方式将技术优化覆盖到零售业的各个领域。同时，整个零售系统中的资金、商品、信息流动将不断被优化，使得零售商在供应端能够提高效率、降低成本，在需求端更能满足用户的需求。

（二）相关案例解析

1. 案例背景与目标

山东圣琪生物是一家专注于淀粉制品和食品发酵的企业。该企业集淀粉、酵母系列文化产品的设计研发、生产和销售于一体。作为餐饮淀粉行业和专业化酵母行业的头部企业之一，圣琪生物始终把信息化作为其国际化的重要支撑和目标。

2. 痛点与挑战

市场瞬息万变，圣琪生物制品的生产线及生产能力也在不断调整和优化，由原先单一的酒精酵母产品，发展到淀粉、淀粉制品、酵母等六大核心产品。但从生产、采购、库存、物流、销售、客户等环节看，数字化管理的缺失使得信息化落后的弊端逐渐显露出来。现阶段大部分行业仍采用传统手工处理信息的方式，这便使企业的内部管理出现了一系列的问题。例如：无法及时、准确地掌握生产工艺数据及销售数据；产品生产周期不断缩短，面向消费者的订单量逐年增加，人工处理效率低下；生产与需求发展脱节，决策者无法把握企业生产与需求的平衡，等等。由于酵母产业市场已逐步由供销型市场转变为消费型买方市场，如何提高消费者满意度、增强客户黏性，是企业面临的最大挑战。

3. 解决方案

该企业利用互联网、物联网、大数据等技术，分别在内部与外部构建了一个完整的供应链信息管理平台以及O2O一站式购物系统平台。该企业内部通过采用浪潮集团搭建的全供应链式信息管理平台来提升企业运营和财务效益，全方位提升公司业务的敏捷性。该平台使得每一张订单都有精准的销售计划，能根据产品的生产周期、库存和供应能力进行智能计算，使得生产计划、销售计划和采购计划完美匹配。同时利用移动和物联网技术，实时控制产品定位、面单处理、发货等信息，开拓第三方物流配送平台，实现智能化仓库管理；通过对生产、采购、仓储、物流、销售全过程业务数据的采集，建立了企业级数据仓库。管理人员也可以实时获取生产进度情况，实现智能决策。甚至消费者也可以通过网络平台清晰楚看到整个产业链的实时画面和生产信息。

在外部供应链上，该企业在网络上打造了全新的一站式购物平台"圣家乐购"，开启了全网营销新模式。网络购物平台通过对来自多平台、多门店、多仓库的订单进行集中统一处理，实现了订单从审核、订购、拣货、发货、结算、售后全生命周期管理，大幅提升了订单处理速度和准确性。而且，统一管理多平台数据，支持跨平台大数据分析，提高了预测数据的实时性和准确性（浪潮案例，2017）。

4. 营销效果

圣琪生物与浪潮集团合作开发的信息管理系统，将技术研发、物资采购、生产组织、市场销售、人力资源、电子商务、财务会计等信息进行高效整合，实现资源共享、信息联动，极大提升了企业运作的效率，真正实现了以信息化提升工业化、以工业化促进信息化的可持续、创新型发展模式。

研究前沿与相关案例 5-6

服务机器人带来了服务流程的革命性创新

（一）研究内容概述

该研究原题为《勇敢的新世界：前线服务机器人》（*Brave New World: Service Robots in*

在线阅读 5-6

the Frontline），由新加坡国立大学（National University of Singapore）的沃茨（Wirtz）等人发表于 2018 年的《服务管理杂志》（Journal of Service Management）。该研究指出，类似于 18 世纪开始的制造业的工业革命，服务业正处于生产力提高和服务产业化的拐点。机器人技术与人工智能、移动、云计算、大数据和生物识别等快速改进的技术相结合，将为各种创新带来机会，可能极大地改变服务行业。该研究采用植根于服务、机器人和人工智能文献的概念方法，目的是探讨服务机器人在未来可能发挥的作用，并推进服务研究人员的研究议程。

1. 研究背景

目前，服务行业正处于生产力迅速提高和向工业化过渡的关键时刻，其发展势头预计比第一次工业革命还要迅猛。机器人技术与摄像头、传感器、语音识别、大数据分析、人工智能、移动和云技术、地理标记和生物识别技术等相结合，创造出更加智能的服务机器人。虽然服务机器人目前仍处于起步阶段，但可以预见的是，它正给服务流程带来革命性的创新，对服务行业产生巨大的影响。

2. 研究内容

该研究首先对服务机器人进行了定义：服务机器人是基于系统的自主和自适应的接口，用于与组织的客户进行交互、沟通，并为之提供服务。然后，该研究从微观、中观和宏观层面确定了一线员工和服务机器人之间的关键区别。在微观层面，员工提供的服务随着时间和个体的不同而呈现出异质性。相比之下，机器人很可能是大型集成服务系统中可见的、面向客户的部分。在消费者体验方面，服务机器人不会随时间表现出异质性。在中观层面，劳动密集型服务行业的一线员工不具有可伸缩性。每一次增加员工人数都会增加成本。相比之下，机器人交付的服务可能显示出巨大的规模经济和范围经济。在宏观层面，将服务从一线员工转移到服务机器人上所节省的成本被认为在很大程度上会因竞争而消失。机器人提供的服务有潜力显著改善目前昂贵而稀缺的服务的质量和可用性。综上所述，具有较低情感或社会复杂性的认知和分析任务，预计将主要由服务机器人执行，以此来显著降低服务成本、改善服务质量；而本质上主要是情感或社交的、需要真实情感的服务将主要由人类来提供。

接下来，该研究从三个维度介绍了消费者对服务机器人的接受模型。

①功能维度。服务机器人有一个非结构化的接口，引导客户完成整个过程。因此，使用服务机器人将比使用大多数自助服务技术更快、更流畅。功能要素和顾客接受度之间的关系是积极的，因为增加易用性、有用性和与社会规范的一致性会使更多的顾客易于接受。然而，对于社会情感和关系元素来说，"更多"并不总是"更好"。因此，服务机器人要根据顾客的需求和愿望提供相应的元素，正是这种需求和角色的一致性促使人们接受这些元素。

②社会情感维度。社会情感维度包括三个子维度，首先是感知到的人性：为了让人

类和机器人之间发生有意义的社会互动，在形式或行为上部署拟人化的品质是必要的。然而强烈的拟人化特征导致人们对机器人的能力产生过于乐观的期望，而这种期望可能会让人失望。其次是社会互动性：人类和机器人的有效互动需要机器人遵守公认的社会规范，包括显示适当的动作和（表面）情绪。客户的需求、客户对机器人的社交技能及其表现的认知与服务机器人能否被广泛采用息息相关。最后是社会临场感：在服务机器人的背景下，社会临场感是指客户感觉自己在与另一个社会成员共处的程度。可以假定，社会临场感在很大程度上影响着客户的行为以及他们对服务机器人的信任度。

③关系维度。研究显示，人们对算法有一种普遍的厌恶。即使基于证据的算法始终优于人类，算法厌恶仍然存在。因此，机器人越是被视为值得信赖、越是优先考虑客户的最大利益，其被采用的可能性就越高。当一项服务以社会亲密和联系为核心时，建立融洽关系似乎是必不可少的。机器人设计可以帮助建立融洽的关系。对于某些服务机器人的接受程度将取决于服务机器人能够满足消费者融洽需求的程度。

该研究还讨论了服务机器人的使用将在微观、中观和宏观层面带来一系列伦理和社会挑战。在微观层次上是对消费者的影响。服务机器人"天生"就能够感知、处理和记录周围的世界，并且连接和检索其他来源的数据。在增加机器人部署时，隐私将是一个需要协商的主要道德挑战。此外，孤独是一个已知的问题，尤其是对老年人，（社交网络可能会开始忽视他们，因为他们会认为机器人会照顾他们）从而增加了社会孤立。

在中观层次是对市场和组织的影响。规模和网络效应将导致少数获胜的服务提供商和大量的失败者，因此存在着赢家通吃市场的危险。同时，机器人制造商、机器人开发商和程序员可能利用专有知识产权、标准制定权和规模优势，在某些行业和背景下形成垄断或寡头垄断。服务机器人要想取得成功，组织就必须在创新上进行投资，将服务机器人集成到他们的产品中。然而，挑战在于建立一个设计良好的责任制度，使之既能够平衡投资失败带来的法律行为，又能够维护客户和其他利益相关者的安全道德标准。

在宏观层次是对整个社会的影响。由于大多数低技能和低工资的服务工作会在不久的将来实现自动化，人们担心未来将面临重大的就业挑战，特别是对于低技能服务工作者而言。这些挑战有可能加剧不平等以及所有的负面社会后果。同时，机器人驱动的社会将支持资本收入者而不是劳动收入者。如果不平等的趋势持续加剧，则会导致富者愈富，贫者愈贫。随着技能较低的制造业和外包服务被机器人接管，发展中经济体获得经济进步的机会将更少，这无疑加剧了国家间的不平等。

3. 研究意义

该研究是一篇概念性论文，系统研究了机器人提供的一线服务的关键维度，并探讨了这些维度在未来会有什么不同。研究有三点理论贡献：第一，给出了服务机器人的定义，描述了服务机器人的关键属性，对比了服务机器人与一线员工的特点和能力，并了解哪些类型的服务任务将由机器人主导，哪些任务将由人类主导。第二，研究了消费者对服务机器人的看法、信念和行为，并提出了服务机器人的接受模型。第三，简要阐述了机器人服务在个人、市场和社会层面上的伦理问题。在实践方面，该研究有助于服务组织及其管理层、服务机器人创新者、程序员和开发者以及政策制定者更好地理解服务机器人的广泛使用所带来的影响。

（二）相关案例解析

1. 案例背景与目标

智能机器人"小蛮驴"是阿里巴巴集团"达摩院"自主驾驶实验室开发的概念型产品，主要用于最后三公里的外卖、生鲜配送。以"按需预约、定时上门、送货到楼"为口号，小蛮驴的目标是让高校师生以一种简便、快捷的方式收取包裹。目前，小蛮驴还开通了部分高校的送外卖服务试点，比如将堂食饭菜送到宿舍区。2020 年以来，小蛮驴实现了"从 0 到 1"的量产爬坡，已走进全国二百多所高校。

2. 痛点与挑战

①**驾驶算法与硬件的高要求**：众所周知，校园、社区类场景的道路都是非结构化的，路上有各种车辆，很多时候还会有狭窄区域拥堵、各种乱停乱放的情况。在校园和社区的道路上，小蛮驴经常会与其他交通参与者相遇，并面临着各种拐弯、暂停、让车、鸣笛、倒车等操作，在一些窄路会车的时候，也充斥着到底是进还是退的博弈。另外，小蛮驴的运行场景还有些特殊的挑战，比如校园内有各种减速带、隔离石墩、上坡下坡、窄桥等。因此，小蛮驴需要超高的对自动驾驶系统的感知和控制才能随机应对各种突发状况。

②**层出不穷的突发事件**。小蛮驴还会遇到各种迷惑性路况，比如在黑色的柏油路面出现了一块黑色的滑板，这时候需要车上的感知系统感知到这个障碍物并绕开它。小蛮驴在全国 70 多个城市落地，也意味着它要面对各种气候条件比如天气、光照条件的考验。特别是"双十一"期间临近深秋，全国普遍降温，大风、降雨、落叶、大气污染等各种天气都是小蛮驴要面对的，这对于车辆的硬件素质是很大的挑战。在校园和社区道路上，还有很多不可预料的状况，例如很多人出于好奇，会故意拦车或者围观，人为让小蛮驴处于"蒙圈"状态。这对于小蛮驴整车的机械稳定性和系统稳定性都是考验。

3. 解决方案

①**全链路压力测试**。在"双十一"之前，小蛮驴实验室团队提前模拟了"双十一"业务链路中车辆、用户与系统峰值流量，对整个系统的承压能力提前做测试、扩容。团队一度也曾遇到全链路压测验收不通过的情况，经过多个通宵的奋战，最终顺利通过"双十一"后续的两轮压测验收，保障了真实大流量考验下业务的持续、稳定运营。

②**自研智能算路平台**：小蛮驴自动驾驶算法由"达摩院"自动驾驶实验室全面自行研发。小蛮驴使用由"达摩院"自动驾驶实验室定制的激光雷达，还通过自研算法实现了高线束模拟，很大程度上降低了激光雷达的成本。小蛮驴车上还有多枚摄像头组成的环视系统，以及毫米波雷达等配置。针对摄像头，"达摩院"自行研发了车载摄像头处理器，处理器上集成了 3D 降噪和图像增强算法，可以使摄像头在夜间看得更清楚。

③**覆盖车端、云端的调度系统**。在小蛮驴背后，有一套覆盖车端与云端的调度系统。面对个人用户，调度系统可以承接下单和查询等需求；面向企业用户——驿站，调度系

统负责包裹分拣与投柜，包裹投柜完毕后再根据系统调度运力，为学生和居民配送到楼。这套云端调度系统通过对车辆行驶状况与用户服务情况的掌握，结合到达时间预估（estimated time of arrival，ETA）与运力实时规划能力，来提升配送效率。

4. 营销效果

在 2021 年"双十一"中：小蛮驴完成了 10 天、350 台车、100 万件包裹的送达。作为特殊的机器人快递员，小蛮驴承担起在居民社区、高校校园等场地将包裹从菜鸟驿站运送到宿舍楼下、居民楼单元门口的末端配送任务（Techweb，2021b）。

第六章

人工智能与推广策略

第一节　使用人工智能优化营销推广

一、营销推广的概念

营销推广（marketing promotion）并不只是"促销"。事实上，营销推广是企业在目标市场为实现其目的而使用的一系列与客户沟通、促使顾客购买的市场行为。简单来说，营销推广就是企业为达到市场营销目标而向顾客传递信息的一切方式。

营销推广的主要工具有广告、促销活动、人员销售和公共关系等。广告指付费的、针对非个人的所有传播形式，是企业针对产品、服务进行推广的手段。广告主要通过纸质（报纸、杂志、传单等）、广播（电视、公共广播等）和互联网（网站、电子邮件等）等媒体来发布，以引起顾客的注意、吸引顾客的兴趣、激发顾客的购买欲，并最终促使顾客购买产品或服务。例如，华为手机通过广告展示其产品的优越性，吸引用户购买。

促销活动指对商品的推介或直接对现有和潜在客户的诱导活动，从而短期内提升顾客的购买动机。促销活动能使企业在短期内达到促进销售，提升业绩，增加收益的效果。促销活动通常可以吸引品牌转换者（指那些没有忠诚于某一特定品牌的消费者），他们希望能以较低的价格来获取较高性价比的产品及服务。例如，云南白药牙膏通过打折或"买二赠一"等促销活动，在短时间内吸引用户购买自己的产品。

人员销售指对顾客进行面对面、个性化的推荐，进行产品陈述、回答异议等。人员销售在建立顾客偏好和后续购买行动方面最为有效。例如，保险公司的销售人员与顾客建立私人联系，顾客往往是因为信任某个保险销售员，进而购买了该保险公司的产品。

公共宣传是指在第三方媒体中展示宣传产品或服务的价值，企业往往借此提高产品的知名度和美誉度。例如，苹果公司通过宣传产品的环保理念、创新理念，而不是直接宣传产品的具体优点，从而优化公众对其产品的印象。

选择正确且有效的营销推广组合并实施是一项复杂的任务，企业需要制订营销推广计划。营销推广计划涉及营销目的、目标市场、营销组合、渠道组合以及评估成效等内容。首先，企业需要进行市场调查来寻找可以吸引潜在顾客的信息和媒体平台，以此厘清营销推广的目的。其次，企业需要确立目标市场，针对不同的细分市场施行相应的市场营销方式。有时为了达到营销目的，需要采用多种营销组合，以达到不同的目标，还需要确保为每个目标群体选择最合适的渠道。最后，企业通过顾客的反馈，评估营销组合和渠道组合在营销推广计划中的效果（Hallums，2010）。

二、智能时代的营销推广优化

接下来以营销推广中最重要的工具——广告，来说明智能时代如何改变了传统的营销推广。广告作为最重要的营销推广方式，可分为经济广告（指以营利为目的的广告，通常是商业广告）以及非经济广告（指不以营利为目的的广告，如政府公告，政党、宗教、社会团体等方面的启事、声明等）。人们对广告并不陌生，无论是在我们日常出行时，还是在使用智能设备上网时，广告都无处不在。但是鲜少有人注意到的是，广告已经从传统模式转变成了智能模式，这是由于人们的信息接触环境更多是处于社交网络媒体中，而非传统报纸、电视媒体环境中。在现代社会，人们随时随地都带着手机，使得消费者几乎可以在任何时间、任何地点来消费媒体生产和传递的任何内容。随着人工智能技术的发展，智能广告这一概念也应运而生。人工智能在广告业的大规模应用，使得企业能够更好地定位目标人群，投放广告，以更好地推销他们的产品。企业主要在以下方面使用人工智能技术，来优化广告内容（Tiautrakul et al.，2019）。

①**最大化发挥广告效用**。在当今社会，物联网、云计算等现代技术都被用来优化广告效果，但这些技术本身或多或少有一些缺陷，例如无法直接保护用户的隐私、无法方便地访问和传输数据等。然而基于大数据的人工智能技术能够克服这些缺点，因为数字化媒体最重要的特点就是能够记录几乎所有的消费者对于某一个品牌的消费体验，而获得详细且大量的数据是驱动人工智能优化广告内容的先决条件。基于大数据的人工智能通过机器学习的能力分析和利用大数据，根据数据分析和学习的结果提供更好的决策方案，可使企业确定广告信息最合适的目标受众，以使广告的效用最大化。

②**捕捉消费者的有效信息**。人工智能可以接触并处理大量的数据，因此相比人类，它在计算速度上更为准确且迅速。一个比较经典的例子就是谷歌的关键词拍卖，通过在谷歌的页面上投放关键词广告，只要有消费者搜索或点击了这个关键词，后台就可以掌握消费者的地点、所使用的应用程序等信息，有助于营销人员获得最精确的信息线索。

③**高效定位目标人群**。对于传统的营销方式来说，在销售产品之前需要知道消费者是谁，包括消费者的年龄、性别以及一些其他信息都很重要。一旦使用了人工智能技术，目标消费者的特征信息就显得不那么重要了，因为人工智能可以根据大数据分析客户购买产品的趋势，再通过网络渗透到客户中。如果面临的是全新的产品或市场，人工智能也可以在推广的过程中运行 Look-alike 算法（一种辅助业务人员和市场营销人员获取精准目标人群的有力工具），以提供关于目标人群的初步预测。这为制定推广策略提供了基础，同时也为采取何种推广方向提供了思路。

④**实时调整推广方案**。营销推广活动的开展和活动数据的获取之间往往会有一段间隔，这导致有时候在营销推广的过程中无法及时调整方向，也无法取得更好的推广效果。人工智能技术对实时数据进行分析，能够使企业及时了解营销推广活动的进展情况，还能为企业提供基于假设分析、实时预测和有数据支撑的活动建议，使营销团队能够对正在进行的营销推广活动进行持续的调整。

可见，随着智能时代的来临，人工智能技术使广告计划发生了很大的变化，也使企业逐渐从传统的营销推广转变为数字化营销推广。人工智能技术能够帮助企业在营销推广中更好地识别目标消费者，捕捉有效信息并且将推广信息发送给客户。这种基于大数据驱动的营销方式可以有效确保企业的营销决策并不是出于个人的直觉或者经验，而是通过数据完成的。

研究前沿与相关案例 6-1

人工智能技术优化了广告流程

（一）研究内容概述

该研究原题为《人工智能对广告流程的影响：中国的经验》（*The Impact of AI on the Advertising Process: The Chinese Experience*），由华东师范大学的秦（Qin）等人发表于 2019 年的《广告学刊》（*Journal of Advertising*）。在不断增长的电子商务市场中，传统的广告运营模式已无法充分满足广告需求。因此，广告商和电子商务平台应将人工智能技术应用在广告上，以提高效率，满足市场需求。通过对过去五年中国广告市场的观察，该研究深入了解了

在线阅读 6-1

人工智能技术在广告过程中的应用，并提出由人工智能技术驱动的广告过程由四个步骤组成：消费者洞察发现、广告创作、媒体规划和购买，以及广告效果评估。这一新的广告流程由以算法为核心的数据平台支持，并基于工具，同步且高效。人工智能对传统的广告流程进行了重组和升级，提高了广告效率。但是，该流程并未摒弃传统的广告流程，恰恰相反，它是从传统流程中诞生的。

1. 研究背景

技术创新一直是推动广告和营销活动开展的关键因素，技术创新遵循加速回报的法则，在许多方面实现了指数级的增长。人工智能是一套模拟人类智能，实现机器智能的颠覆性技术，它的兴起在许多国家和地区都受到了关注。随着人工智能技术在中国广告领域的应用，程序化购买已经成为最重要的媒体购买模式，大量公司开启了程序化购买业务。例如阿里巴巴、奇虎 360 和筷子科技已经开发并部署了广告创作系统，京东和利欧集团已经开发了智能文案系统，电通安吉斯集团已经涉足人工智能驱动的消费者洞察力发现、文案创作和媒体规划与购买。事实上，大数据和人工智能技术已经改变了中国广告公司的运作方式。量化思维和算法已经完全融入了中国广告业，大大改变了中国广告业的运营模式和业务流程。基于此，该研究试图通过考察过去五年中国广告业的最新发展来回答以下问题：应用人工智能技术时，广告流程是如何运作的？人工智能是否对传统流程进行了再造？人工智能助力的广告流程有哪些特点？

2. 研究内容

中国的人工智能技术在广告领域的应用早在 2011 年就开始了，当时程序化购买首次出现在广告市场。程序化购买的体系最初形成于 2013 年，彼时一些互联网公司，如阿里巴巴、优酷和百度，都推出了自己的广告交换平台。2014 年后，拥有卖方平台、数据管理平台、需求方平台、广告交换平台的公司大量涌现，程序化购买体系逐渐成长为相对完整的商业体系。程序化购买是将人工智能技术应用于传统媒体规划和购买的结果，是在传统广告流程中第一次应用人工智能。直到 2016 年以后，在广告流程的其他环节也应用了人工智能，比如广告设

计、文案等。之后，人工智能在广告中应用的深度和广度不断扩展。相应地，关于人工智能技术在程序化购买中应用的研究逐渐丰富，并已产生成熟的成果。但是关于人工智能在广告流程其他环节中应用的研究才刚刚起步，还处于起步阶段，文献数量有限。

基于此，该研究首先梳理了人工智能在程序化购买和在广告流程其他环节中的应用研究。人工智能应用在程序化购买方面，相关研究主要集中在对程序化购买带来的新现象的描述和分析上，对驱动这些现象的技术的讨论或对广告过程内部机制的研究有所欠缺。在人工智能应用在广告流程的其他环节方面，相关研究未能深入地了解驱动中国广告市场变化的技术，以及这些技术如何影响了广告过程。尽管一些学者关注广告过程的某一步，但在研究中并没有采用系统的方法考察传统过程是如何重组和升级的。此外，通过对过去五年来人工智能技术在中国广告行业应用的观察，该研究发现，近年来应用于广告中的人工智能技术快速发展，这为广告行业的转型铺平了道路，并对传统广告过程中的研究、规划、创作、文案、媒体规划和购买以及绩效评估产生了深远的影响。

然后，该研究在观察中国广告市场时发现，人工智能对广告流程的影响是以系统重组的形式发生的颠覆性升级，出现了一套新的流程步骤——消费者洞察发现、广告创作、媒体规划和购买、广告效果评估。

①**消费者洞察发现**。消费者洞察发现是指利用社会网络分析技术来分析广告市场中不同结构的多源海量数据，构建消费者数字生活方式的测量系统，并深入了解消费者的真正需求。在这里，社会网络分析技术被应用于将传统的广告研究和市场分析转换成相应的结果，即消费者洞察发现。

②**广告创作**。广告创作是指使用自然语言处理和深度学习技术生成单独定制的广告设计或材料，包括文本、图像或其他创意元素。在这里，用户需求分析、战略广告规划、广告创意表现和广告创作结合为一个步骤，即定向广告创作。

③**媒体规划和购买**。媒体规划和购买的步骤包括识别消费者现实生活中的场景和检查测量消费者数字生活方式的系统，并使用程序化工具优化媒体规划和购买。这使得个性化的广告内容可以直接传递给用户。

④**广告效果评估**。广告效果评估是指从实时监测出的广告效果数据中获得准确和及时的反馈。在机器学习的帮助下，根据不同的反馈做出相应的实时反应，以实现品牌影响力和广告影响力的一致性。这一新的流程导致了一系列新的广告活动，如基于消费者分析的大规模个性化广告制作，全渠道精准媒体规划和购买，以及基于主动策略的算法评估和优化广告效果。

最后，通过比较传统的广告流程和人工智能广告的四步流程，并在分析了这一新流程的应用后，总结出人工智能广告的四点特征：第一，基于数据。在人工智能广告流程中，一个以算法为核心的基于数据的中心平台被建立起来，以支持消费者洞察发现、广告创作、媒体规划和购买以及广告效果评估中的所有任务。第二，基于工具。人工智能技术将传统的劳动密集型广告流程逐步升级为工具型流程，新型广告制作流程的每个步骤都是在智能工具的帮助下完成的。第三，同步进行。人工智能广告流程包括四个不可分割的步骤，而且这四个步骤可以同步进行。第四，高效率。在人工智能技术的支持下，通过大数据和算法的应用，新的广告流程更多基于工具、同步和高效，在成本、质量、服务和速度上都有了明显的改善。

3. 研究意义

该研究探讨了人工智能对广告流程的影响，并描述了人工智能技术在中国广告市场的应用和部署，以及由人工智能驱动的广告流程是如何运作的。研究发现，人工智能驱动广告流程不是一个重新设计的流程，而是在传统流程的基础上诞生的。该研究在理论和实践上都有所贡献。在理论方面，该研究提出的人工智能广告的四步流程，是传统广告流程的重组和升级，并丰富了广告流程的理论；在广告实践方面，人工智能广告的四步流程为传统广告公司和数字营销机构提供了指导，即如何在人工智能技术的帮助下对传统广告流程进行重组和升级，以提高业务绩效，满足市场需求。

（二）相关案例解析

1. 案例背景与目标

进入互联网时代，许多企业的广告宣传都遇到了新的挑战。互联网广告比一般的传统广告更便宜，却能接触到更多的用户。企业都期待着互联网为广告行业带来新风，可对于互联网营销的不了解，导致许多企业在互联网广告上投入的时间与成本无法与最终产生的收益形成正比，互联网广告营销的效果没有预期的好。同时，随着新一代消费者走进市场，许多企业尤其是传统老牌企业渴望在新消费者中建立良好的品牌形象和新的用户基础，这些企业急于找到一个能和新消费者沟通的平台。哔哩哔哩是中国最大的弹幕视频网站。哔哩哔哩最早以"二次元"文化发家，涉及动画、二次创作、游戏、音乐、娱乐、生活等多个兴趣圈层，是深受中国年轻人欢迎的视频网站。在哔哩哔哩上投放广告，就成了许多企业吸引年轻群体的方法。

2. 痛点与挑战

哔哩哔哩最初的卖点之一就是看视频不用看广告，哔哩哔哩承诺：不会在视频开头播放广告，也不会在视频中间穿插广告。但随着哔哩哔哩业务范围的拓展和企业成本的上升，招商成了哔哩哔哩业务中重要的一环。哔哩哔哩也曾创新过开发单独的广告专区，但效果不是十分理想。于是，如何提高哔哩哔哩的广告营收就成了哔哩哔哩面对的一个重要问题。

3. 解决方案

哔哩哔哩的选择是成为企业推广与目标消费者的衔接者。互联网时代的广告，对客户信息的掌握十分重要，但生产企业只掌握产品信息，与消费者的接触十分有限。企业对将广告投放于哪，往往是凭经验、靠人力评估与人工验证，这样效率低，成本也高。因此，各个消费品企业都在寻求做更好的广告的机会，以提高宣传效果。

作为一家互联网公司，哔哩哔哩能实时监控自己用户的行为，调取用户的浏览历史记录、收藏记录、关注记录、视频观看曲线、哔哩哔哩中的购买记录、位置信息等。这使得哔哩哔哩能充分了解用户的喜好与需求，也就精准掌握了用户群体画像。于是哔哩哔哩运用自己的平台优势，与各个产品提供商展开商业广告合作，将产品推荐给自己精准定位的客户群体。

哔哩哔哩还应用程序设计能力，将广告嵌入用户的正常使用中，如用户在打开应用程序时、搜索时、跳转视频时便会出现广告。哔哩哔哩还推出产品商与视频 UP 主（上传视频的人）联动、产品与哔哩哔哩主打活动联动。哔哩哔哩每年会举行哔哩哔哩新年晚会、BW（Bilibili World）、BML（Bilibili Macro Link）等各种活动，年轻群体在这些活动中参与度很高，因此每年会吸引很多企业营销投资。

4. 营销效果

哔哩哔哩作为一个综合弹幕视频网站，用户群体广泛。哔哩哔哩对用户行为的精准画像吸引了许多企业进行广告投资，从日常美妆、服装首饰、快餐饮料到电脑汽车，许多产品都与哔哩哔哩有合作。以肯德基与哔哩哔哩的合作为例。肯德基与哔哩哔哩以吮指原味鸡 80 周年为主题开展营销活动。哔哩哔哩中爆款 UP 主创作与吮指原味鸡相关的视频，哔哩哔哩又将这些视频整合成专门的话题页，刺激全民参与话题讨论。最终肯德基吮指原味鸡 80 周年成哔哩哔哩热门话题榜的第 1 名，话题榜上榜时间 12 天，帮助肯德基企业号收获了大量关注（Bilibili 案例，2020）。

研究前沿与相关案例 6-2

大数据和机器学习算法帮助实现程序化的广告

（一）研究内容概述

该研究原题为《理解程序创意：人工智能的作用》（*Understanding Programmatic Creative: The Role of AI*），由北京大学的陈（Chen）等人发表于 2019 年的《广告学刊》（*Journal of Advertising*）。该研究扩展了程序化广告的概念，将程序化创意作为程序化广告的重要组成部分。虽然人工智能已经实现了媒体购买过程的自动化，但广告创意过程仍然需要大量的人力，这种差异需要人工智能来改变广告创意过程。研究从中国广告业中获取证据，为理解和研究程序化创意提供了框架。同时，该研究特别讨论了大数据和机器学习算法是如何支撑程序化广告的。该研究认为，人工智能将在未来整合程序化购买和程序化创意。该研究还讨论了程序化创意所面临的技术、监管和法律挑战，认为需要新的理论和方法来研究这一课题，并为广告业提供指导。

在线阅读 6-2

1. 研究背景

中国程序化广告的发展可以分为四个时期。

2010—2011 年是萌芽摸索期。2005 年，第一家广告交易市场（Right Media）在美国诞生，此后，程序化广告在美国兴起。与美国一样，中国的程序化广告也经历了从广告网络到广告交易平台再到需求方平台的演变。2011 年，阿里巴巴集团推出了广告交易平台 Tanx。

2012—2013 年是发展期。2012 年有大量公司发布了需求方平台产品，如品友、易传媒等。同年，谷歌的广告交易平台在中国正式上线，因此业界普遍认为 2012 年是国内程序化广告的元年。2013 年，腾讯 Tencent Ad Exchange、新浪 SAX、百度流量交易服务 BES 等巨头公司加入程序化广告的战场，整个市场百花齐放，发展迅速。

2014—2016 年是爆发期。在资本的推动下，程序化购买市场出现了爆发式增长，据不完全统计，该阶段出现了上百个程序化购买平台。同时，随着程序化广告市场趋于成熟，很多平台规模过小，无法与行业内成熟的技术公司竞争，行业内掀起了并购浪潮。在资本的追捧下，程序化购买行业可以说达到了高光时刻。

2017—2021 年是洗牌期。经过五年的发展，国内媒体、广告市场、程序化购买方、监测方、广告公司、广告主，无论从流量规模和质量，还是技术基础设施、交易模式、各方认识和理解等方面都已日渐清晰，已不存在最初的好奇心或新奇感。整个程序化购买市场已经进入调整期，市场已经到了优胜劣汰的阶段，这也标志着市场"进化"后的新起点或新方向。

2. 研究内容

程序化广告是一种新兴且迅速发展的现象，它被狭义地定义为媒体的程序化购买。而该研究认为程序化创意（设计、文案等）是程序化广告不可或缺的组成部分，因此提出了一个新的程序化广告模型。在模型中，程序化广告由程序化购买和程序化创意组成。程序化购买将数据管理平台（data management platform，DMP）和需求方平台（demand side platform，DSP）集成在一起，这样可以在指定的环境中实现用户和广告的最佳匹配。而程序化创意将内容管理平台（content management platform，CMP）和程序化创意平台（programmatic creative platform，PCP）结合起来，以此促进创意过程的自动化。其中，程序化创意平台又由动态创意优化（dynamic creative optimization，DCO）和程序化广告生成（programmatic advertisement creation，PAC）两部分组成。

然后，该研究详细介绍了以上模型的各个组成部分。该研究认为，人工智能驱动的程序化广告主要分为两个部分。

第一部分是程序化购买。在程序化购买中，广告商利用 DMP 提供的大量用户数据，评估每个潜在的展示机会，并通过 DSP 使用机器学习算法进行策略性出价。一方面，随着人工智能软件和硬件的发展，DMP 可以处理的数据越来越丰富，具备了多样性，即可以通过汇总不同网站、程序和设备上的数据，为每个用户创建一个全面的档案文件。用户数据类型包括搜索行为、媒体消费行为、应用程序安装行为、社交网络轨迹等。机器学习算法可以转换此类高维数据，生成成千上万个"标签"，以推断用户的属性，包括人口统计信息、位置信息、时间信息、渠道信息、行为信息、生活方式信息和兴趣信息等。由于这些标签涵盖了人的许多方面，因此在广告主眼中，互联网用户不再是"消费者"，而是有血有肉的个体。DMP 汇集用户大数据，并允许个性化的细分和定位。每个用户都是一个个标签的组合，广告主通过选择所需的标签来精确投放广告。但是 DMP 也存在一定的缺点，如成本较高、无法定性地了解消费者等。另一方面，DSP 是人工智能程序化购买的核心，可以帮助广告主实现策略性的受众定位，并执行实时竞价来购买展示次数。为了在几毫秒内完成展示购买并带来销售转化，DSP 需要预测广告的点击率。DSP 利用算法加权计算标签组合，发现隐藏信息，揭示出消费者的属性和需求。

第二部分是程序化创意。程序化创意平台（PCP）包括动态创意优化（DCO）和程序化广告创作（PAC）。由于目前仅靠人工智能技术无法"理解"或"判断"一个广告，因此广告必须依靠真实的用户反馈来确定其有效性。DCO 可以同时在不同的环境下平行测试许多广告设计的变化表现。然后，广告商可以知道每个设计是如何工作的、对谁工作，以及何时工作。通过使用机器学习算法分析实时性数据，DCO 可以帮助 PAC 即时改善广告的内容质量。PCP 的最终目标是实时生成大规模的个性化和情景化的广告信息。

最后，该研究从技术、监管和法律挑战三方面展开论述。程序化创意是由算法、用户大数据和内容大数据驱动的。然而，技术、监管和法律这三个因素也交织在一起，给程序化创意的发展带来挑战。一是项目创意的技术基础。DMP 和 DSP 多年来一直是成熟的工具，PCP 内部的 DCO 也在渗透市场，但 PAC 和 CMP 仍处于早期阶段。人类设计师更适合使用编程创造性来减少工作量、提高效率和提高广告质量。所以，虽然人工智能一直在进步，但很明显，在这个阶段，人工智能并不能完全取代人类设计师。二是监管方面存在的问题。频繁的数据泄露事件已经影响了数十亿个账户，并提高了人们对在线隐私和数据保护的认识。因此，精通技术的用户会采取各种策略来保护隐私。他们可以使用虚拟专用网络服务、安装广告拦截器、在浏览器中启用"不跟踪"功能、限制应用程序权限、使用多个电话号码注册不同的服务。为了应对这种日益增长的隐私保护需求，各国政府也在加强监管。虽然严格的监管使互联网公司需要遵从一系列复杂的法规，但它也创造了强有力的激励措施。例如，开发新技术、协议和实践，在保护用户隐私的同时增强程序性、创造性的基础。三是法律问题。由于项目创意需要内容大数据来提供创意元素，CMP 就必须分解传统的媒体材料。要强调的是，CMP 要非常小心地工作，以避免侵犯版权，因为 PCP 将在 PAC 过程中使用大量的创造性元素。而在实践中，有预防和纠正措施来解决这个问题。显然，广告商从拥有版权的内部内容数据库中获得的创造性元素，CMP 可以通过订阅合同从第三方聚合器获取许可内容。

3. 研究意义

该研究扩展了程序化广告的概念，将程序化创意作为程序化广告的重要组成部分，提出人工智能将在未来整合程序性购买和程序性创意。该研究探讨了大数据和机器学习算法是如何在程序化创意中发挥作用的，并指出了程序化创意面临的技术、监管和法律挑战。

（二）相关案例解析

1. 案例背景与目标

植村秀（Shu Uemura）是日本的一个化妆品品牌，植村秀自创始以来已有 40 多年历史。2004 年，植村秀被全球最大的化妆品集团欧莱雅收购，成为集团旗下的第一个日系品牌。秉承着自然、科学、艺术的理念，植村秀拥有众多备受消费者青睐的产品，包括小方瓶粉底液、小方管唇釉等。2020 年，植村秀想要在圣诞节前联名航海王推出圣诞限定的新品。在彩妆护肤品行业，每一次的新品上市都是品牌营销的重头戏，如何在新品一亮相就释放出巨大声量，快速吸引目标人群并实现消费行为的转化是此次植村秀新品发布的主要诉求和目标。

2. 痛点与挑战

美妆行业普遍陷入一种广告营销的困境。一是线上营销难以精准触达消费者。数据不闭环，数据与消费者之间的关联性不强，无法精准触达到消费者，这使得体验和购买数据之间不易打通，导致无法实现数据连通效果。二是面对营销的轰炸，消费者陷入焦虑，线上海量信息真假难辨，营销方式和内容的同质化更是让消费者无从选择，大量内容硬塞给消费者，缺乏新意，无法触动消费者内心的感性需求。对于消费者来说，他们更多期待基于个性化推荐的信息，帮助其高效做出判断。

3. 解决方案

鉴于目前美妆广告营销所面临的困境，植村秀选择通过大数据采集分析以及机器算法构建用户画像模型，再通过所得到的用户模型数据筛选广告的目标受众，实现此次新品营销。社交媒体成为植村秀广告推广的主要渠道。首先，微博拥有五亿级的用户数，新浪微博已有一些注册用户的基础信息，诸如年龄、地域、性别、兴趣标签等。同时，通过植村秀的品牌代言人，将具有相同特征的潜在消费人群识别出来，针对品牌代言人在微博上的粉丝群体，植村秀将广告营销渗透到粉丝社交圈，在微博平台进行多链路触达。在新浪微博里开通了不同的话题和"超话"，提供明星和粉丝对话交流的平台，粉丝可以在微博关注自己喜欢的明星和明星互动，微博通过品牌代言人的粉丝活跃度，计算发帖数、评论数以及文章阅读时长、网页浏览时长来定位广告推广的粉丝受众。对这些用户粉丝进行广告投放，有的放矢，避免了过多的广告输出造成的消费者反感。不仅如此，微博把参加过"超话"讨论的用户信息收集起来，然后根据微博的关联关系和该用户过往所发表的内容进行用户偏好分析，其中通过关联关系可以判断用户微博所关注的人群是否有该话题或和该明星相关的用户，也就是说，通过不同链条的相关性，尽管不是品牌代言人粉丝的潜在受众也会收到植村秀的精准广告推广，扩大了广告的覆盖度。

抖音也是很多品牌方广告的主阵地，在植村秀广告创意内容的推广上抖音发挥了重要作用。抖音用户拥有不同的喜好，因此官方平台会根据后台算法确定不同的用户标签，主要是参考用户历史上看过的视频信息以及用户与看过视频之间的交互，比如是否有点赞、评论或分享等行为。还可以查看他们的喜欢列表，经过整理分析了解用户的兴趣。了解到不同用户的兴趣点后，再与不同类型的关键意见领袖（key opinion leader，KOL）进行合作。在这次推广中，植村秀就选用了美妆类和段子类两种达人。推广的重点是展示植村秀无痕刷和砍刀眉笔等产品卖点。美妆类达人以"挑战 10 秒快速上妆"为主题，通过测评、变妆、产品推荐等"种草"方式向粉丝展示这款无痕刷的强大功能。这类视频带上标签或者话题后会被精准推荐给对专业美妆感兴趣的用户。而段子类达人通过逗趣的段子剧情巧妙植入砍刀眉笔的产品卖点。例如，某抖音主以"直男如何应对女朋友生气"为主题，在"死亡凝视"这个生气表现中，为眉笔提供了自然的植入场景。这类视频又会被推给对段子或情景式表演感兴趣的用户。专业性的美妆视频更容易获得用户的分享，实现深度"种草"。段子类达人的广告植入能够通过场景演绎降低用户对广告的反感，无形中提升品牌的好感度。两类达人的互相搭配，能够让产品在曝光和转化上得到双重的保障（火星研究院，2019）。

4. 营销效果

植村秀通过把品牌大事件打造成明星大事件，充分释放明星代言人的影响力，将明星流量转化为品牌流量。借助"饭圈"强大的传播力，植村秀为新品发布带来了更多的热度和关注，实现了高效"种草"。

第二节　使用人工智能辅助个性化内容营销

一、内容营销的内涵

内容营销是一种创造和发布对顾客需求有价值、相关性、一致性的内容，以此吸引和留住顾客，并驱使顾客采取行动的市场推广策略。内容营销传递内容信息的媒介可以是"软文"、新闻稿、音频、博客、白皮书、音乐、动画、游戏等，其不追求短期性、立即性、不理性的直接行为改变，而强调理性的、倾向长期性的内容教育。此外，区别于传统推广模式，内容营销不仅不能显示与营销相关的信息，而且需要特别关注吸引顾客的兴趣点。相较于其他内容推广方式，企业应该考虑创建推广自己的内容，即将内容营销作为主要的营销方法，因为在顾客心理层面，内容营销比赞助内容更受欢迎，也比用户生成内容（user generated content，UGC）更为可控（Müller et al.，2019）。

随着互联网、大数据的发展，内容营销的地位越来越重要，优质内容是所有营销形式的一部分，例如入站营销结合使用搜索引擎优化、社交媒体营销、内容营销和其他技术来吸引和接洽潜在顾客，并将其转化为忠实用户。在数字化时代，数字内容营销（digital content marketing，DCM）被定义为"负责通过相关数字内容以有利可图的方式识别、预测和满足客户需求的管理过程"。DCM 中，内容被视作用户登录 DCM 平台阅读、学习、观看或体验的内容，该内容包括传达品牌故事的信息、文字、图像、图形等，以此吸引或保持目标受众的注意力，提高品牌认知度，并最终提高销售额。区别于传统营销推广，DCM 目的是建立长期的消费者参与和信任的关系。随着互联网和智能算法的发展，内容营销的使用正变得越来越普遍。

二、智能时代个性化营销内容的生成

内容营销的关键在于生成能让消费者与之共鸣的营销内容。随着数字营销的普及，品牌方可以获取大量的用户信息，并利用得到的信息更好地影响消费者的态度与行为。消费者普遍对在线广告内容不感兴趣，使得品牌方在广告推广上的效果不尽如人意。内容营销指出，人们对于感兴趣、个性化的广告有更高的点击率，因此可通过人工智能来打造个性化、有情感吸引力的广告内容，用机器学习使人群定位更加精准，用大数据反馈广告的个性化程度以及分析广告的有效性，旨在让用户体验到更具个性化、更感兴趣的营销内容。除此之外，人工智能在内容营销中还可以帮助数字营销人员理解网络上堆积如山的数据，加速内容创建过程，并帮助创建有效的内容策略，等等。以下是智能时代一些人工智能技术对个性化内容营销的影响。

①人工智能辅助个性化广告内容的生成。生成具有情感吸引力的个性化广告是为了让消费者感到特别，抓住他们的心，并使之成为品牌的一部分。这种具有情感吸引力的个性化广告可以提高消费者对品牌的忠诚度，使品牌与众不同。不管是以图像、文本、画外音还是背景音乐的营销方式，其目的都是一样的——吸引消费者。奈飞（Netflix）是美国的一家视频公司，它就将人工智能和机器学习很好地融入广告中。通过数据积累，机器学习算法会自动定制电影海报来满足不同观众的偏好，为用户进行个性化推荐，甚至可以做到在同一个房间的两个人在搜索同一件东西时，看到不一样的广告。时至今日，80%的用户都在收看着受推荐的内容，由此可以看出这种个性化推荐的准确性以及适用性。

②人工智能分析并整理大量的用户数据。在智能时代，人工智能最主要的作用就体现在它能在特定的时间分析大量庞杂的用户数据。无论是什么规模的数据库，只要人工智能可以介入，就可以帮助企业找到具有特定属性的目标受众，此类数据可用于查找具有高转换能力的潜在客户。同时，通过自动采集数据整合并且投放的系统，可根据用户的偏好以及行为数据对用户进行分类并贴上标签，从而解决智能时代前企业在时代前广告内容生成上的困扰——在正确的时间和地点，与正确的用户以正确的形式见面。人工智能可以帮助企业了解谁成了广告的受众，他们使用什么平台，他们阅读或喜欢什么类型的内容，等等，做到个性化的精准投放。

③人工智能结构化快速输出营销推广内容。在智能时代，人工智能的超强学习能力随之带来的是快速进行标准的模块化广告内容的输出。人工智能被赋予了机器学习能力，可以快速分析数据库中广告内容生成的所有数据并加以学习，并且每训练一次都会比前一次更符合

逻辑、更贴合企业的预期。虽然目前来说，人工智能技术无法完全替代一些体现人类创意的功能，但是在文本输出的效率和日益增进的精确度上远超传统的广告内容创作。人工智能还可以在规定的广告框架下，迅速为客户生成个性化模板并完成相关素材的填充。

④**人工智能预测为客户提供个性化体验。**人工智能技术已成为优化搜索引擎的重要组成部分，在分析用户线上行为数据后，能够根据客户近期的行为做出预测和判断，比如在用户打出前两个字后就会自动给出数个可能的商品，以及在用户购买产品后推荐相关产品并追加销售。更重要的是，通过了解客户需求，以及用户在不同应用网站上的活跃量，将客户的产品精确投放给目标受众。

总之，智能时代个性化营销内容的生成，不仅是将每个客户视为一个独特的实体，更是强调根据客户的特点和偏好，用不同的创意元素定制个性化广告，通过人们对广告的反馈来更好地理解人们对于广告以及品牌方的态度。可以说，智能时代人工智能在广告内容的生成上起着不可或缺的作用，主导着未来营销内容生成的方向。

研究前沿与相关案例 6-3

基于自然语言处理算法的内容工程能够优化
社交媒体广告内容和消费者参与度

（一）研究内容概述

该研究原题为《社交媒体上的广告内容和消费者参与度：来自脸书的证据》（*Advertising Content and Consumer Engagement on Social Media：Evidence from Facebook*），由美国卡内基—梅隆大学（Carnegie Mellon University）的李（Lee）等人发表于 2018 年的《经营管理》（*Management Science*）。该研究利用脸书的数据探究了社交媒体广告内容对消费者参与度的影响。研究者使用了 MTurk 平台[①]和自然语言处理算法（Natural Language Processing Algorithms）对 782 家公司的 106316 条脸书数据信息进行内容编码。该研究使用这个数据集来研究各种社交媒体广告内容与用户参与度之间的关联，其中，用户参与度定义为对内容的点赞、评论、转发和点击。研究发现，包含与品牌个性相关的内容（如幽默和表情符合）与更高的消费者参与度（点赞、评论、转发）相关；仅包含直接信息的内容（如价格和交易）往往与较低的参与度相关，但当这些信息与品牌个性相关的内容相结合时，便与较高的参与度相关。此外，某些直接提供信息的内容（例如交易和促销活动）会促使消费者增加点击频次。在对脸书加入了"热点排序算法"（edge rank，即脸书用来决定应该在用户的主页中显示哪些文章的算法）的非随机定位的修正后，这一现象仍然存在。因此，比起脸书的行为目标，参与度更能反映用户对内容的反应。研究结果表明：①将通过提高点击率获得直接线索的信息特征；②保持未来在社交媒体网站上的影响力；③通过提高参与度带来品牌效应的品牌个性化内容相结合，这样的内容工

在线阅读 6-3

---

① Amazon Mechanical Turk，是亚马逊开发的一个众包（crowdsourcing）平台，发布者（称为 Requester）把需要做的任务发在网上，想要做这项任务的人（称为 Worker）可以接受任务并且获得报酬。

程更能带来益处。研究结果也为内容设计策略提供了参考。另外，该研究表明，应用于内容编码的方法对未来使用非结构化数据（如广告内容或产品评论）的研究是有用的。

1. 研究背景

随着网络的普及和通信技术的发展，社交网络在人们的生活中愈发起着不可替代的作用。消费者在社交网络上了花费大量的时间，企业花费在社交媒体上的营销预算也相应增加。因此，包括社交网络上的广告投放和具有社交特征的营销传播（marketing communication）逐渐流行起来。随着企业社交媒体活动的增加，内容营销的作用也变得不可忽视。内容营销是利用图片、文字、动画等介质传达有关企业的相关内容来向客户传达信息，并促进信息交流的营销方式，旨在开发能够更好地吸引目标用户，并推动营销人员实现预期目标的内容。这些背景引发了该研究想要探讨的问题是什么样的营销内容效果最佳？

当前关于营销内容的研究已经讨论了营销传播的内容如何吸引消费者并抓住其注意力。然而，当前的研究仍有局限性：①大部分的研究是在实验室环境下实施的，在实验室之外的真实世界中，对广告和促销内容的实证性结果的探索还很少。②尽管广告内容与营销传播在实践中显著相关，但是其在经济学理论中并不被重视。③在含有广告因素的经济学模型中，广告中包含的直接信息通常被认为只有产品价格和产品本身，而忽略了价格以外的信息和内容。

许多行业的调查显示，在脸书这类大型用户平台上，提高消费者参与度是内容营销策略的关键。企业逐渐通过对社交媒体内容的设计来增加消费者参与度。同时，脸书过滤算法（filtering algorithms）的发展加速了这一趋势，这意味着公司所发布的营销内容所获得的参与度会决定他们未来在该平台上的影响力。然而，如何将发布内容与公司合理匹配，并且以何种方式呈现在社交平台上尚未明确，所以该研究对这些问题进行了系统探讨，以帮助企业在实践中更好地制定内容营销策略。具体而言，该研究探讨了内容营销在大规模的实地环境中推动消费者参与社交媒体的作用，并研究了广告内容在不同参与类型中的作用是如何变化的。再者，而且丰富的参与数据和以低成本的方式对信息进行内容编码的能力，使其能够在更大的范围内解释这些关联，填补了一部分的研究空白。

2. 研究内容

①**数据的收集与处理**。研究数据集来自脸书推出的"Pages"功能，收集到的数据主要包括两个消费者参与度指标，即每天每条消息的点赞数和评论数，每天每条信息所接触到的用户总数。经过数据处理后保留反映以下指标的数据：位于美国的网页的信息，用英语书写的信息，以及具有完整人口数据的信息。最终，数据涉及 782 家公司从 2011 年 9 月至 2012 年 7 月在脸书平台上发布的 106 316 条信息。

②**内容编码数据（content-coded data）**。该研究使用了一个内容属性的分组来反映人们在脸书上看到的内容，主要分为以下三组。第一，直接信息内容。这部分内容告知消费者关于产品、促销、可用性、价格的信息以及与产品相关的细节，其以产品为导向（该研究设置了八个变量：品牌提及、交易、价格对比、价格、目标、产品效用、产品定位、促销）。第二，与品牌个性相关的内容。这部分内容寻求与消费者在个人层面上建立联系，从而促进品牌个性的形成，并与消费者保持良好的关系，因为消费者倾向于选择与他们的个性相一致的品牌（该研究设置了八个变量：回忆、情感、表情符合、假日话题、幽默、慈善、像朋友一样、

闲聊）。第三，将直接信息和品牌个性结合起来的内容。

依据收集的数据对数据内容进行编码，研究者从数据中随机选取 5 000 条独立信息，利用 MTurk（amazon mechanical turk）平台标记各种内容属性，将其作为训练组（training data set）。随后结合一些统计分类器（statistical profiles）和基于规则的算法（rule-based algorithms）构建一个自然语言处理算法（natural language processing algorithms），从而实现将内容编码拓展到十万条消息的完整集合。具体说来，先根据训练组将句子分解成可理解的单词或词组，然后识别这些句子中是否有特定的内容特征，再使用统计工具判断哪些句子属性与哪些内容相关，通过统计模型来分配对内容分类的标签。当遇到一组新的句子时，该算法会重复以上操作，从而探究广告内容对消费者参与度的影响。

③**模型修正**。该研究探讨社交媒体广告内容对后续用户参与度的影响。因变量是用户参与度，自变量是标记过的内容。如果广告内容是随机分配给用户的，此时评估广告内容对参与度的影响就只需将因变量投射到自变量上即可。实际中，脸书使用"热点排序"算法进行过滤（即根据亲密度、偏好权重和时间对推送给不同人的新热点进行排序），所以它向用户发送内容的政策是非随机的，这就可能导致将特定类型的信息分配给更活跃的用户。为了解决平台特定算法对研究产生的影响，该研究首先建立了一个热点排序的半参数模型，提供对可能收到一条信息的用户数的估计；然后将其纳入这个模型，对信息特征的点赞和评论进行选择性的修正预测。最后，使用之前的选择性修正模型来衡量内容特征对参与度的影响。

④**研究结论**。研究发现，社交媒体中的内容营销可以影响用户的参与度，参与度可以通过点赞、评论、转发和内容的点击率来衡量。其中，与品牌个性相关的内容（如富有情感性的和幽默的内容）与较高的参与度呈正相关，这意味着企业可以通过在社交媒体上分享他们的品牌个性的相关信息来获益，因此这是长期品牌建设的关键。而直接信息内容（如交易和促销活动）与社交媒体上较低的参与度有关，但某些类型的信息内容可以诱发更高的点击率，因此是绩效营销的关键。

企业只有将直接信息和品牌个性相关内容相结合，在社交平台的覆盖面和消费者参与度之间达到一个平衡，才能实现企业利益的最大化。长期品牌建设的关键是发布关于品牌个性相关的内容，致力于绩效营销的关键是发布直接信息内容。这对于寻求在社交媒体上拥有大量的追随者，以及利用这些追随者来传播新产品和促销信息的营销者来说，是一大挑战。

3. 研究意义

该研究讨论了将直接信息内容与品牌个性相关内容结合起来的价值，并展示了不同类型的内容对以消费者为导向的市场营销的不同影响。研究所开发的内容标签法（content-tagging methodology）将 MTurk 平台上实施的调查与机器学习算法结合起来，为未来营销传播内容的研究提供了一个有用的框架。这项研究的价值在于帮助企业改善其在社交媒体网站上的广告内容，即将直接信息内容与品牌个性相关的内容结合起来，制定更好的内容营销策略，在社交媒体用户中实现更广的覆盖和更高的用户参与度。

（二）相关案例解析

1. 案例背景与目标

五菱汽车是一家诞生于 1985 年的老牌汽车企业，其前身可以追溯到 1958 年成立的柳州动力机械厂，其产品有大众耳熟能详的五菱宏光汽车等。近年来，各类传统车企纷纷开启互联网营销，希望能够在互联网时代"分一杯羹"，五菱汽车也在各类社交媒体营销上加大投入，以期拓宽用户群体，完成品牌形象的转变，同时借助社交平台扩大品牌的知名度与影响力，进而提高销量。

2. 痛点与挑战

过去五菱汽车在年轻人一代中的传播度并不高，提起五菱汽车，年轻人的脑中浮现出的可能只有陈旧的、满是伤疤的商用面包车。虽然五菱汽车曾经有"五菱宏光秋名山神车"的网络名"梗"，并使得五菱宏光这个型号一度大卖，但在此之后一直没有什么大的销量促进点，在社交平台的相关数据也一直较为平庸。过去，五菱汽车在社交媒体的营销广告中多数以产品为导向，比如促销、打折等，在广告内容的发布上有些忽视品牌个性相关的内容，其相关营销广告内容在社交平台上不是引人注意。2019年五菱汽车的销量呈现较大幅度下降。面对销量上的压力，五菱汽车想改变大家传统印象中过于普通的形象，使销量回暖。

3. 解决方案

五菱汽车在微博等社会化媒体上继续加大投入，并将之作为营销平台，积极扩大营销途径，改善内容。以往五菱汽车的微博上只是单纯推销产品，仅告知购买渠道、价格、优惠等信息，虽然将产品信息全部告诉了消费者，但是未对消费者产生太大的吸引力，浏览微博公众号等相关内容时消费者往往下意识地就略过，显而易见，这种生硬的广告模式产生的传播效果十分有限。而以往单纯与品牌个性相关的内容在获取到更多关注的同时，产品售卖可能并不特别理想，比如"秋名山神车"的"梗"，使大家都知道了五菱这个品牌，虽然这个"梗"在各大社交平台上广为流传，但这个"梗"并未使年轻的消费者产生购买动机，很多年轻人也并不了解五菱宏光这款车的一些基础信息。这个"梗"虽然传播并且"走红"了有些年头，但在过去两年层出不穷的汽车营销中，并未对五菱汽车销量的提升起到太多的促进作用。而现在五菱在社交平台上的广告营销无疑产生了更好的效果，即将品牌个性等相关内容与产品直接信息相结合，结合跨界营销等现在互联网营销中受欢迎的方式，通过跨出汽车圈来寻找合作对象，如潮流品牌、游戏、各种流量较大的IP（品牌）等，产生了较好的推广效果。

比较典型的例子就是"地摊经济"概念爆火后，五菱就在社交媒体上发布了相应的广告内容，在获得一波网络热度的同时，顺势推销自己的摆摊车，"地摊专用车"公众号推出后次日，五菱汽车股价一度大涨，并一跃成为互联网世界中又一个"网红企业"。同时，借着新能源车的流行，五菱在新能源相关话题下发布大量能够与观众互动的相关内容，比如利用五菱汽车的可爱外观等与相关IP热度结合，发布相关广告内容。这样使得五菱在增加了一定流量的同时，又提高了五菱新能源汽车的曝光度，增加了销量。现在五菱发布的广告内容时常将自己的产品与其他热门流量话题或者年轻人感兴趣的话题相关联，并结合产品相关信息（如续航、价格等）发布兼有自己品牌个性与直接信息的推送与广告，在积累用户参与度和热度的同时，也很大程度上促进了消费者对产品的了解，进而促进消费者产生购买欲望。不断与时下传播度高的热点问题相结合，对自己的产品进行营销，使用户既乐于了解，也能了解到相关产品内容。五菱通过这种营销方式与用户有了更多的交流互动与沟通，同时也有效地将自己的产品推到了广大消费者的面前（颢嘉，2021）。

4. 营销效果

通过在社交媒体上进行恰当的内容营销，五菱有了更加扎实的营销群体基础，为冲击高端打下一定的基础。五菱发布的miniEV等车型大受欢迎，深受年轻人的喜爱。五菱的很多车型也成功"出圈"，与其他品牌跨界合作，诸如快手、盒马、喜茶、余额宝、哔哩哔哩等，大大提高了五菱的品牌影响力，并逐渐在年轻人中积累了口碑，为销量持续增长打下基础。

研究前沿与相关案例 6-4

多种智能算法可以跨平台地进行自动内容标记，从而促进内容整合

（一）研究内容概述

该研究原题为《自动内容标记以提高内容营销效率的机器学习方法：方法与内容类型的比较分析》（*Machine Learning Approach to Auto-Tagging Online Content for Content Marketing Efficiency: A Comparative Analysis Between Methods and Content Type*）。由卡塔尔哈迈德·本·哈利法大学（Hamad Bin Khalifa University）的萨尔米宁（Salminen）等人发表于 2019 年的《商业研究杂志》（*Journal of Business Research*）。该研究指出，随着复杂的数据越来越常见，内容营销人员需要对机器学习（machine learning，ML）的应用有更多了解。但是在跨平台上，多种形式的非结构化数据会影响性能和用户体验。该研究提出的自动分类技术为这个问题提供了一个解决方案。该研究比较了三种先进的多标签分类的 ML 技术——随机森林（random forest，在机器学习中，随机森林是一个包含多个决策树的分类器，并且其输出的类别是由个别树输出的类别的众数而定。）、K-近邻（K-nearest）和神经网络（neural network），

在线阅读 6-4

来对在线新闻文章进行自动标记和分类。研究发现，神经网络技术的表现最好，并在 YouTube 内容上提供了令人满意的跨平台适用性。该研究所开发的模型可以自动标记 99.6% 的未标注网站和 96.1% 的未标注的 YouTube 内容。因此，该研究通过对多标签内容分类的 ML 模型进行比较评估，以及对不同类型的内容进行跨渠道验证，为营销研究做出了贡献。研究结果表明，组织可以优化 ML 来跨平台地进行自动内容标记，从而促进内容整合的发展。

1. 研究背景

随着复杂数据成为常态，非结构化的数据以多种形式分散在各个平台上，这阻碍了数据的挖掘性能和用户体验。当前用户对个性化产品的需求不断增加，对内容性能的高阶理解对于竞争成功也变得至关重要。结构化内容能满足用户的信息接收和分享的目的，因此对于营销人员和决策者来说，将非结构化的数据转换为可以理解的结构化信息是十分重要的。然而，了解在线内容表现，以获得商业价值，可能是一项艰巨的任务，因为其所涉及的数据在数量和动态方面都很复杂，并分散在许多渠道中，而且可能与许多不同的指标有关。此时，对内容进行分类（例如，将内容划分为特定主题）是必要的，这样就可以按主题对单个内容单元进行整合，以提高与内容营销活动（如内容创建、传播和管理）相关的决策解释能力。

此外，除了考虑时间和精力之外，手动对在线内容的关键词进行标记也存在缺陷。例如，标记过程容易因人为错误而出错。而且，随着新主题的出现，在每天都生成大量在线数据的情形下，分类方法可能会随着时间的推移而变化。正是这些手动标记存在缺陷，在线内容常常由于没有标签或标签分配不正确而处于严重的非结构化状态。机器学习方法已经成为这一

问题的潜在解决方案，并越来越多地应用于营销的各个场景中，内容营销人员也需要对机器学习的应用有更多的了解。

当前新兴研究揭示了机器学习方法的一些显著用途，为市场营销领域提供了决策支持。例如，机器学习模型可以自动预测在线评论的有用性，以帮助和增强客户的在线购物体验，同时机器学习模型还可以用于改进客户终身价值预测等。尽管取得了这些进步，但机器学习算法在其他学科领域的开发以及在良好应用的创新方法上仍有待提升，有鉴于此，利用机器学习方法推进营销理论和实践还有进一步研究的空间。

除了解决在线内容自动标记的问题外，在线内容标签的跨渠道适用性对于实际从事内容营销的组织非常重要，因为这些组织通常在多个渠道发布内容。值得注意的是，在处理在线内容自动标记的研究中，通常不评估自动分类方法的跨渠道适用性问题，这意味着模型在不同时间和不同渠道的可推广性没有得到适当解决。因此，开发一个分类器标记不同渠道发布的内容，需要能够在现代内容营销的多渠道营销组合中表现良好。随着越来越多的大型、复杂和动态数据成为营销决策的基础，非结构化的"大型"数据如何具有可操作性变得越来越重要。该研究解决了一个更宽泛的问题，即对模型的跨渠道适用性进行评估。总之，该研究的目标是解决现存营销研究中的空白，通过比较机器学习方法来处理新闻文章分类时的多标签分类问题，以获得更先进和有创新性的方法，并验证高性能机器学习模型对不同类型内容的跨渠道适用性。

2. 研究内容

该研究主要对以下三个方面进行了研究：第一，比较三种具有内置多标签分类功能的算法，根据世界范围内主要的新闻和媒体组织的网页内容对新闻文章进行自动分类。第二，开发并说明一种神经网络算法，以解决新闻文章的主题涉及多个标签/关键词的自动分类问题。第三，在同一组织的 YouTube 频道上应用相同的算法，不进行特定的渠道训练，以测试该方法的普遍性。

该研究评估了三种分类器：随机森林、K-近邻和神经网络。接着是更详细的应用，即前一阶段收集的数据被用于训练组（training data set），后一阶段收集的数据被用于测试。在此基础上，使用开发的机器学习算法为未分类的新闻文章生成关键词，该研究也考虑到了新闻文章随时间的发展，分类法会持续更新的问题。具体而言，该研究进行了三项工作。

①**数据收集**。该研究以半岛电视台（Al Jazeera）的数据为例，半岛电视台是一个全球性的新闻和媒体组织，研究者将该电视台通过网络发布的新闻报道作为数据来源。生成的数据集包含新闻文章的内容、标题、制作日期以及关键词等信息。数据包含 21 709 个网页，其中 13 058 个网页被记者和编辑者归类为新闻关键词，剩下的 8 651 个网页不能被分类，但使用机器学习能够对其进行分类。总的来说，有 799 个不同的新闻关键词被记者和编辑者使用。

②**算法选择和数据清理**。许多算法之所以没有很好地处理当前问题，是因为是它们不具备处理多标签分类的内在能力，加之新闻文章中主题往往涉及多个标签或关键词，因此算法在这方面的表现往往不尽如人意。因此，研究者选择评估三种具有内置多标签分类功能的算法：随机森林、K-近邻和神经网络。数据处理前，数据清理在机器学习项目中至关重要，因为原始数据由大字符串组成，即新闻文章。新闻文章中往往含有大量无关的信息，例如与网站有关而与新闻故事无关的文本，文章中常见的单词以及文章的实际内容才是研究者感兴趣的内容。因此，需要进行数据清理，以消除不相关的文本内容，包括删除多余的空白字符、

非字母字符和停止词（即文本中没有实际意义的词，如和、或、该等）。

③**研究结论**。在线内容创作者的认知限制可能会降低他们选择相关关键词的能力，此时训练数据在详尽描述内容片段方面的能力就会受到限制，这是因为人类根本无法选择所有合适的关键词。该研究发现，当内容中包含多标签分类的关键词时，利用智能机器算法进行匹配的效率就会大大提高。该研究展示了一种获取非结构化在线内容的方法，利用神经网络算法对网站中已分类的数据进行处理、清理和结构化，以自动标记多个关键词。将神经网络算法的性能与多标签分类算法随机森林和 K-近邻进行比较，发现神经网络的表现更好。

尽管 YouTube 提供了一种对内容进行分类的方法，但是可用的类别往往非常笼统，不能提供足够的信息来推动内容营销工作。为了评估模型的真实性能，研究者认为必须评估这些预测标签的准确性。由于模型不是在"用于分类的数据上"生成的，当前的研究也缺乏已知的数据值和跨渠道评估的基础，因此该研究采用了三个独立的人类编码员来预测标签分类的准确性，每个编码员对相同的 500 个随机抽样的视频进行评级，并为每个视频分配 1～3 个标签。结果表明，人类编码员在主题上的一致比他们与机器之间的一致更多，但是差异很小。总的来说，即使是人类编码员也不是完全同意他人的分类结果，人类编码员与机器之间的协议非常接近人与人之间的协议，故该模型可以在合理的程度上进行推广并为视频分配有意义的主题。

3. 研究意义

该研究通过比较三种先进的在线网站内容标记算法和建立跨平台的适用性，对当前的研究做出了贡献。神经网络在多标签分类方面表现最好，所开发的模型能够应对主题随时间的变化问题，这对于新闻网站来说非常有意义。该研究填补了在线内容自动分类上的空白：一是评估了开发模型的跨渠道适用性；二是通过跨平台自动标记内容，将跨平台的标记数据进行整合分析（例如，分析不同平台的受众如何对特定的主题内容做出响应）。

（二）相关案例解析

1. 案例背景与目标

网易云音乐是网易旗下的一款音乐产品。网易云音乐依托专业音乐人、DJ（唱片骑师）好友推荐和社交功能，主打发现音乐和分享音乐的在线音乐服务内容。音乐推荐是网易云音乐的主要服务。在如今的音乐软件中，音乐推荐系统已经逐渐普及，网易云音乐也有自己关于音乐推荐的算法，表现形式主要有"每日推荐"和"私人FM"。精准推送的概念是指围绕客户建立数据库，通过数据分析，确定目标消费者，从而开展有针对性的营销活动。精准推送作为精准营销的手段被多数营销者应用，借助大数据技术，营销者快速锁定目标，在正确的时间把正确的内容推送给正确的客户，从而达到良好的营销效果。而网易云音乐也将精准推送作为自己的营销特点来吸引和留住更多的客户（王莹莹，2016）。

2. 痛点与挑战

在如今的音乐软件市场上，音质、听歌识曲等功能已经趋于饱和和同质化，寻找自己与其他音乐软件的差异性成为网易云需要面对的挑战。在精准推荐和音乐推荐上，网易云音乐面临着两项挑战。①**信息重复**。当网易云音乐的用户在某一阶段偶尔连续收藏或聆听某种类型的音乐时，网易云音乐会将这种暂时性的喜好当作用户的习惯爱好，在接下来的"每日歌曲推荐"歌单中持续推送相同类型的音乐。用户偶尔对某一类音乐产生的兴趣如果被过分记录和解读，从而给用户推荐大量相同类型的歌曲，会使用户产生一定的厌烦心理。②**信息茧房效应**。如果音乐软件只给用户推送用户感兴趣的歌曲类型，会让用户长期被包裹在一种或几种特定的音乐中，从而无法接触到其他类型的歌曲，这就形成了一种信息茧房效应，使得用户对其他类型的音乐失去了兴趣。

3. 解决方案

网易云音乐构建动态的用户标签与画像。首先，让用户自定义标签。在用户下载软件的时候，就会有相应的机制让用户选择自己感兴趣的音乐类型，其中囊括喜好音乐的国籍、歌手，以及用户是否有自己的偶像，尽可能地囊括多方面的因素，为用户建立一个初始的画像。

然后，进行与音乐相关的心理测试。近期网易云音乐在不同的时间点结合时事和热点，以精美的设计封面和各类音乐的结合呈现在受众面前。结合心理学的知识，一方面吸引了年轻的受众，另一方面也是进行动态的用户标签和画像的创作。与此同时，网易云同时连接着用户在此软件上的角色和现实生活中的自己，使账号鲜活起来。

接着，对用户进行画像。网易作为一个规模较大的公司，除了旗下的网易云音乐外，还拥有网易考拉、网易邮箱、网易游戏等子公司，网易在法律允许的范围内通过其他子公司收集其他信息来对用户进行动态画像和标签分类。

最后，综合数据和音乐专业知识定制歌单。网易云音乐参考了 Apple Music（苹果音乐）的服务，让用户可以挑选专业的艺人和音乐从业者来为个人专门定做歌单。在定制时，除了用户提出的需求，网易云音乐还提供了该用户的大数据画像，使得定制歌单更为精准。

4. 营销效果

网易云音乐通过为用户提供定制化服务将用户予以社群化处理，即用户可以定制歌单，有着相同兴趣的用户因为收藏同一个歌单聚集在一起，由此形成社群。社群给网易云音乐带来了音乐社交功能，而网易云音乐的音乐社交也给网易云带来了一定的营销效果。社群的产生为网易云音乐降低了宣传成本，网易云音乐可以通过音乐社交搭建起来的社交圈接触、体验和传播营销活动。借助口碑效应不断扩大活动的影响力，其宣传效果远远大于硬广告的宣传效果。

第三节　使用人工智能洞察营销推广效果

一、营销推广效果的概念

营销推广效果（marketing promotion effect）指营销推广活动所能产生的社会影响和收益。社会影响指推广内容的传播效果，包括营销推广内容对社会、心理等产生的效应。而收益指推广内容在传播后达到的经济效益，即营销销售效果。营销推广效果有助于企业确定推广活动是否在受众中达到了目标，以及他们是否获得了最佳回报。品牌形象、推广方式以及推广活动的频率都会影响营销推广的效果。良好的品牌形象和适宜的推广方式及内容，可以使消费者相信产品的质量，引导消费者在众多品牌中进行选择。

以广告为例，为了达到较好的营销推广效果，需要对广告效果进行评估。对广告效果的评估需要强调消费者是否可以接受广告，以及他们是否消化并记住了广告内容。首先，需要确定广告系列的真实覆盖面，即有多少人真正看到了该广告。其次，找到广告投放频率的最佳点，即在广告达到预期效果之前，以及在过度曝光和疲劳出现之前的完美投放次数，这需要跟踪曝光的频率。最后，需要确定广告效果的修改方案，包括哪些营销推广活动指标需要改进，哪些媒体类型（如图片、视频）最有价值。

二、智能时代的营销推广效果洞察

近年来，大数据、人工智能等智能技术热词频频出现在人们的日常生活中，并逐渐改变人们的生活方式，许多传统的行业都通过智能技术实现升级换代。目前，世界处在新一轮数字化浪潮中，数字升级正在重新构建营销推广活动。以广告为例，智能技术正在颠覆传统广告的传播和运作方式，随着在线广告数量的增加，一些传统的指标（如点击率）已不足以作为衡量广告效果的标准，用户对在线广告的浏览时长和浏览模式才是更好的广告效果衡量指标。然而，对用户在网站上花费的时长及浏览的页面数等指标进行衡量总是费时费力，而且由于广告效果会随着时间的推移而不断变化，因此对广告效果的衡量也要求有持续的、迅速的反馈。这时候人工智能技术就派上了用场。以下介绍三种基于人工智能技术洞察广告效果的方式。

①**预测客户购买率**。深度学习算法（deep learning）是机器学习领域的一组算法分支，通过使用具有多个处理层的深层图谱对高度抽象的数据进行建模，能够识别访问网站的每个用户的态度、意图和整体情况。其具体工作原理是：转化预测（conversion prediction）是对用户以期望的方式采取行动的估计概率，在许多数字广告活动中起着关键作用。通过使用转化预测，算法可以判断出访问网站的哪些用户具有较高的购买潜力，并在接下来着重针对这些用户采取相应的广告推广活动，从而使投资回报率（return on investment，ROI）成倍增加。受人类大脑中生物神经元的启发，该技术使用的数学结构（递归神经网络）能获得更可靠、更丰富、可由机器解释的有关客户购买潜力的用户描述，而不需要任何人类的知识。以往网站后台可以根据用户活动的历史数据来预测转换的盈利能力，而深度学习算法可以计算出更为连续的、有逻辑的、精细化的信息，例如用户是否向购物车中添加产品等。

②**寻找用户决策模式**。每个用户在访问广告商的网站时都会经历数百个细化的行动步骤，自我学习算法（self-learned algorithms）能够对用户活动的每个步骤进行识别与分析，从更大范围的数据集中找到用户决策的模式，这些数据包括用户点击记录、优惠浏览、兴趣类别、加购物车行为、搜索策略等，解决了以往使用一些典型统计模型或更简单的机器学习算法中存在的问题。同时深度学习算法也可以用来预测用户的下一步行动，例如访问产品主页、浏览产品列表、查看产品细节、将产品添加到购物车，甚至到下一次购买的时间间隔或查看的产品类别等。因此，对每一个用户的购买潜力的判断应基于科学的知识和经过证明后的计算，而非单纯依靠直觉。

③**分析非购买用户的行为**。以往，广告商只能掌握购买过有关产品以及点击过广告的用户信息，但现在不仅可以通过深度学习算法快速了解到全部买家的信息，对综合数据进行分析，也可以判断所有的广告浏览者的点击意图，并进一步了解在特定目标下，哪些人群将是最好的目标，提升那些对广告并没有表现出任何兴趣用户的购买概率。此外，算法也可以计算出哪里可以找到这些用户，他们的兴趣是什么，以及他们偏好的互动渠道有哪些。

总之，将人工智能技术应用于营销推广效果洞察中，能为广告商和用户提供一个信息更丰富、实时、智能的情境感知解决方案，便于商家合理分配广告资源，让个性化广告信息精确触达所有有需要的用户，使广告活动的效果更加明显。

◆ **研究前沿与相关案例 6-5**

算法过滤技术为图书在社交媒体上的内容推广提供了新阵地

（一）研究内容概述

该研究原题为《更尖锐的对话：图书出版商在算法时代使用社交媒体营销》（*A Sharper Conversation: Book Publishers Use of Social Media Marketing in the Age of the Algorithm*），由澳大利亚墨尔本大学（University of Melbourne）的诺兰（Nolan）等人发表于 2018 年的《澳大利亚国际媒体》（*Media International Australia*）。该研究探讨了图书出版商使用社交媒体（social media，SM）作为营销工具的发展，特别是以客户为中心的营销活动的崛起。通过对出版商参与社交媒体营销（Social Media Marketing，SMM）的文献进行梳理，该研究认为出版商社交媒体实践的话语模式，以及这种实践所构成的更大的营销生态，已经为媒介环境的变化所改变，其中出版专业人员被持续的社交媒体营销活动牵扯进来。这些变化包括脸书和维持上算法过滤和付费内容的兴起、行业对数据分析的拥抱，以及它们之间的联系。文章认为小型和大型出版商在财务和文化投资的数据分析方面存在日益扩大的鸿沟，并得出结论：由于这种鸿沟，社交媒体作为图书出版中机会均等的营销工具的概念已被证明是错误的。图书作者为该领域的进一步研究提供了途径。

在线阅读 6-5

1. 研究背景

随着智能手机的普及，脸书和等社交媒体平台变得普遍起来，由此，社交媒体营销在 2008 年前后作为一个独特的营销子领域出现。从那时开始，社交媒体营销逐渐在市场营销的实践中确立了自己的地位。与此同时，社交媒体营销的发展也得益于数据分析的同步兴起。数据分析使得人们可以有针对性地使用实时或长期收集的社交媒体数据。社交媒体平台作为互联网的重要组成部分，包含了反映用户偏好的海量数据。平台可以利用这些数据对用户进行侧写，并持续推送用户感兴趣的内容，从而留住客户或者吸引到更多的客户。这个过程本就是相互促进的，这也是应用数据分析的好处。这个数字分析与社交媒体营销并行的时代，被许多营销学家称为"顾客时代"（Age of Customers）。随着社交媒体与数据分析的深度融合，社交媒体已经发展成为全球经济中商业和工业的主要颠覆者和创新力量。政府部门、零售商和采矿业等，都是分析学应用所推动的第二波社交媒体颠覆的一部分。

该研究在图书出版业中探讨了这一时期的社交媒体颠覆。图书出版业是一个高度传统的行业，其根深蒂固的理念是作者、出版商和读者的不同角色，尤其是作者和出版商在决定作品的经济和象征价值方面的中心地位，以及读者作为书店顾客的相应边缘地位。然而，在过去的十几年里，这个行业被迫修改了传统的关系图，将读者直接拉入文学生产领域，成为作者、品评者和直接顾客。读者的劳动在出版业务中扮演着越来越重要的角色，特别是在营销方面。关于数字技术和社交媒体营销的使用，该研究指出了两个矛盾点。①在顾客和产品直接接触的时代，图书出版行业不得不使顾客参与到出版过程中，顾客的偏好、流行元素在很大程度上影响了出版图书的选择。事实上，很多图书出版商仍然坚持认为图书出版是一个排外的、考验品味的行业，而不是人人都可以参与的。这使得图书出版商在渴望更多顾客宣传的同时，又需要说服传统观念，行业中使用社交媒体及数据的意愿和方式也受此影响。②大出版商与小出版商之间的资源不平衡。大出版商占据更多的资源，可以在社交媒体上购买广告位进行宣传，这也正是一些社交媒体平台盈利的主要来源。而小出版商没有足够的资金购买广告位，只能通过社交媒体账户进行有限的、曝光率较低的宣传。大出版商的宣传效率比小出版商高，能吸引到更多的顾客。因此，大出版商的销售额更多，所占资源更多。如何更好地利用数字技术解决这个问题也是该研究的关注点之一。

2. 研究内容

通过梳理图书出版商使用社交媒体作为营销工具的文献，该研究关注了自 2009 年以来图书出版业社交媒体营销和在线社区建设的变化，展现了从早期出版商通过社交媒体账户与用户互动，到大出版商通过收集数据与顾客进行更加丰富的互动的变化。该研究首先分析了一些学者（Chevalier and Mayzlin）在 2006 发表的一篇论文，这篇论文讲述了早期图书出版业面临数字技术冲击的反应。早在 2007 年亚马逊的电子阅读器（Kindle）和 2008 年苹果手机发布之前，市场营销学者就已经发现顾客在亚马逊网站上和邦诺（Barnesandnoble）网络上所发布的评论会对图书销售产生影响。当时澳大利亚的出版商非常关注亚马逊，但他们仍然严重依赖传统的市场模式，即通过批发商，将图书销售主要交给实体零售商，以传统的有形书本的形式进行售卖。早期的网络 2.0 时代给传统图书出版商既带来了来自新技术的多种机遇，也带来了来自新技术的多种威胁。NPD 公司（美国的一家市场调查公司）的 BookScan 的问世，首次为出版商提供了有关图书销售和销售渠道绩效的可比较的、最新的硬数据。而且，先进的销售和分销软件的兴起，极大地改善了书店的库存供应和分配问题。但随之而来的挑战是出版商对于仓储模式改革的需求：谷歌这类网络图书出版商决定通过新兴图书扫描技术将大学等图书聚集地的书籍录入数据库里，这也对传统的图书出版商构成了威胁。因此，传统的图书出版商相对较慢地接受了作为公共平台而出现的社交网站。

然后，该研究分析了尼尔森（Nielsen）于 2009 年发布的一篇报告。社交媒体兴起后，许多澳大利亚出版商加入了推特，并开始使用"病毒式营销"（viral marketing）吸引顾客。这篇报告称，在社交媒体上进行的营销十分有效，并鼓励传统的出版商在平台上加入网络社区，建立粉丝聚集地，吸引更多的顾客参与讨论并自发地宣传。在参与推特等社交媒体平台上的网络社区时，传统的出版商也可以获得更多的信息。

该研究选取的第三篇文献是托尔（Thoring）在 2011 年发表的一篇论文。这篇论文提出，2010 年，传统的出版商在推特等社交媒体上进行的宣传大多是文字类的，而且小型和中型出版商的文字类宣传更加出色。托尔还发现，这些宣传内容中有 29% 是间接性宣传，出版商用抽奖、游戏等方式吸引读者，这样的宣传手段使出版商更富有"人情味"。相比中小型出版商，大出版商倾向于使用直接的广告，这使他们能够以极高的效率（用一条广告）吸引更多的顾客。然而，托尔的研究具有局限性——样本量严重不足。该研究又介绍了由休斯（Hughes）在 2017 年发布的包含 60 个样本的报告，表明在 2017 年出版商们尤为重视文章与宣传的相关性，并一定会附上引流链接。只在推特上建立品牌形象和接触顾客的时代已经一去不返，取而代之的是精准引流导向，这个转变很大程度上是受到数字技术发展的影响。另两位研究者（Criswell and Canty）在 2014 年的研究则阐明了社交媒体营销的基本特征。一是很难在推特和脸书上进行"病毒式营销"，并且社交媒体粉丝群中的营销手段很难实现。二是社交媒体与文学奖之类的新闻存在着协同效应。然而，随着推特也成了过滤算法的产物，如何保持用户的黏性则变得尤为重要。

该研究总结认为，由于出版业的主要参与者已经抓住了数据分析所提供的机遇，出版商、作者和读者之间的平衡发生了变化。平台用户和营销商/企业与平台本身之间存在某种依赖关系。平台的价格（例如推文的字数限制）会影响用户的行为。但是，越来越多的获利机会以及用户行为会影响该平台的收费。虽然出版商使用过滤算法和付费广告在社交媒体上进行营销的方式在不断变化，但是最终的成效并不明显。作者将其归因于出版商仍拘泥于传统的仲裁者角色，并且忽略了用户在营销中所处的地位。

3. 研究意义

根据所梳理的出版商使用社交媒体进行营销的实践，该研究提出，研究人员调查出版业中社交媒体营销实践的方式和出版商了解社交媒体营销的方式都需要发生转变。将社交媒体视为机会均等的营销工具的观点已被证明是错误的。对于营销人员来说，脸书不再是对话式的，关键的问题在于如何建立付费受众。社交媒体网络的商业模式发生了深刻的变化，因此营销的方法也不得不随之改变。资源不平等正在巩固大型出版商在市场中的优势。除此之外，作者也为出版商日后如何使用社交媒体进行营销指出了相应的研究方向：需要研究不同规模的出版商的态度以及出版商与读者数据在整个出版过程中作为信息源的关系，以了解这种数字鸿沟对整个行业的出版实践意味着什么。

（二）相关案例解析

1. 案例背景与目标

生活·读书·新知三联书店是一家历史悠久和具有光荣传统的出版机构。1932 年 7 月，邹韬奋在上海创办生活书店，后与成立于 20 世纪 30 年代的读书出版社、新知书店在香港合并成立生活·读书·新知三联书店（简称三联书店）。三联书店建店以来，出版各类图书 8000 余种，以人文科学和社会科学图书为主要方向，出版物涉及哲学、历史、文学、艺术、经济、政治、法律和社会生活等各个领域。其在知识界和广大读者中享有盛誉，被誉为"中国知识分子的精神家园"。建店八十余年来，三联书店始终秉承"竭诚为读者服务"的宗旨，恪守"人文精神，思想智慧"的理念，坚持"一流、新锐"的标准。

2015 年，三联书店确立了以品牌化战略（包括品牌文化建设、品牌产品建设、品牌人才建设）为统领，以数字化战略、国际化战略、集团化战略为支撑的企业发展战略，以及书刊出版主业壮大发展、周刊全媒体运营带动业态转型、韬奋 24 小时书店分店建设三位一体、协调发展、共同推进的企业发展布局，目前正朝着现代化、国际化、集团化的目标大步前进。

2. 痛点与挑战

近年来，随着定价低廉的网络书店、电商平台的快速发展和电子书的流行，纸质图书出版商受到很大冲击。线下店铺高昂的租金和人工成本，使实体书店不堪重负。越来越多的人到书店只是将其作为逛街的一种形式，而非真正的读书买书，这使众多线下书店难以维持经营。2010 年 7 月 20 日，广州购书中心的三联书店贴出告示，将于十日后结业，这也代表着三联书店正式退出广州市场。此前，三联书店已有两家广州分店先后关闭。作为 1994 年落户于此并广受读书人喜爱的广州第一家三联书店，最终仍难逃关门的结局，可见当前时代背景下，图书出版商必须针对营销推广方式做出调整和改革，才能重新为品牌注入活力。

3. 解决方案

在社交媒体快速兴起并广受当代年轻人喜爱的背景下，三联书店迅速捕捉到新的宣传机遇，并于 2018 年开始计划以视频直播形式拓展图书营销推广渠道。其核心是基于直播的实时性和互动性进行流程、形式等细节设计，通过较为专业的摄像团队实现内容呈现效果的最大化，既使观看者收获知识，也引发观看者的感性共鸣，从而达到产品和品牌宣传推广的目的。例如 2020 年世界读书日，三联书店在抖音、快手、哔哩哔哩等多个视频社交媒体平台推出了线上版"三联·新知大会"，紧接着又推出了"中华文明五千年的考古证据：考古队长带你'云游'良渚博物院"等一系列直播活动。2020 年 7 月，三联书店邀请"樊登读书"创办人、快手首席荐书官樊登，在三联韬奋书店举办了三联书店图书专场直播活动。在直播中，樊登向读者推介、解读了三联书店出版的 20 余种图书。这些形式新颖的营销推广活动均取得了良好的效果，并且仍在继续规划和发展中。

除此之外，在互联网、大数据等现代技术手段飞速发展的时代背景下，作为老牌图书出版商的三联书店也可以加强对于大数据的应用，对行业现状进行更精准的定位。出版机构通过对读者大数据的积累与分析，可以寻求跨领域的发展空间，为出版业打造新的蓝海。这种模式已经被国外一些图书出版商运用并取得了良好的成效。西蒙与舒斯特（Simon and Schuster）作为世界著名的大众图书出版商，十分重视大数据技术的应用，聘请了著名的数据科学家直接指导社内大数据应用项目的开展，并借助底层数据架构为大数据项目的实施提供基础。通过对读者购书和阅读行为数据的全面收集：①对数据进行分析，从而发现这些数据背后的意义，可以分析得出为什么人们喜欢某个作者；②通过大数据技术对销售渠道产生的数据进行分析，制定了更优的定价策略，并且可获知在何种情况下对图书销售可能会造成何种影响；③通过大数据分析发现了借助在线社区和社交媒体宣传和销售以吸引读者关注图书的新模式，并可获知读者亟须的内容类型。

以此为借鉴，三联书店也应当将目光转向大数据技术，在进行图书出版营销推广时充分挖掘消费者的行为信息和消费习惯，使营销手段更为定向化、精准化，避免同质化。一方面，用户个性化信息服务需求的满足必然能够增加他们对于图书出版商的认同感，从而有效提升三联书店在图书出版市场中的竞争力；另一方面，这种数据的收集与整合也有助于图书出版商节省大量的宣传、销售费用，从而降低生产和经营成本（光明网，2016）。

4. 营销效果

三联书店的系列活动通过社交媒体平台连接线上线下，使公众与一线学者之间有了面对面聆听、交流的平台，吸引了一批有思想、有深度的观众。在"流量"盛行的时代，三联书店兼顾流量、销量与品牌，既适应了社交媒体营销推广的潮流，也延续了其建店以来始终坚持的人文精神和思想智慧理念。

研究前沿与相关案例 6-6

侵犯了用户隐私的个性化广告会适得其反

（一）研究内容概述

该研究原题为《我为什么会看到这个广告？广告透明度对广告效果的影响》（*Why Am I*

Seeing This Ad? The Effect of Ad Transparency on Ad Effectiveness），由美国弗吉尼亚大学（University of Virginia）的金姆（Kim）等人发表于 2019 年的《消费者研究杂志》（*Journal of Consumer Research*）。该研究认为，鉴于营销人员可以通过越来越具体的方式来精确定位广告投放，消费者和监管机构都要求广告透明，也即披露消费者的个人信息是如何被用来生成广告的。该研究探讨了广告透明度如何，

在线阅读 6-6

以及为什么会影响广告效果。根据有关线下信息共享规范的文献，该研究认为，当广告透明度违反了"信息流"（消费者关于他们的信息应该如何在各方之间流动的信念）规范的营销行为时，广告效果会适得其反。

1. 研究背景

随着营销人员追踪网络行为和展示相关广告的能力不断增强，消费者对公司收集和使用个人信息的方式越来越关注。该研究举了一个简单的例子，一个怀孕的女青年因为相关的购物记录收到了来自塔吉特（Target）零售公司的母婴产品的优惠券，然而她怀孕的消息还未让家里人知道。这种通过探寻客户隐私进行的广告推销势必会产生不好的广告效果。信息泄露越多，诸如此类的事件也就越来越多，许多消费者和监管机构对广告透明度的需求也不断提升。广告透明度即披露公司收集和使用消费者个人数据生成行为定向广告的方式以及来源。该研究提出，广告透明度的好处在于可以增强消费者的权力，同时能向消费者展示公司实行的是光明正大的营销活动。

但是在今天的市场上，明显的广告披露并不常见。企业的很多广告通常不会附带它们是如何产生的，以及何时产生的。很多企业认为披露这样的信息很可能降低广告效果，因此除非消费者带着动机去寻找，否则很难直观地看到这样的信息。在时代发展的大背景下，该研究探讨了企业或营销商是否应该提高广告透明度，广告透明度的高低是否真的可以决定广告效果的好坏，以及广告透明度在哪些特定情况下才能够影响到广告效果。

2. 研究内容

该研究在实验之前提出了五个假设，分别是：①相对于显示可接受信息流的广告，显示不可接受信息流的广告透明度将降低广告效果。②与没有广告透明度的广告相比，显示不可接受信息流的广告透明度将降低广告效果。③披露不可接受的信息流导致的广告效果下降，将由消费者对隐私的相对关注来推动，而不是他们对这种定位所带来的个性化的渴望。④当消费者信任广告平台时，遵循信息流规范的广告透明度将提高广告效果。⑤当消费者不信任广告平台时，无论是否遵循信息流规范，广告透明度都会降低广告效果。

作为检验假设 1 和假设 2 的先决条件，实验首先列出了企业获取和使用消费者个人信息生成定向广告的方式，然后测量了消费者对这些做法的接受程度。接着，研究 1 采用因子分析的方法确定了消费者对信息流可接受性的几个关键维度。紧接着进行的是验证性实验，作为模拟行为目标的实验室实验，研究 2 和研究 3 测试了研究 1 中确定的维度是否确实能预测广告效果，同时还测试了消费者对隐私的相对关注对个性化兴趣的中介作用。研究 4 探究了广告透明度对广告效果的影响是否受到信任的调节：当消费者信任广告平台时，披露消费者接受的信息流是否将会特别有效；在信任存在的背景下进行的研究 5a 和研究 5b 则探究了该领域透明度是否存在着优势。

经过一系列检验，该研究得出如下结论：研究 1 显示，消费者对信息流的可接受性取决

于用于生成广告的个人信息是广告商在广告出现的网站内部还是外部获得的，也取决于是消费者自行披露的还是来源于企业推断的。研究 2 和研究 3 表明，披露不可接受的信息流会降低广告效果，这是由于消费者对自己隐私的相对担忧，而不是对这种定向提供的个性化需求的渴望。研究 4 显示了平台信任的调节作用：当消费者信任一个平台时，披露可接受的信息流会增加广告效果。在现场使用忠诚度计划网站（即可信平台）进行的研究 5a 和研究 5b 证明了这种透明度的好处。

该研究结果表明，目前在线广告的透明化趋势日益增强。虽然许多广告商接受广告透明度的速度可能很慢，但通过考虑信息流的规范，广告商可以减轻曝光消费者认为令人不快的做法的影响。例如，如果塔吉特公司理解并遵守这些规范，就可以避免负面情况的情况，即根据推断的信息发送与怀孕有关的定向优惠券。该研究建议，除了不断改进公司的目标定位实践外，公司还可以通过了解消费者对广告制作过程的态度来受益。如果一个完全有针对性的广告背后令人不快的做法被曝光，它可能会变得无效。

3. 研究意义

相对于以往对于数字广告的研究，该研究提升了一个层次。现有的与广告相关的研究大多是在消费者不知道潜在的广告实践的背景下进行的，但随着时间的推移，消费者越来越关注营销者如何运用他们的信息。这也让该研究更具有现实意义。随着越来越多的大公司开始关注并提高广告透明度，了解消费者的观念如何影响广告效果将对企业有很大的帮助，企业既可以不与消费者发生冲突，又可以提升广告的效益。此外，有关广告的研究大多是相互关联的，但该研究另辟蹊径，打破了常规思维，增加了一个新的主题，由此引发了一番新的讨论潮。

该研究也为有关隐私的研究做出了贡献。隐私问题已经被证明在消费者泄露信息的意愿中起到了很大的作用，但其在定向广告中的作用还没有得到充分的研究。尤其是随着广告变得越来越具体和有针对性，消费者已经意识到他们正在被跟踪，隐私问题也可能增加，这会对消费者与公司的关系产生不好的影响。该研究表明，消费者会逐渐有能力适应侵犯隐私的行为，考虑到这一特质，现实中可能会出现相反的情况——随着时间的推移，消费者会对不可接受信息泄露造成的广告推销逐渐不敏感。

广告透明度可能会影响一系列消费者的感知和行为，而不只是点击某一特定广告的倾向。大量研究表明，透明度对公司有积极影响。例如，鉴于信息披露孕育了信任，信任在消费者接受目标广告方面发挥着作用，因此广告透明度如何影响消费者对公司的整体看法也同样值得研究。与此相关的是，隐私关注和信任感知之间可能存在一个正反馈回路，增强信任可能会减少隐私关注，进而使消费者对于定向广告可能更看重个性化，这就需要公司在这一方面继续下功夫。

研究表明，消费者对个性化兴趣的隐私关注在广告透明度和广告效果之间起着中介的作用，营销人员应该学会理解消费者对待隐私关注的态度，从而意识到透明度影响广告效果的重要性。然而，隐私与个性化的权衡其实具有更广泛的意义。有针对性的广告可能会增强消费者的在线体验，例如让消费者选择浏览完全无关的广告，还是浏览高度适用并且有趣的广告，大多数消费者可能会喜欢后者。那么这样的选择背后需要付出的代价是什么？换句话说，消费者是否愿意透露更多的个人信息，无论是人口统计信息还是兴趣偏好信息，或者一些行为信息，以换取更好的个性化？这个问题是现代广告商和营销人员面临的核心挑战。对于公司来说，个性化的好处可能会让隐私问题变得毫无意义，一些公司鼓励消费者自由分享自己的数据，消费者也同样乐在其中。

（二）相关案例解析

1. 案例背景与目标

谷歌广告（Google Ads）是由互联网巨头谷歌开发的一款在线广告解决方案，用于商家在谷歌搜索、YouTube 和整个网络中的其他网站上宣传自己的产品和服务。使用谷歌广告时，广告客户可以向全球投放自己的广告，还可以为自己的广告选择具体的投放目的和收益目标，自行指定预算和定位条件，随时都可开始或停止投放广告。谷歌借助自身的强大流量，一举成为广告行业的领头羊。它是全球最大、使用最广泛的在线广告平台。

2. 痛点与挑战

一方面，随着全球用户隐私意识的觉醒，用户对于广告，特别是精准投放的广告越来越容易反感甚至有抵触情绪。精准投放的广告经常会被认为是一种偷窥般的存在。相关性过高的广告也更容易让用户产生厌烦情绪和隐私被侵犯的心理感受。再加上互联网巨头们在用户数据隐私泄漏方面丑闻频出，进一步增添了公众对其的不信任感。

另一方面，谷歌广告除了要处理好用户的感受，还要兼顾广告商的需求。谷歌的收入大头是广告，在这样的收入结构下，谷歌不得不谨慎对待广告商的需求。如果单方面考虑用户隐私，保护个人隐私，限制其数据的流通性，从而降低广告的相关性，那么广告的效益将大打折扣，广告商也不会买单。

随着第三方监管、媒体关注以及专家研究的参与不断增加，谷歌广告也将在严格的法律、舆论监督下重新规划自己的用户隐私政策（privacy policy）。更重要的是，谷歌广告作为行业的领头羊企业，其动向很大程度上也会决定行业的动向，因此谷歌广告更要审慎地处理好用户隐私保护与广告投放效益之间的关系。

3. 解决方案

从 2019 年起，谷歌旗下的浏览器 Chrome 就宣布了一项全新的隐私数据处理项目——隐私沙盒（Privacy Sandbox）。该项目对于谷歌广告甚至整个互联网广告行业来说，都是一项具有革命性意义的新动向。隐私沙盒被看作谷歌 Chrome 浏览器的一套新标准，在其看来，这将"打造一个更私密的网络"。

隐私沙盒项目的工作原理是向特定相似度的类型人群集中投放广告，并且在 Chrome 浏览器上通过差异匿名隐私技术来"模糊"个人信息。这样广告可以推广到目标人群，而用户又不用过于担心个人隐私被追踪。也就是用群体数据代替个体数据，以模糊的群体定位代替精确的靶向投放，把隐私藏匿在群体庇护之下。隐私沙盒计划的核心技术是 Federated Learning of Cohorts（FLoC）技术，即将分散的个体用户聚集到具有相似兴趣、特点的群体中定位广告。谷歌声称从隐私角度而言，这一技术比当前（不良的）基于第三方追踪用户网上行为的"常态"更加优越。

这一技术的推出一直被看作对以前旧技术（cookie）追踪的替代。这种替代意味着在 2023 年以前，谷歌旗下的 Chrome 浏览器将逐步淘汰现有的第三方（cookie）技术，并且不再研发类似新技术或采用替代的方法来对用户行为进行追踪。谷歌希望在停止对第三方追踪器的支持后，FLoC 能够代替 cookie 技术继续支持以兴趣分类的广告。传统的 cookie 技术能够很好地体现出用户的个人偏好，并且在过去很长一段时间里该技术在广告行业的影响涵盖了广告商和发行商的多个业务环节。因此，cookie 技术被淘汰对谷歌广告无论是在广告投放的精确度上还是在广告质量上都会有一定的影响，而且这种影响将呈削弱态势。这将在很大程度上影响谷歌广告的收入情况（Techweb，2021a）。

4. 营销效果

谷歌在隐私保护上做出的努力是值得肯定的，同时也是后 cookie 时代的大势所趋。作为一家靠广告为主营收业务的公司，平衡广告投放的精度，照顾用户的隐私感受，还要兼顾广告营收的效益，这无异于在钢丝上跳舞。但不可否认的是，新趋势下已经证明了广告和隐私的确可以共存。现在的广告行业的运作方式与过去不同，期待更多的互联网巨头在寻找可构建更好的网络解决方案中发挥作用。

第七章

人工智能营销中的伦理问题

第一节　人工智能技术带来的算法歧视问题

一、算法歧视的概念

随着智能时代的到来，各种算法决策的应用会越来越普遍。算法是一个技术概念，是指为解决问题而进行数据收集、数据处理和自动推理的一系列指令。算法的生成依赖于大量的数据，比如使用一个图像分类算法给数百万张带标签的猫的图片分类，这个算法就能辨别出新图片中是否包含猫。使用语音识别算法并提供数百万个语音样本及其相应的书面文字，这个算法就能够比大多数人更快地转录口语。可见，算法看到的标记数据越多，它生成和应用的效果就越好。然而，一旦用来训练算法的数据选择不当、不完整或者算法模型存在问题，就可能形成算法歧视（algorithmic discrimination）。

长久以来，人们将"数字"与"理性"画等号，认为算法是不偏不倚的。但是如上所述，智能算法在收集、分类、生成和解释数据时完全可能产生与人类相同的偏见与歧视。以算法的价格歧视为例，互联网时代，网络服务商通过收集用户在网络平台中的活动数据，可以精准绘制消费者用户画像，洞悉消费者的偏好，并针对其特征进行差别定价，由此来实现利润的最大化。众多国内外互联网公司也曾操纵大数据"杀熟"，搜索某一同款商品时会出现"千人千价"，给予不同的用户不同的产品或服务价格。

比起传统歧视，算法歧视有着两个特性：①算法歧视具有结构性。当前人们正处于"弱人工智能时代"，就现在的技术背景来说，大数据和人工智能的结合还不足以构成一个感知系统，即不能够用于处理具有复杂性、情感性及创造性的事务。在这种情况下，算法如果被输入带有歧视色彩的数据，那势必会输出带有歧视性的结果，而且算法会通过自身的计算学习能力形成自我迭代，造成系统性的、重复性的和规模性的歧视。因此，由数据建模产生的算法歧视具有机制化特征，对社会公平产生了更深入、更广泛的破坏，导致了远比个人偏见更普遍、更难以更正和更大规模的结构性偏见。②算法歧视具有隐蔽性。算法歧视的隐蔽性主要归咎于"算法黑箱"，即"自动化决策算法通过对原始数据的自动化分析产生高级认知"这一过程是缺乏透明性的。"算法黑箱"是出于商业机密的需要，防止算法被剽窃而产生的。简而言之，所谓的"算法黑箱"是指在人工智能数据输入和结果输出的过程中存在着人类无法得知甚至超越人类认知维度的秘境。这种由算法黑箱带来的隐蔽性也同样极易造成算法歧视问题。

可见，算法歧视现象更加隐蔽且难以解决。算法歧视产生的社会影响非常广泛，其治理一直是学界关注的重点问题。

二、智能营销中的算法歧视类型与表现

智能时代，算法歧视的类型主要可分为两类，一种是涉及身份属性的算法歧视，另一种是不涉及身份属性的算法歧视（汪怀君和汝绪华，2020）。

①涉及身份属性的算法歧视。涉及身份属性的算法歧视主要表现在种族歧视和性别歧视上。首先，算法引起的种族歧视非常隐蔽，因为在现实生活中，具体到实际的行动方面的歧视便于打击，但是隐藏在代码之中的歧视难以防范。被嵌入种族歧视代码的算法在人工智能"客观、公正、科学"的高数据、高逻辑包装下更容易实现，在"算法黑箱"的遮掩下则更隐蔽。

同时，算法造成的性别歧视实质上是现实世界长期存在的性别歧视观念在虚拟世界中的延伸。例如，当用工单位在自动简历筛选软件中输入"程序员"时，搜索结果会优先显示来自男性求职者的简历，这是因为"程序员"这个词与男性的关联比女性更密切；而当搜索目标为"前台"时，女性求职者的简历会被优先显示出来，这就会导致男女在求职过程中遭到隐性的性别歧视。

②不涉及身份属性的算法歧视。价格歧视是算法歧视在营销活动中的突出表现。本来价格歧视是一种常见的商业行为，企业倾向于了解不同的消费者对同一产品的需求程度和支付意愿，从而就同一产品对不同消费者进行差异化定价，最终获得每一位消费者的所有消费剩余。然而，在智能时代，算法的利用使得价格歧视触犯了众怒。互联网企业通过算法跟踪每一位消费者的消费习惯、消费价位、个人喜好等，在同一时间向购买同一产品的不同客户呈现不同的定价，以最终获得最大化利益。许多消费者认为这损害了公平，从而抵制具有价格歧视的产品。

排名歧视也是算法歧视在营销活动中的重要表现。排名算法是指用户在搜索引擎输入数据后输出结果的算法模型，互联网巨头往往会利用"排名算法"设置贸易壁垒，进行不正当竞争。在流量时代，排名在前的商户会获得更多的流量，进而获得更高的销售额。互联网巨头如谷歌等多次陷入"竞价排名"的丑闻，即商户向搜索引擎公司缴纳越多的金钱，商户在用户显示端的排名就会越靠前。这显然破坏了公平竞争原则，使得消费者对此反感。

研究前沿与相关案例 7-1

男性和女性群体对于就业广告的接触机会存在差异

（一）研究内容概述

该研究原题为《算法偏见？对 STEM 职业广告展示中明显的性别歧视的实证研究》（*Algorithmic Bias? An Empirical Study of Apparent Gender-Based Discrimination in the*

在线阅读 7-1

Display of STEM Career Ads），由伦敦商学院（London Business School）的兰布雷希特（Lambrecht）等人发表于 2019 年的《管理科学》（*Management Science*）。该研究从实地测试中获取数据，测试算法如何投放广告，从而可以促进科学、技术、工程和数学领域的就业机会。目标广告的目的本来十分明确，即在传递过程中保持性别中立。然而有研究发现，看到广告的女性比男性少。发生这种情况是因为年轻女性是一个在营销上更为"重点"的人群，向她们展示广告的成本更高。可见，一个简单的优化广告投放成本效益的算法，会以一种明显的歧视性方式来投放本应是中性的广告。该研究表明，这种经验性的规律会延伸到其他主要的数字平台上。

1. 研究背景

越来越多的算法被用于自动决策，这引发了人们对这种自动选择可能产生歧视性结果的深切担忧。在由算法分配广告的环境中，有研究记录了历史上被歧视的群体更有可能与不受欢迎的广告相关联，也更不可能看到受欢迎的广告。然而，这些研究并不能解释为什么广告算法会产生明显的歧视性结果。

该研究利用一个广告的实地测试数据来探讨这个问题，该广告旨在促进 STEM（科学、技术、工程和数学）领域的就业机会和培训。对 STEM 职业信息的实证关注，是由于许多国家的政策制定者都担心 STEM 领域的毕业生短缺，尤其是女性毕业生。提供 STEM 职业信息是这一政策挑战的组成部分，因为有证据表明，短缺不一定是招聘实践的结果：以申请为条件，女性比男性更有可能被录用到 STEM 工作。相反，不同性别对 STEM 职业认知的扭曲可能会解释为什么女性不申请。因此，向女性传播有关 STEM 的信息并鼓励女性进入这一领域是一个重要的政策目标。

2. 研究内容

为了进行实地测试，该研究与一个提供 STEM 领域职业信息的小型网站合作，通过开展广告活动将点击广告的用户引导到这个网站。广告的内容很简单，就是"关于 STEM 的职业信息"的文字，同时配有一张代表 STEM 不同领域的图片。该广告的目标定位是不分性别的，因此广告商指示广告服务算法同时向男性和女性展示该广告。该研究在脸书等平台上推送这则广告，并在 191 个国家进行了测试。根据经验，男性比女性多看到 20%的广告。对于处于事业黄金期的人来说，这种差异尤其明显。人们普遍认为，出现这种结果要么是因为编写算法的人有意歧视或有无意识的偏见，要么是因为算法本身会根据提供给它的行为数据而学会有偏见。与这些流行的假设相类似，该研究提出了三种潜在解释，并通过广告效果分析逐一进行了验证。

第一类解释是，算法从实际的消费者行为中学到了明显的歧视性行为。如果女性不太可能点击广告，那么试图最大化点击概率的算法可能更倾向于向男性展示广告。然而，该研究提出的证据表明，如果向女性展示广告，她们比男性更有可能点击广告，这就排除了这种解释。一个类似的解释是，在社交媒体平台上可用的女性比较少，例如，女性在网络上花费的时间比男性少，这意味着她们不太可能看到广告。作者再次提供了证据，证明事实并非如此。

第二类解释是，该算法从它所训练的其他数据源中学到了这种行为，这反过来可能反映了不同国家对女性的歧视模式。广告服务算法可能只是反映了东道国文化中潜在的性别角色的差异，而算法可能随着时间的推移学会以反映这种偏见的方式来展示广告。然而在调查了一些数据之后，作者得出：这些因素与 STEM 广告更有可能被展示给男性而不是女性的结果没有关系。

第三类解释是，算法决定向女性展示 STEM 广告的频率低于向男性展示的频率，这反映了广告投放的经济性。在线广告中普遍存在着"眼球效应"，这意味着当广告商将多个不同类型的广告推送给同一组人的时候，广告之间会相互竞争来吸引消费者的注意，而吸引女性消费者的注意要比吸引男性消费者的注意昂贵得多。作者发现，相对于男性，广告商为向女性展示广告而必须支付的价格溢价非常明显。这是因为女性在很大程度上控制着家庭消费，这使她们成为潜在的更有价值的广告商目标。该研究表明，广告商为女性点击支付的较高价格可能是利润最大化的，因为在点击广告的条件下，女性比男性更可能购买广告中的商品。

最后，该研究探讨了广告平台更有可能向男性而非女性展示 STEM 广告这一发现的普适性。该研究在其他三个在线广告平台上实施了一个类似的 STEM 职业信息的广告活动。在这三个的平台上，该研究观察到男性比女性收到更多的广告印象，这意味着该研究的结果是整个广告生态系统的特征。

3. 研究意义

作为一篇描述性的研究，作者首先向我们描述了当前 STEM 广告所面临的主要问题：即使是"中性"算法也可能产生明显的性别歧视的结果。为此，该研究提供了几种假设，并利用各大平台的测试结果将假设逐个排除。在除去人为歧视、训练数据源以及制度文化的原因后，该研究留下了"经济学决策机制"这个不为人们关注的因素——在数字广告市场，吸引女性注意的成本更高。

该研究表明，公共政策面临多重挑战。一是算法、目标定位工具的使用和政策制定者需要考虑的潜在歧视之间存在矛盾。随着算法在数字内容的传播中变得越来越重要，政策制定者有必要澄清并确保监管允许公司使用数字数据和技术来尝试和纠正可能由算法造成的不平衡。二是目前正在提出或实施的一些监管网上算法以防止歧视的政策方法可能并不完全有效。该研究为决策制定者开拓了不曾预料到的领域：如何克服由经济规律带来的考验将成为一大难题。

（二）相关案例解析

1. 案例背景与目标

苹果公司于 2019 年 8 月推出全新的"苹果信用卡（Apple Card）"，苹果信用卡旨在通过总结、购买跟踪和日程提醒等手段，让客户更好地处理自己的支出，其强大的功能和能够给苹果产品打折的优惠吸引了众多消费的青睐。但 2019 年 11 月，苹果信用卡面临着一项调查，此前有用户发现苹果信用卡的男性信用额度比女性高得多，称苹果的信用卡程序存在"性别歧视"。这项指控导致了苹果公司的内部调查，以及纽约金融服务部门的外部调查。

2. 痛点与挑战

算法优化使得公司的营销策略更加精准，但难免会使营销活动偏向于更具有消费潜力的客户，这不仅体现在 STEM 领域，由于算法而产生的性别歧视问题，甚至深入到消费场景中。要使营销活动博得女性的注意，会花费更多的成本，因此在消费场景中的性别歧视问题时有发生。

3. 解决方案

苹果也许可以通过以下方法来解决这一事件：①构建更合理的数据库算法。从数据库入手，使数据能够充分体现出人口的多样性。一些公司已经行动起来，研究如何让数据库能够顾及性别、国籍和语法方面的差异。关于面部识别软件存在缺陷的研究成果发布之后，一些公司重新调整了算法，使之更具有包容性。此外，还出现了一些公司，专门开发算法来评估工具和判断算法中是否存在偏见。②采用独立的评估体系。科研界已经开始思考如何开展更加独立的评估，以及有无必要提高算法透明度。一些专家提倡开发和推广包容性代码，其性质类似于包容性写作。③完善相关伦理倡议。学术界和业界应该讨论如何让算法为大众利益服务，并起草一份大家都能接受的伦理规范，提出在实施一项算法之前需要逐项核查的一系列具体标准，以确保算法不带有歧视性（曹建峰，2016）。

4. 营销效果

美国司法部对苹果公司展开调查，以确定其是否违反了纽约州的法律，以确保所有的消费者得到平等对待，不论性别。随后，相关的性别歧视案件得到了解决。这一事件也影响到行业中的其他公司，谷歌作为业界代表，在机器学习中提出"机会平等"（equality of opportunity）这一概念，以避免歧视问题的出现。

研究前沿与相关案例 7-2

通过大数据进行个性化定价会损害消费者利益

（一）研究内容概述

该研究原题为《大数据和个性化定价》（*Big Data and Personalized Pricing*），由加拿大多伦多大学（University of Toronto）的斯坦伯格（Steinberg）发表于 2020 年的《商业伦理学季刊》（*Business Ethics Quarterly*）。该研究探讨了技术进步带来了一种可能性，即在未来企业将能够使用大数据分析来发现并向消费者提供个人保留价格（Individual Reservation Price，指考虑到消费者的偏好和可用收入，每个消费者愿意支付的最高价格，这是一种完全的价格歧视）。这可以产生一些有趣的好处，例如在福利和资源的平等方面有更好的状态，以及增加社会福利。然而，考虑到关系平等，这些好处就会被抵消。该研究以市场失灵理论为基础，说明使用大数据进行个性化定价的错误之处。该研究对市场失灵的方法进行了改进探讨，认为使用大数据进行个性化定价的错误之处，在于它削弱了消费者从市场中获益的能力，

在线阅读 7-2

从而损害了市场调度资源的重要功能。

1. 研究背景

大数据包括通过网络对个人数据的大规模收集和算法分析。这些数据既包括一些明显的信息，如一个人的浏览记录、购买历史、社交媒体活动等，也包括一些更微妙的行为，例如一个人在某个网页中停留的时间、移动鼠标的速度、指针在屏幕上某个部分停留的时间（例如，在"关闭窗口"图标附近、在价格附近等）。在过去的二十年里，互联网公司已经变得非常善于收集消费者的大量数据。公司能够完全精确地分析消费者，将他们"分配到只有一个成员的小组"。换句话说，数据收集和分析的技术进步有可能使基于分组的定价演变为个性化定价。

在个性化定价中，公司按照每位消费者的个人预订价格来收费。个性化定价会使消费者剩余全部消失。为了实现这一目标，公司需要掌握消费者的偏好、效用函数、无差异曲线、当前情绪、价值、可用收入等方面的信息。这种定价政策将为公司带来最大的收益。围绕这些信息的收集和分析，个性化定价可能会给公司带来难以置信的成本。此外，消费者不太可能透露以上全部信息。但大数据的出现大大降低了收集和分析每位消费者信息的成本，并使消费者以隐含在其习惯和行为中的方式泄露了信息。大数据驱动的个性化定价(big-data driven personalized pricing，BDPP)在伦理上会不会有问题？BDPP有什么独特之处？该研究对此进行了讨论。

2. 研究内容

价格歧视使经营者能够获取更多的消费者剩余（即人们愿意支付的价格和最终支付的价格之间的差额），但价格歧视在完全竞争的市场上是不可能出现的，它最有可能出现在垄断或寡头垄断的情况下。BDPP 是一种价格歧视的实现形式，该研究首先讨论了BDPP 的好处，包括促进福利平等和资源平等，以及（从市场效率的角度）增加的整体社会福利。该部分的研究包括以下内容：

①平等。首先，个性化定价减少了福利的不平等。与平等定价（向不同的消费者收取相同的价格）相比，向消费者收取他们的保留价格似乎是平等对待他们的福利的一个更好的方法：消费者支付的价格是他们认为值得的价格，每位消费者最终支付的费用与产品对他们的价值一样多，且有更多的人得到了这些产品。同时，个性化定价也带来了更平等的资源分配。在常规定价中，那些拥有更多资源的人为同样的产品支付的金钱比例要小于那些资源较少的人。在 BDPP 中，一个人拥有的资源越多，他们被收取的价格就越高。由于它对富人的收费高于平等定价，BDPP 使积累资源更加困难，从而资源最终会被更平等地分配。

②社会福利和效率。当企业进行价格歧视时，他们可以通过向那些无法负担均衡价格的消费者收取较低的价格来提供服务。然后，企业通过向那些有能力支付更多费用的消费者收取更高的价格来弥补这一点。每个人都以他们愿意支付的价格得到了他们想要的产品，市场效率获得了提高；每个人都过得更好，且不会对任何人造成伤害。价格歧视有利于企业更有效地分配资源，增加总产品和福利，并将以前未得到服务的群体纳入市场。

然而，事实证明，BDPP 增加了关系上的不平等，即社会地位和身份的不平等。如果被照顾的消费者被告知自己是因为不幸或者贫穷而获得补偿，得到更低的价格，他们会认为这是对他们的侮辱和轻视。也就是说，公司并没有在他们作为市场参与者的地位和社会地位方面对他们给予平等对待。除此之外，在平等定价时，消费者可以与企业竞争，二者享有平等的地位（普通消费者可以通过更换供应商来购买相似的产品，这是他与公司竞争的方法）。在使用 BDPP 的过程中，企业剥夺了消费者对自己愿意支付价格的发言权，这意味着 BDPP 将消费者从参与市场中获得的利益降到了最低。

基于市场失灵方法（market-failures approach，MFA），该研究认为 BDPP 在伦理上是错误的。价格歧视只有在不完全的条件下才能为企业所用。在完全的条件下，如果企业试图进行价格歧视，市场力量会将价格推回到边际生产成本：当获得完全竞争的条件时，没有企业有足够的市场力量来设定价格或数量，并且存在完全对称的成本和价格知识。消费者将转向那些定价比个性化定价公司所定价格更低的公司购买产品。

另外，BDPP 利用并加剧了市场上已经存在的信息不对称。企业不仅对自己的生产成本有更好的了解，而且随着大数据的出现，他们也可能知道每位消费者的保留价格。在这个意义上，使用 BDPP 的企业将价格视为外生因素，企业不再是价格接受者。而如果企业的行为被 MFA 视为道德行为，那么企业本应是价格接受者。使用 BDPP 的公司不需要借助价格机制来发现消费者的偏好和保留价格；相反，他们进入市场时已经知道了这些信息。因此，企业从价格接受者转换为全方位的价格制定者。从 MFA 的角度来看，这似乎比非歧视性的垄断以及非 BDPP 形式的价格歧视在道德上更糟糕。毕竟，竞争性市场的部分意义在于企业为消费者剩余而竞争，在竞争中最终使自己的利润最小化，使消费者的利润最大化。

最后，通过对市场失灵方法进行改进探讨，该研究证明了 BDPP 如何以特有的不公平性在伦理上犯错。BDPP 在两个方面破坏了关系上的平等。一是 BDPP 导致企业不平等地对待不同的消费者。消费者必须在价格上相互竞争，但没有办法做到公平竞争，他们也没有能力与企业竞争。更重要的是，BDPP 破坏了消费者作为市场参与者的价值。BDPP 将企业利益置于消费者的利益之上，削弱了消费者作为市场价值来源的重要性，也削弱了市场存在的意义。有了 BDPP，消费者就失去了塑造市场的权力。二是即使没有 BDPP，信息不对称现象也比比皆是。信息不对称的存在以及公司对信息不对称的使用，在道德上不一定是令人反感的。BDPP 的问题在于，消费者是否有合理的手段来克服相关的不对称性。在一个没有 BDPP 的不完善市场中，消费者可以通过合理的努力如四处采购，并利用市场机制对价格进行事实上的谈判。一旦引入 BDPP，消费者就不能再利用市场机制，通过让公司为他们竞争来实现他们与公司的竞争。

3. 研究意义

虽然 BDPP 目前还不能用于企业，但在理论上是可能的。该研究指出，BDPP 有望更好地实现福利和资源的平等。更确切地说，虽然对同样的产品向消费者收取相同的价格是平等对待他们的一种方式，但向他们收取保留价格使企业能够在福利和资源方面平等地对待他们。BDPP 也会带来更好的整体社会福利，特别是提高了一个不完善的市场的效率。BDPP 允许这些公司为以前未被服务的消费者提供服务。然而，当 BDPP 不能为任何社会期望的目的（除了在不完善的市场中提高市场效率）做出贡献时，BDPP 的这些优势就会被削弱。更具体地说，当 BDPP 仅是为了利润最大化而被使用时，它破坏了消费者之间以及消费者与企业之间的平等关系，破坏了福利和资源平等的改善。当我们考虑到拥有竞争性市场的一个重要意义是改善消费者的福利（而不只是满足他们的偏好）时，我们可以使用这种关系平等的概念来构建 MFA 的精细化版本。根据 MFA 的精细化版本，企业应该避免那些利用和加剧市场失灵的行为，削弱消费者从市场中获益的能力。BDPP 是一种不道德的商业行为，因为它利用和加剧了市场失灵，以达到利润最大化的目的，破坏了消费者在市场中的地位和作用，以及他们真正从中受益的能力。

（二）相关案例解析

1. 案例背景与目标

"大数据杀熟"是许多互联网企业要面对的指责。"大数据杀熟"与 BDPP 有一定的相似之处，二者都是利用大数据所提供的用户信息来为用户提供个性化定价。不同的是，BDPP 是根据消费者的购买行为判断消费者的偏好，从而以更合适的价格卖出更多的产品（向富人或需求更大的人收取更高的价格），得到更多的消费者剩余，达到利润最大化。而"大数据杀熟"主要是通过对数据的收集、利用和决策来分析消费者画像，同样的产品（或服务）对老顾客收取更高的价格，而对新用户收取更低的价格。

2. 痛点与挑战

美团是一个集"吃喝玩乐"信息于一体的综合网络平台。美团内部优惠方式多样，包括红包、津贴联盟、满减、代金券、金豆、天天神券、首单优惠等。然而，算法的灵活性导致大多数用户不能掌握其中真正的逻辑。在美团，经常出现同样一件商品在不同的客户端显示不同的价格，且大多数人发现，老用户或者会员面对的优惠总是更少。有消费者发现，在开通了美团会员后，商品的配送费不降反增。于是，美团陷入了"杀熟"的指责风波。

3. 解决方案

美团回应称，配送费差异与会员身份无关，是定位缓存偏差导致。用户实际下单的配送费，会按照真实配送地址准确计算，不受影响。针对定位缓存问题，美团表示正在积极改进，称产品和技术部门已经成立专门团队，正在与用户进一步沟通解决问题，提升产品和服务水平。

同时美团强调，其不存在"大数据杀熟"的情况。美团表示，对所有的客户一视同仁，如果出现外卖产品价格及配送费等方面的差异，极有可能与彼时商家、平台优惠、骑手运力情况有关（搜狐财经，2020）。

4. 营销效果

美团的解释并不能让消费者信服。开通美团会员的客户纷纷控诉美团利用大数据"宰杀"老客户的行为，并呼吁消费者协会介入。在美团发布回应后（2021 年 12 月 18 日），其公司股价下跌了 3%，市值蒸发逾 400 亿元。可见，算法虽然带来了个性化定价的便利，但消费者对滥用算法造成的价格歧视深恶痛绝，企业在营销实践中需要加以注意。

第二节 人工智能技术带来的隐私侵犯问题

一、隐私侵犯的概念

隐私权是保持私人生活安宁，私密空间、私密活动和私密信息不受外部干扰的权利。人们都期望保有一定的隐私，但一直以来营销活动中的用户隐私侵犯问题时有发生。在传统营销模式中，即使获得消费者个人信息要经过消费者本人的允许，一些营销人员依然会通过电话、短信以及电子邮件的方式对消费者销售产品。随着智能时代的到来，营销人员已经可以利用智能算法，通过多种渠道触达目标消费者，其中隐私权问题变得更加复杂且常见。在大数据时代，为了使得智能算法更加精准，企业所收集的信息涵盖了大量个体不想曝光的、也不应被众人知晓的基本人口统计状况、兴趣偏好、地理位置行动轨迹、社交范围、亲属关系群体、消费水平等信息。企业希望根据这些信息绘制用户画像，推断其兴趣偏好与需求，并在此基础上推送符合用户兴趣的产品或者服务。一方面，这是智能时代企业自身重要的数据资源和市场竞争优势；另一方面，这也使得大量的个人信息和行为数据被暴露在企业面前。所以智能营销带来了越发严重的隐私侵犯问题，这使得消费者产生了反感情绪。

二、智能营销中的隐私侵犯类型及表现

智能技术的发展对人们的隐私问题提出新的挑战。与传统隐私侵权相比，人工智能技术加持下的算法，其侵权范围更广、影响更深，危害后果更为严重。人工智能会依赖大规模的数据进行模型训练，然而在信息收集过程中，常出现通过不当手段获取用户隐私信息并加以泄露、二次利用的情况，如部分应用程序默认开启定位功能以获取轨迹信息，或通过购买电话信息进行业务推销等。事实上，许多企业通过获取更多的客户个人信息以获取更多的经济利益，通过一定的技术处理手段，将用户信息用于精准营销、用户画像、客户定级等商业途径，该行为不仅侵犯了用户的知情权、公平交易权，也侵犯了用户的隐私权（赵佳慧，2019）。以下是智能营销中常见的隐私侵犯问题。

①个人信息被监视。借助于人工智能技术，企业可以赋予每个用户大量的数据标签，并基于这些标签了解消费者的偏好和行为，甚至比消费者还了解自己，因此个人生活被监视成了智能营销中突出的道德问题。一方面，许多营销人员可以在消费者完全不知情的情况下要求用户注册或通过其他智能化方法，轻而易举地得到消费者的个人信息，甚至有些公司非法公开或售卖消费者信息，包含消费者的银行账户等重要信息。另一方面，未经本人同意的大数据非法监听和解读误导、干扰着用户的生活，普遍性的数据造假及数据泄露问题瓦解着用户的信任。随着社会对隐私侵犯等负面案件曝光的增加，用户在 360 度全方位的"全景监狱"监视之下，缺少自由。在用户隐私保护意识不断提高的今天，依赖数据积累的智能营销隐藏着与用户因数据权、隐私权纠葛而产生的直接性矛盾。

②个人生活空间被挤占。企业经常利用智能算法分析并确定消费者的喜好，定向投放广告，进行信息轰炸。研究表明，隐私泄露导致的精准推送愈加普遍，侵占了消费者太多的时间。同时，可读、可写、可交互技术建构的"沉浸式"参与体验广告，往往为了吸引消费者而无所不用其极，进行着视听侵犯。由于企业投放的广告利用追踪定位技术实时访问信息，这样一来，隐私泄露的消费者不得不花钱购买"本属于自己的时间"。如此，营销信息的个性化定制推送将消费者束缚在"自己喜欢的世界"，而非"真实的世界"。消费者被人工智能广告包裹在"信息茧房"里，这带来"信息沟"的加剧，也易造成消费者视野偏狭、思想封闭等问题（蔡立媛和李晓，2020）。

◆ 研究前沿与相关案例 7-3

精准营销导致有较高产品参与度的消费者产生对隐私的担忧

（一）研究内容概述

该研究原题为《数据驱动的精准营销能否提升用户的广告点击率？来自微信朋友圈广告的证据》（*Can Data-Driven Precision Marketing Promote User Ad Clicks? Evidence from Advertising in WeChat Moments*），由华南理工大学的于（Yu）等人发表于 2019 年的《产业营销管理》（*Industrial Marketing Management*）。该研究讨论了数据驱动的精准营销（如基于大数据分析的个性化网络广告或最优个性化推荐算法）被认为是企业提高营销效果的重要途径，然而，目前的研究还存在很多有待进一步探索的地方。该研究基于线索利用理论（cue utilization theory）构建了一个概念模型，重点关注消费者对个性化网络广告的感知对点击意向的影响。基于对中国 446 名微信用户朋友圈的调查数据，该研究的实证结果显示：①由于采用了更高的产品参与度、品牌熟悉度、视觉吸引力和信息质量，消费者对个性化网络广告的点击意向增加；②信任在视觉吸引力和信息质量影响点击意向的过程中起到中介作用；③较高的产品参与度也激发了消费者对隐私泄露的担忧，这对产品参与度、品牌熟悉度和信任对点击意向的积极影响起到了负向调节作用。研究结果丰富了消费者对个性化网络广告的感知和对心理机制的理解，从而对精准营销做出了贡献。

在线阅读 7-3

1. 研究背景

将商业信息准确地传递给潜在消费者一直是广告和营销的主要目标。在传统广告时代，因为制造商缺乏获得每位消费者多维信息的渠道和分析这些信息的计算能力，广告只能以整个市场为目标，不能做出广告差别，这导致了低精度和高投资浪费的问题。但随着互联网的快速发展和电子商务的普及，企业已经有了越来越多的方法来收集消费者的多维信息。大数据、深度学习和认知计算等数据分析技术的快速发展，帮助制造商识别不同类型的消费者，以准确描述用户概况。这样，制造商可以通过精准营销直接向潜在消费者传达产品信息。在中国，由于移动互联网的快速发展和社交媒体的日益普及，微信已经成为企业选择推广精准营销广告最受欢迎的平台。微信拥有超过 10 亿人的月活跃用户，并与数十个与用户日常生活相关的行业建立了联系，包括社交、电子商务、零售、食品服务、快递、旅游、酒店等。由于用户数据量大，微信能够精确建立用户档案和兴趣标签。所以厂商可以根据自己的产品选择合适的目标群体，精准投放广告。目前，微信朋友圈有五种类型的广告：图像、视频、基本卡（basic cards）、自选卡（optional cards）和广告商投放的互动广告。而微信朋友圈中的广告只能显示产品的部分信息，如品牌、价格、产品图片等，用户点击广告链接后，完整的信息才会显露出来。因此，点击率已成为评价精准广告有效性的关键指标。

2. 研究内容

微信朋友圈广告是在线广告，和网站上的横幅广告（banner ads）同属一类。在线横幅类的广告业务目前面临着点击率下降的挑战，这是由以下因素造成的：①现有横幅广告的内容与消费者要求的信息相关性不高；②消费者被网上可获得的大量信息淹没；③大量垃圾邮件充斥着互联网；④消费者对这种广告方式表现出消极的态度。

区别于电商时代的横幅广告，微信朋友圈广告在移动互联网时代可以更加个性化，因为厂商可以整合关于个人特征、行为和偏好的多维度信息。但相比网站，微信朋友圈更多是私人空间。微信朋友圈广告可能会让消费者觉得自己的隐私受到了侵犯。此外，基于线索利用理论，该研究认为广告的本质是向潜在的消费者提供一系列关于产品的线索，然后吸引消费者对广告产品的注意。在这一点上，研究应该区分关于产品的线索和关于广告本身的线索。消费者点击广告的意图取决于与广告本身相关的线索。只有他们点击并观看广告，他们才能获得更多关于广告产品的线索。因此，消费者从广告横幅中直观感知到的线索对消费者对于横幅广告的点击率有着直接和本质的影响。基于以上分析，该研究试图回答以下问题：精准营销能否提高客户对广告的点击率？哪些因素直接影响客户对个性化广告的点击意向？消费者的隐私顾虑如何影响其对社交网络平台个性化广告的点击意向？

该研究采用滚雪球抽样方法，邀请了广州市 235 名使用微信的大学本科生和研究生回答问卷。与此同时，他们被要求将调查问卷分享给他们的家人、朋友或同事。其中使用的问卷由三部分组成。第一部分是对研究场景的介绍，要求参与者在完成问卷之前，先浏览一下他们微信朋友圈中最近的三个广告。此外，参与者需要回忆过去三天内朋友圈中的广告，以及过去五天内是否通过浏览、搜索、与朋友聊天或线下消费等方式在微信中获得或产生有关这些广告产品或服务的信息。第二部分是一个衡量产品参与度、品牌熟悉度、视觉吸引力、信息质量、信任度、点击意向和隐私问题的量表，要求参与者回忆并根据他们对广告内容的看法进行回答。第三部分是类似人口统计来获取参与者的特征，包括性别、年龄、教育和工作经验。

对于收集到的数据，该研究进行了统计分析，结果表明：①消费者的广告点击意向随着产品参与度、品牌熟悉度、视觉吸引力和信息质量的提高而提高。②信任在视觉吸引力和信息质量影响消费者点击意向的过程中起中介作用。③较高的产品参与度也会刺激消费者对于隐私的担忧，这对产品参与度、品牌熟悉度和信任度给点击意向带来的积极影响起到了负面的调节作用。

3. 研究意义

在过去的二十年中，在线广告的点击率持续下降。该研究填补了从消费者的感知和认知因素角度来讨论消费者对个性化在线广告的点击意图这一空白，有助于从消费者的感知和认知因素角度理解点击意图的影响因素。研究结果表明，产品参与度是消费者对定向广告的主要感知，个性化带来更高的点击意图的同时，也可能引发消费者对隐私的担忧。该研究进一步发现，隐私问题对产品参与度、品牌、熟悉度和信任度对点击意图的积极影响起到了负面的调节作用。这些结果扩大了对精准营销实施的理解：精准营销是一把双刃剑，在提升广告营销的精准度以及消费者广告点击率的同时，也可能激发消费者对隐私的担忧，削弱精准营销的效果。

除了上述的理论意义，该研究还具有以下管理意义。该研究强调了数据驱动的精准营销在当今商业环境中的重要性。根据研究结果，该研究为企业提出了以下最佳实践指南，以促进精准营销。①企业应考虑投入更多的资源优化个性化推荐算法。②企业需要在"收集消费者信息以提供更好的个性化服务"和"保护消费者隐私"之间取得平衡，并充分考虑消费者隐私担忧的负面影响。③如果收集消费者的信息，应在隐私声明中明确其信息收集、存储和使用的目的，企业应在实践中信守承诺。④企业应更加关注个性化在线广告的设计，尤其是视觉吸引力和信息质量，因为它们是消费者对广告信任的关键来源。

（二）相关案例解析

1. 案例背景与目标

塔吉特百货（Target Corporation）的总部位于美国明尼苏达州的明尼阿波利斯市，是美国仅次于沃尔玛的第二大零售百货集团，公司致力于为客户提供时尚前沿且物美价廉的零售服务。2012年，塔吉特百货公司通过运用精准营销策略建立大数据模型来预测妇女是否怀孕，能够在很小的误差内预测到妇女的怀孕情况，就能早早地把优惠广告寄发给顾客。公司基于数据挖掘所做的用户行为分析的结果，系统地对用户进行了个性化推荐，以至于他们有把握给客户提供的商品是他们所喜欢和需要的。但这间接导致塔吉特公司比一位高中生女孩的父亲更早一个月知道了自己的女儿怀孕了，此事甚至被《纽约时报》进行了报道。

2. 痛点与挑战

大数据分析虽然在智能时代的营销活动中广泛应用，但在使用中无法把握好收集信息的"度"，如果收集信息不充分，则无法做出正确的推荐；收集信息过多，则会导致用户的隐私受到侵犯。目前，收集用户隐私主要有以下几种方案：一是运用cookies技术搜集和跟踪用户的网上活动或行为，并对其进行有针对性的营销宣传和推广。二是以用户过去或现在的位置信息以及根据位置信息推导出个人信息。但是，某些网站未经消费者许可，便在网站上使用或泄露消费者的隐私信息。

3. 解决方案

塔吉特百货随后致歉，并承诺会重视数据获取的合法性。随着数据量级增长和新的营销渠道不断加入，对于营销人员来说，能够正确管理数据并得出准确的见解至关重要。而且，数据获取的合法性也必须受到重视，否则极易失去用户的信任，得不偿失（向倩雯，钟涛，李映辉，2016）。

4. 营销效果

塔吉特百货最终支付了巨额赔偿以弥补声誉损失。其后，塔吉特百货承诺会通过引入更先进的智能卡付款系统技术来强化销售点的安全。从这个案例中可以看出，大数据和智能分析虽然能帮助企业准确地定位目标消费者，但如果侵犯了消费者的隐私，出现了伦理问题，消费者会表现出反感，使得智能营销活动出现反效果。

研究前沿与相关案例 7-4

大数据技术的发展使得数字版权保护面临挑战

（一）研究内容概述

在线阅读 7-4

该研究原题为《大数据市场综述：定价、交易与保护》（*A Survey on Big Data Market: Pricing, Trading and Protection*），由美国陶森大学（Towson University）的梁（Liang）等人发表于 2018 年的（*IEEE Access*）。该研究认为，大数据是开启下一个生产力增长浪潮的关键。由于一些新的应用和技术渗透到我们的日常生活中，包括移动和社交网络应用和基于物联网的智能世界系统（例如，智能电网、智能交通、智能城市等），我们收集到的数据量一直呈爆炸性增长。

随着数据的指数级增长，如何有效地利用这些数据成为一个关键问题。这就要求开发一个能够实现高效数据交易的大数据市场。通过将数据作为一种商品推向数字市场，数据所有者和消费者能够相互联系，共享并进一步提高数据的效用。然而，为了实现这样一个有效的数据交易市场，需要解决一些挑战，例如，为要出售或购买的数据确定适当的价格；设计一个交易平台和方案使交易参与者的社会福利最大化的同时，保证效率和隐私；保护交易的数据不被转售，以保持数据的价值。该研究对数据和数据交易的生命周期进行了全面调查。具体来说，该研究首先研究了各种数据定价模型，将其分为不同的组别，并对这些模型的优缺点进行了综合比较。然后，该研究着重探讨了数据交易平台和方案的设计，以支持高效、安全和保护隐私的数据交易。最后，该研究回顾了数字版权保护机制，包括数字版权标识符（digital copyright identifier, DCI）、数字版权管理（digital rights management，DRM）、数字加密、水印等，并概述了数据交易生命周期中的数据保护挑战。

1. 研究背景

随着人们对大数据在提高公用事业的效率和决策、消费者体验等方面的经济价值越来越关注，一些第三方大数据交易市场已经被设计出来。例如，全球大数据交易所（Global Big Data Exchange，GBDEX）拥有从数千家公司和组织收集的超过 150 PB 的授权可交易数据。尽管如此，由于缺乏可行的协议，现有的大数据交易市场仍处于初始阶段。为了促成一个有效的数据交易市场，需要解决几个挑战。第一个问题是关于如何确定要交易的数据的适当价格，在设计相应的数据定价模型时必须考虑市场结构。通过适当的价格，可以确保数据所有者和消费者的经济利益。第二个问题与数据交易平台和计划有关。必须设计可行的交易平台和方案，以确保市场参与者的利益、公平性、真实性和隐私。例如，需要建立一个可信的第三方平台，以确保存储在不同地点的数据可以流通，为异质用户提供可靠的服务。此外，为了防止隐私泄露或其他攻击，数据交易过程需要高水平的安全性和隐私性。第三个问题与数据版权保护有关，因为数字产品很容易被伪造或复制。具体来说，如果购买的数据被买家转卖，作为卖家的原始数据所有者的数据价值将受到很大影响，导致数据所有者不愿意参与市场。因此，数据版权保护计划的设计必须确保所有者的合法权利。为了解决上述问题，该研究对大数据交易进行了全面调查，并对这一复杂学科和新兴研究领域的进行了总体阐述。

2. 研究内容

该研究回顾了与大数据相关的研究，并确定了数据交易的大数据生命周期，包括：①数据收集。数据收集分为三个步骤。第一步，收集数据。不同类型的数据通过不同的收集方法进行收集，所有的原始数据都由数据所有者存储。第二步，清洗数据。收集之后，数据所有者需要对原始数据进行预处理并将不同类型的数据进行分组。第三步，验证数据。通过随机抽取样本数据来确保原始数据是可用的、有意义的。②数据分析。在原始数据集的收集和预处理之后，由机器学习和数据挖掘技术支持的数据分析是从数据集中提取商业价值的最重要阶段。③数据定价。由于数据集具有商业价值，因此在数据分析后需要选择数据定价模型和方法。在这个阶段，数据所有者给每个数据集定一个合理的价格，以便将这些数据集推向数字市场。影响价格的因素包括数据大小和客户需求等。④数据交易。数据作为一种数字商品，需要一个合适的市场和交易方式。为了安全、公平地交易数据并获得最佳利润，设计有效的数据交易方案（如拍卖）非常重要。⑤数据保护。数据交易后，需要保护数据的版权和数据所有者的合法权利。这也是大数据生命周期闭环不可或缺的阶段。

值得注意的是，由于之前的大量研究致力于数据收集和数据分析，因此本研究侧重于数据定价、数据交易和数据保护，接下来将详细介绍这三部分。

首先，基于充分和全面的数据样本，数据挖掘和机器学习过程可以从数据集中产生商业价值。因此，大数据成为一种新的数据资产，需要一种有效、公平的评估和定价方法。该研究回顾了与大数据定价相关的已有研究，发现影响数据定价的主要因素是数据收集成本、数据分析成本、数据管理成本和消费者需求。此外，该研究将现有研究中的定价模型分为两大类：①基于经济的定价模型。最常见的策略是基于经济的定价，它基于经济原则建立价格模型，包括成本模型、消费者感知模型、供求模型、差别定价模型、动态数据定价模型。②基于博弈论的定价模型。在这样的策略中，模型考虑的价格是动态的，并受到竞争的影响。包括非合作博弈、斯坦克尔伯格博弈、讨价还价博弈。

其次，大数据交易涉及通过信息通信技术进行的资源交易和分配。其主要目的可以分为两个方面。一方面，数据交易过程应使数据所有者的利益最大化；另一方面，这一过程也应满足消费者对海量数据的需求。数据消费者可以进一步利用这些数据集来改善他们的产品或服务。这无疑是一个对所有者和消费者都有利的过程。然而，一些问题仍然没有解决，包括如何确保多个所有者利润最大化，如何确保交易的真实性，如何保护所有者和消费者的隐私，以及如何建立一个可信的交易平台。此外，与对交易传统商品很重要的传统市场类似，数据交易也需要数据市场的支持。该研究全面回顾了大数据市场平台和数据拍卖模式。大数据市场平台是一个成功的数据市场，既要为供应商和消费者提供最佳的销售和购买体验，也需要保护数据商品和个人信息的隐私。数据拍卖则是一种经济驱动方案，旨在通过买方和卖方的投标过程来分配商品并确定相应的价格。由于能够确保公平和效率，拍卖机制在解决大数据交易问题方面显示出巨大的潜力。典型的拍卖类型有单边拍卖、双重拍卖、密封投标拍卖以及组合拍卖。实际上，为大数据交易设计有效的交易平台和拍卖模式仍然是一个具有挑战性的问题。为了支持大数据交易，需要进一步做好研究工作，包括设计安全的第三方交易平台，创建有效的拍卖模型，确保多个数据所有者和消费者之间的真实交易，以及开发隐私保护机制，确保敏感信息不被泄露，等等。

最后，该研究探讨了大数据生命周期的最后一部分——数据保护。数字管理技术是保护大数据不被窃取和复制的关键方法。基于不同的数字内容，该研究将数字版权管理模型分为以下三类：

第一，基于软件的数字版权管理。这其中涉及两种主要方法，即在线身份验证和离线身份验证。对于在线身份验证，软件会在用户开始安装时首先检查互联网连接。如果有互联网连接，软件会向数字版权管理服务器发送身份验证请求。否则，安装将在没有互联网连接时停止，或者只安装软件演示。离线身份验证比在线身份验证更重要。如果没有离线数字版权管理的支持，本地许可证文件更容易解密。

第二，基于多媒体的数字版权管理。多媒体是数字商品最重要的组成部分。超过80%的互联网流量专用于视频内容。因此，一个较大的挑战是如何适当地保护多媒体内容的版权。一般来说，加密和水印技术都是朝着这个方向发展的。

第三，基于非结构化数据库的数字版权管理。非结构化数据，例如word文档、PDF文档、各种数据库、源代码等，都是数字化的数据，可以方便地传播和存储。此外，非结构化数据通常具有很高的商业价值，并且包含敏感信息，这些信息的泄露将导致数据所有者的关键业务出现损失。由于非结构化数据更容易被操纵和破坏，因此通常使用加密的方法来保护非结构化数据。

3. 研究意义

该研究的主要目的是对大数据交易有一个清晰而深刻的了解。研究概述了与数据定价、数据交易和数据保护相关的主题，并强调了尚未解决的领域，以进一步促进大数据的研究和开发。具体来说，该研究首先回顾了与大数据相关的已有研究，并确定了数据交易的大数据生命周期，包括数据收集、数据分析、数据定价、数据交易和数据保护。其次，该研究回顾了与大数据定价相关的工作，并对不同的市场结构、数据定价策略和数据定价模型进行了分类,列出了每一类的优势和局限性。接着,对于数据交易过程,该研究概述了与数据交易相关的关键问题及其可能的解决方案。然后,该研究进一步调查了拍卖策略,并详细介绍了不同的方案、交易平台和相关问题。最后,该研究调查了作为大数据生命周期最后阶段的数据保护,不仅对现有的版权保护方案进行了分类,还概述了大数据版权保护面临的挑战。

(二)相关案例解析

1. 案例背景与目标

内容分析和用户标签是算法推荐系统的两大基石,其基本逻辑就是根据用户使用行为进行标签化分类,并推荐与用户标签相符的内容,同时通过大数据实时细化、调整用户标签,再对内容的流量池进行再分配。算法推荐的普及让侵权内容难以得到有效管控,互联网一直是知识产权难以得到保障的重灾区,内容方面的侵权事件不断发生。

2. 痛点与挑战

目前,流行的算法推荐技术,给版权治理提出了新难题。不只是在影视剧领域,大量的个人创作者的原创内容也一直存在着被重新剪辑、组合,甚至直接搬运到其他平台播放的情况,而在算法推荐的加持下,侵权作品还会取得比原链接更高的播放量。总之,在算法推荐技术下,侵权内容能得到快速传播,单个作品能分化出上千条不同来源的侵权视频,溯源及维权的负担极大,尤其是个人创作者以"一己之力"很难对全部侵权方进行投诉(36氪,2021)。

3. 解决方案

事实上,算法技术也可以应用到版权保护中,例如海外的短视频平台 YouTube 等已引入了 Content ID 等版权过滤技术,通过相应的反盗版技术,可以做到99%以上的侵权内容屏蔽,国内的头部算法推荐平台同样可以借鉴此类做法。中国人民大学法学院教授李琛在接受媒体采访时谈道:"治理方面需要多管齐下,比如在交易平台嵌入较成熟的内容识别技术;作为合理注意义务的检验指标,传播平台设有用户上传指南;对侵权内容做多元化处理,比如让渡广告给权利人、处理成免费市场调查的样本。"(人民网,2018)

4. 营销效果

屡见不鲜的版权保护问题已逐渐引起了人们的重视。未来,在平台技术的不断迭代过程中,平台方也可以将算法用于新的"版权保护"模式中,新的算法治理与版权保护标准也有希望应运而生。

第三节　人工智能技术带来的消费决策自主性丧失问题

一、消费决策自主性的概念

消费决策自主权是指消费者有能够知晓产品,并经过深思熟虑后独立做出判断和选择的权利。消费决策自主权是健康消费行为，是消费者追求的核心权利之一。消费者自主权主要取决于"一个人能够做出和实施这些自己的决定的程度"。消费者通常试图从一系列关于产品或服务的集合中选择最好的选项，这就需要检查和比较不同选项的相关特征，即权衡利弊。随着智能推荐算法的广泛应用，消费者在很多时候并不是选择商品，而是被推荐商品。这虽然节省了消费者的认知资源，但这些智能推荐算法存在着削弱消费者决策自主性的风险。

　　为消费者推荐产品看似是好事，但在营销实践中，完全依赖于算法推荐可能会引发企业和消费者的利益冲突。一方面，很难判断人工智能推荐的商品，是符合消费者需求原则，还是符合商家利益最大化原则。消费者很有可能在智能推荐算法的影响下，盲目购买一堆自己并不需要的东西，造成消费后后悔的现象。另一方面，随着人工智能技术推动下营销策略和工具变得越来越隐蔽，消费者也越来越习惯这种做法，这使得智能算法有操纵消费者潜在消费的嫌疑，使得消费者发现自己真实消费需求的能力减弱。这最终使得消费者容易被摆布，损害消费者的权利。

二、智能营销带来的消费者决策自主性丧失的表现

　　以大数据、人工智能等为代表的智能技术越来越多的被企业用于辅助消费者决策，不可否认这为消费者提供了一系列个性化服务，提升了用户体验。但算法推荐可能会适得其反，可能导致消费者感到他们的自主权或自由意志受到损害，也增加了消费者的决策被干扰和操控的风险。以下是智能营销带来的消费者决策自主性丧失的表现。

　　①降低消费者决策的质量。基于人工智能技术的智能推荐工具的构建通常依赖于历史信息，这一过程并没有消费者的参与，消费者也无法反馈算法提供的建议是否合适，这阻碍了算法学习消费者的真实偏好。其结果就是，消费者无法知晓算法推荐的过程或理由，而是只能选择相信或不相信算法提供的建议，从而降低了消费者做出决策、深思熟虑的选择能力。

　　②带来消费者决策的"逆反"。尽管算法能够帮助人们做出一些简单的选择，但有时也会带来一些负面影响。这是因为虽然预测性算法在预测消费者的偏好方面越来越精确，但决策辅助工具往往过于不透明，消费者无法理解它们是如何影响偏好和决策的。如果这些技术破坏了消费者在决策中所寻求的自主感，消费者就会感知到被剥夺了自主选择的能力，从而产生决策"逆反"心理。在此影响下，消费者往往会对推荐的产品视而不见，转而购买自己没见过的"新奇"产品。

　　③剥夺了消费者其他选择的偏好。智能算法通过使用消费者过去的行为和选择结果来预测他们未来的偏好，并提供相应的内容推荐。换言之，智能推荐实质上只是增强了消费者对现有某类产品的偏好，而没有让消费者探索或接触到其他可能的偏好产品，即剥夺了消费者改变现有偏好和选择其他偏好的机会。事实上，个体的个性和品位是可以持续发生显著变化的，然而，这种基于最佳预测消费者当前偏好的算法，将使消费者重复过去的行为模式，并减少其接触非寻常的、偶然的内容的可能性，使消费者的固有看法和偏好随着时间的推移而更加稳定。

研究前沿与相关案例 7-5

人工智能广告营销忽略了消费者的其他可能偏好

（一）研究内容概述

该研究原题为《人工智能和大数据时代的消费者选择和自主权》（*Consumer Choice and Autonomy in the Age of Artificial Intelligence and Big Data*），由欧洲工商管理学院（Institut Européen d'Administration des Affaires）的安德烈（André）等人发表于 2018 年的《客户需求和解决方案》（*Customer Needs and Solutions*）。该研究指出，人工智能和数据分析领域的最新发展，正在促进消费者领域例行事务的自动化（例如，智能家居和自动驾驶汽车）。该研究认为，这些发展可能给营销人员、消费者和政策制定者带来矛盾：一方面，这些发展可以使消费者的选择更简单、快捷、高效，从而为消费者带来更多的便利；另一方面，这些发展也会削弱消费者的自主意识，这种意识的缺失会损害消费者的幸福感。该研究从市场营销、经济学、哲学、神经科学和心理学的不同角度出发，探索消费者在做出选择时的自主意识如何影响他们的幸福感。研究讨论了新技术如何增强或削弱消费者对其选择的控制感，以及如何反过来增强或削弱消费者的幸福感。在此基础上，该研究确定了消费者选择、幸福感和消费者福利领域的开放式研究问题，并提出了未来可研究的途径。

在线阅读 7-5

1. 研究背景

信息化时代的消费者面临着比以往更多的选择和更多关于这些选择的信息。根据经济学中的效用理论，市场应该帮助消费者找到和选择最适合他们需求的选项，使他们能够降低搜索、交易、决策的成本并增加他们从选择中获得的效用。当前，人工智能和数据分析的发展为消费者进行选择提供了更多的便利。基于人工智能和大数据的高级算法可以准确地搜集人类的历史消费信息，并从这些信息中推测一个人的消费偏好，提前帮助消费者进行信息的筛选，将更符合消费者购买偏好的商品呈现在他的面前。在消费者进行选择时，展现的就不再是纷繁复杂的选项，而是算法给出的与消费者特征最适配的选项。在大量消费者数据中深耕的复杂算法允许在线营销人员提供合适的产品或服务，这不仅减轻了消费者的搜索成本，还减轻了消费者选择时权衡的难度。例如，现在打开手机，会发现每个人的淘宝、京东、拼多多首页显示的内容都是不同的，因为每个人的消费习惯和偏好都是不尽相同的，因此网站推荐的产品也不尽相同。

新技术，一方面会帮助消费者更加快速高效地做出选择；另一方面，也可能削弱消费者在选择中的自主意识，如果这些技术削弱了消费者在决策中寻求的自主意识，那么这些技术带来的幸福感可能会被削弱，引起消费者的反感。例如，自动驾驶汽车能够通过大数据测算将人更快、更省力、更安全地送往目的地，但是有的人会倾向于自己作为司机去驾驶汽车。新技术如何增强或削弱消费者对自己选择的控制感，以及这些技术如何反过来增强或削弱消费者的幸福感，都是值得探讨的问题。从哲学到神经科学，该研究简要概述了消费者对选择和自主性的感知，讨论了与消费者现在面临的选择环境中一些前所未有的变化相关的发现，并确定了未来研究的方向。

2. 研究内容

该研究主要从以下四个方面展开讨论：①简要梳理研究动态，探讨消费者在自主的行动和选择上的必要性。②讨论消费者自主选择的好处和其对消费者福利的好处。③指出自主选择的成本以及选择可能适得其反的情况，并概述了消费者可能因选择和感受自主意识缺失而受到伤害的心理过程。④讨论了最近的技术进步可能影响消费者对自主性和幸福感的认知，并为未来的研究和应用提出建议。

第一，消费者自主选择的必要性。哲学、心理学等领域的一系列研究都将消费者对自由意志的信仰视为人类心灵的基本原则。第一种观点认为消费者似乎对自己的自由意志有着不可动摇的信念，他们在受到提示时，会把自己的行为描述成经过深思熟虑的选择和自主决定的结果。任何内在的、自由的、对世界有明显影响的行动，都很容易满足消费者的自主需求，但对选择行为的自觉意识和在决策过程中不受限制的自觉意识是使消费者自主体验突出的关键。第二种观点将自由意志的体验理解为一种支持自我调节的适应性过程，它提出了一种更加严格的观点，即自主的主观体验来自涉及跨期或道德冲突的决策。因为这样的决定需要承认多重自我之间的矛盾（例如，耐心与急躁的自我，自私与无私的自我，善良和恶魔的自我），它们突出了在两种选择之间进行仲裁的心理过程。相比之下，不带有任何形式的斗争或内部冲突的决定并不需要解决冲突，决策的选择心理过程对个人来说并不明显。

人们从自主选择的体验中获得快乐。这样的心理由两种基本的心理需求激发：一是人们对能力的需求——以有意义的方式影响世界的能力，二是对自主性的需求——以自我决定和自主的方式。所以限制人们的自主选择权在一定程度上也可能引起消费者的反感。例如，特斯拉的自动驾驶汽车在设计时也保证了用户对于车辆的控制权，驾驶员可以定制自动驾驶的算法，自主选择线路等。

第二，让消费者自主选择的好处。积极的自我归因控制着人们的选择，这种归因有助于人们将积极的结果归因于自己，从而提高成就感，并产生更高水平的积极影响。研究表明，当人们的思想、行动和结果之间的因果关系链显而易见时，人们会对积极的结果产生更大的责任感。例如，在需要自我控制的情况下（比如在美味但不健康的甜点和健康但不太美味的甜点之间进行选择），自主意识可以帮助消费者抵制诱惑。抵制诱惑和选择有道德的决策可能会向消费者提供一个积极的自我信号，表明他们的意志力和道德感，将能增强所做出选择的效用；屈服于诱惑则表明缺乏意志力，降低所做出选择的效用。

来自自主选择的效用超越了来自积极自我归因的效用，消费者对产品定制的偏好，甚至自己制造产品，都可以理解为对自主性和能力的追求，这有助于从消费中获得更多的效用。"宜家效应（IKEA effect）"指出，消费者从自己制作的某些产品中获得的乐趣比直接购买它们时更快乐，这也增强了他们对产品的评价，与由专家做出选择相比，人们在自己做出选择时；从消费享乐产品中获得了更大的满足感。

第三，消费者自主选择的负面影响。尽管消费者通常倾向于将自己的决定视为自主选择，消费者的自主选择也会带来重要的好处，但选择行为也会对消费者产生负面影响。当消费者面对没有选择，以及与他们的偏好不一致的重要决策时，他们对自主性的渴望会产生巨大的负罪感。这主要表现在以下三种负面影响上。首先，冲突权衡。如果消费者的众多选择中出现了一个明显优于其他选择的主导选项，那么这项选择任务则相对容易；当不存在这样的主导选项时，这种比较选择的过程在认知上是繁重的，需要消费者权衡并牺牲一些利益以换取其他利益。其次，即使消费者没有明确比较选项的属性，他们也经常会想象他们可能会如何使用产品，或者使用某个产品的体验会是什么。以这种心理模拟和阐述来支持选择过程，会导致消费者增强已放弃选项的价值，并降低做出正确选择的信心。最后，选择过多。人们在决定他们应该花多少时间来选择更好的选项时，他们没有考虑搜索选项、思考选择所花费的时间、认知和情感成本。很多时候，人们从选择稍微好一点的选项中获得的微小好处并不能抵消为找到它而投入的时间和精力，而这种选择最终会成为一种不满意的体验。

第四，幸福感、自主性和选择的研究方向。该研究为消费者选择自主权的探讨带来了更多的思考，消费者如何权衡享乐和自主驱动的动机还需要更多的调查——消费者何时会牺牲自己的首选来维护他们的自主性，以及何时对快乐、舒适和便利的追求会主导他们的选择？这对于未来广告营销的算法发展有指向性的参考意义。

3. 研究意义

该研究呼吁对消费者如何权衡享乐和自主驱动的动机要做更多的调查。与此同时，该研究认为消费者和商业从业者可能都没有预见到一些负面后果，市场营销人员应注意对隐私问题的关注。在营销手法中，利用人工智能推荐可能对人的营销伦理的认识产生重要的影响，也对管理者和政策制定者构成了挑战。例如，算法可能学会歧视特定种族的某些消费者，这在大多数国家都是非法的。

该研究的主要目标是提醒营销人员和政策制定者仔细考虑消费者的自主选择权，这是新技术如何影响消费者福利的重要驱动因素：在何种条件下增强或削弱自主意识，可能带来积极或消极的影响。该研究希望市场营销人员、研究人员、消费者和政策制定者意识到人工智能和大数据时代消费者选择中感知自主的重要性，并推动对这一重要课题的研究。

（二）相关案例解析

1. 案例背景与目标

英国《泰晤士报》创办于 1785 年，在世界范围内都有很大的影响力。《泰晤士报》自创立初期的目标就是可以独立、客观地报道事实。可是在当今这个信息化的时代，《泰晤士报》作为纸质媒体的竞争力远远不如基于网络传播的信息媒体，所以《泰晤士报》也在极力寻找突破口：开通网络版、采用新兴的人工智能技术，以吸引年轻读者为目标进行改革。

2. 痛点与挑战

网络媒体以快捷性、便利性、时效性、丰富性等特点取得了传媒市场的优势地位。随着网络媒体的兴起和发展，《泰晤士报》的发行量大幅下滑，也失去了很多年轻读者。

如何重新吸引年轻读者并增加自身的竞争力，成为《泰晤士报》努力的方向与目标。

3. 解决方案

和很多传统纸质媒体一样，《泰晤士报》也开通了网络版，读者可选择在网络上进行阅读。但是，《泰晤士报》并没有因为网络版更快捷、更便利、更具有竞争力而放弃纸质版，而是让读者自行选择阅读的版本，尊重了读者在选择时的自主意识。

不仅如此，2020 年，《泰晤士报》还推出数字管家詹姆斯（James），以最适合的方式向个人推荐阅读内容。但是对詹姆斯个性化推荐的批评也不绝于耳，认为这会导致"信息茧房效应"。面对这一质疑，《泰晤士报》表示人工智能推荐内容的多样性问题和如何保证读者在选择时的自主意识仍需要进一步解决，但是当下《泰晤士报》仍做出了应对措施。该媒体改变了其内容分发策略，其主站点在每天上午、中午和下午更新，并提供不同地区、不同兴趣爱好的版本内容，加强读者在选择时的自主意识，帮助每位读者可以获得不同的阅读体验（王南阳，2014）。

4. 营销效果

改革后，《泰晤士报》成功吸引了年轻读者，在数字管家詹姆斯的帮助下，网络版《泰晤士报》的订阅人数快速上涨。并且，《泰晤士报》的网络版也注重给予消费者更多的自主选择权，消减传播中的"信息茧房效应"和"回音壁"现象，让读者在选择和阅读中获得更多的幸福感。

研究前沿与相关案例 7-6

消费者往往会选择服从于基于算法所生成推荐的内容

（一）研究内容概述

该研究原题为《算法过度依赖：使用算法推荐系统如何增加消费者福利损失的风险》*(Algorithm Overdependence: How the Use of Algorithmic Recommendation Systems Can Increase Risks to Consumer Well-Being)*，由美国犹他大学（University of Utah）的班克（Banker）等人发表于 2019 年的《公共政策与营销杂志》（*Journal of Public Policy & Marketing*）。该研究认为，消费者在做出各种消费决策时越来越频繁地遇到推荐系统，尽管许多努力都旨在提高算法生成的推荐的质量，但有证据表明，人们通常仍不喜欢高级的算法推荐信息，而喜欢自己的个人直觉（第二类问题）。当前的工作强调了与推荐系统的使用相关的另外一个问题（第一类问题）：对算法的过度依赖。五个实验表明，基于算法拥有更强的专业知识，即使在推荐较差的情况下，消费者也会向算法生成的推荐投降。与之前的发现相反，该研究表明，消费者经常过于依赖算法生成的推荐，这会对他们自己的福利造成潜在的危害，并导致他们可能传播一些系统性的偏见，从而影响其他用户。鉴于推荐系统在消费者领域的迅速发展，该研究认为，对这些风险的理解和认识，对于有效指导和开发支持消费者利益的推荐系统至关重要。

在线阅读 7-6

1. 研究背景

21 世纪以来，世界进入信息时代，信息技术的发展促进了需求的自动化选择（the automation of demand），即通过利用个人偏好数据（例如在某一网站的停留时间、选择某种商品所耗费的时间等）和大数据分析合成推荐系统，促进消费者的搜索与选择。当前，自动化推荐在消费领域无处不在，换言之，消费者在做各种消费决定时，会越来越多地遇到推荐系统，如网上购物选择亚马逊，看电影选择奈飞，发现新音乐选择 Spotify，金融投资选择 Wealthfront，约会社交选择 Tinder。推荐系统的存在是为了更高效地帮助消费者过滤信息，进而提高整体决策的质量。但是算法推荐的出现也会使消费者过度依赖算法的推荐（第一类问题），这就是所谓的人工智能营销带来消费者决策自主性丧失的问题。第一，当复杂性因素（有限的注意力，做出选择付出的努力）和背景因素（弱点，风险和不确定性）交织在一起时，消费者很容易过度依赖算法推荐，而这可能既降低他们自身的利益，又导致他们可能传播一些系统性的偏见，从而影响其他用户。第二，消费者对算法推荐持怀疑态度，因而通常在做决定时更愿意遵循自己的直觉（第二类问题）。人们通过部分让渡自己的信息与权利，采用算法生成的消费推荐，以减少选择、判断的时间。

随着推荐系统越来越多地出现在消费者的视线中，它们对消费者利益构成的风险也越来越大。事实上，推荐系统将消费者在搜索和选择过程中的许多元素自动化，以此来简化决策，同时它们也会在促进消费者选择劣质产品和服务时，给用户带来更大的风险。也就是说，消费者往往倾向于过于依赖算法生成的推荐，以至于他们甚至可能选择对自己不利的劣质产品和服务。信息交换的复杂性（即用户认知限制）和背景（即市场不对称）相关因素同时出现时，用户将面临最严重的隐私泄漏。"向算法推荐技术投降"的框架重塑了政策制定者应对这些风险的方式，该研究扩展了这一框架，认为消费者"向算法推荐技术投降"的现象不限于信息交流，还表现在其他数字互动中，特别是在借助算法推荐系统做出购买决策时。此外，该研究在与消费者购买决策相关的框架中引入了额外的复杂性因素（即有限的理解）。对风险的理解和认识，对于指导和开发一个有利于消费者的推荐系统十分重要。

2. 研究内容

该研究分五个方面展开讨论。

①推荐系统的准确性。尽管现代科技一直在努力提高推荐系统的准确性，但在现代的数字市场上，消费者通常面临着信息存在缺陷的情况，算法推荐系统产生有偏见的信息内容和低劣的产品推荐的情形也相当普遍。由于消费者偏好数据的收集具有不确定性，同时商家企业往往难以衡量消费者的偏好，这就可能导致不恰当的输入所产生的次优推荐。所以，如果没有足够的指导，推荐系统在自动化需求方面的广泛使用可能在相当大的程度上损害消费者的福祉。

②使用算法推荐系统的复杂性挑战。随着市场经济的不断发展，企业之间的竞争愈加激烈，同一品类的产品选择众多，考虑到消费者所处的决策环境越来越复杂，人类理解和处理大量信息的能力受到各种限制，可能会使消费者的利益受到损失。不断扩大的

产品范围、可定制个性化产品的数量以及不同零售商、评级和评论的排列等都会让消费者所处的决策环境越来越复杂，因为消费者有选择性地分配有限的注意力资源，即使信息很容易获得，他们也可能无法完全准确地评估每一种产品。此外，消费者同时面临大量的选择带来的时间压力，从而放大注意力偏差，因此，人们在网上购物时，可能会依赖算法推荐。

③使用算法推荐系统中的情境挑战。情境挑战指的是消费者所处的市场环境特征，这点也会导致消费者对算法推荐的过度依赖。例如，消费者偏好数据的偏差和过滤算法故障所产生的推荐误差；企业之间的相互竞争，通过广告曝光、增加销售量等方式使得产品相关信息出现在被推荐的网站上。顾客通常不会被告知影响某些项目排名靠前或被推荐的除准确性外的其他因素，而正是这些因素导致了某些商品被排在前列和被推荐。除此之外，消费者购买的产品和服务越来越复杂，增加了网上购物决策的风险和不确定性。商家人为地对信息进行过滤，造成信息不对称，虽然公司通常对销售的产品有完整的的了解，但消费者往往不具备同等的了解程度。

④算法过度依赖。复杂性因素和环境因素会共同加剧个人在决策过程中过度依赖算法的倾向。具体来说，当用户对产品的理解有限，而推荐内容又传达出高度的准确性时，用户可能会服从推荐系统的选择，而不考虑推荐内容的质量。

⑤实证研究。该研究进行了一系列实验，旨在了解算法推荐对消费者决策质量的影响，消费者采纳这些建议的原因，以及如何降低消费者对算法推荐过度依赖的风险。实验 1 首先评估了由算法驱动的推荐系统提供的劣质推荐是如何影响消费者的决策的。结果发现，与没有算法推荐相比，算法驱动的推荐系统提供的劣质推荐服务会使消费者利益损失的风险增加 5 倍以上。实验 2（2a、2b）评估了可能影响消费者选择这种推荐方案的因素，实验 2a 结果表明，有偏见的推荐系统会降低决策质量，而且注意力的限制对于算法过度依赖的出现是不必要的。实验 2b 结果表明，无论面临决策所需的努力是多少，参与者都表现出对相似频率算法的过度依赖，也即进行决策所付出的努力并不是消费者过度依赖算法的必要因素。实验 3 结果表明，当复杂性和环境背景因素一致时，特别是当消费者认为算法在产品领域拥有更多的专业知识时，就会表现出对算法的过度依赖。实验 4 评估了对消费者进行教育所产生的干预方法的有效性，该研究应用了一种消费者教育干预方法，重点是提醒人们注意在线可能遇到的错误信息的情况。研究发现，该方法可能减少消费者的风险。

3. 研究意义

政策制定者监测推荐系统在数字市场的快速应用时，必须理解并平衡第一类问题（即算法过度依赖）和第二类问题（即算法厌恶）。算法所导致的劣质推荐有可能在整个网络中传播，并因此对消费者的利益构成风险。目前很少有规则直接规范推荐系统，因此消费者往往无法确定推荐标签的真正含义。当诸如"推荐"或"亚马逊的选择"这样的标签被应用到产品上时，向用户提供有关如何以及为什么选择这些产品的相关信息，也可以使消费者更容易确定他们是否应该采用或避免推荐。所以政策制定者应要求推荐系统披露被认为对用户有益的背后原因（例如，与购买的其他产品的相似性，对用户偏好的了解程度），可以使消费者在做决定时更好地评估建议的相关性。当产品推荐受到公司战略目标的影响时，如推广高利润的产品，这些披露对消费者来说可能特别有价值。采取措施解决与算法过度依赖相关的风险，适用于更广泛的情况，在这些情况下，劣质的推荐并不显而易见，而是在本质上更加微妙，因此需要更加小心的应对处理。

（二）相关案例解析

1. 案例背景与目标

智能推荐系统通过分析个人偏好数据，能更高效地帮助消费者过滤信息，进而提高整体决策的质量。然而对算法推荐的过度依赖可能损害消费者的潜在利益。例如，小红书等平台的"种草"推荐、"平价宝藏"推荐中掺杂着许多虚假评论、"刷单"，以及 UP 主收钱打广告等现象，逐步形成了一条"种草经济"的黑色产业链，一旦消费者过度依赖算法推荐，不进行信息甄别，就会掉进"假种草、真踩雷"的陷阱中，使自身的利益受到损害。对此小红书回应称，对虚假笔记及恶意刷量将采取实时打击，一经查实，严厉处罚，加强推荐系统的规范化，维护消费者的利益。

2. 痛点与挑战

消费者通常面临着信息存在缺陷，理解和处理信息能力有限，复杂的决策环境等情况。同时，企业之间的竞争愈发激烈，衡量消费者偏好的难度增加，不正当竞争现象频发。例如，一些不良卖家为吸引消费者的注意力、获取更多的交易机会，寻找"刷手"进行虚假交易，以不正当竞争的方式提高商品销量、用户好评度和店铺信誉。同时，算法推荐系统产生有偏见的信息内容和低劣的产品推荐的情形愈加普遍。如果没有足够的指导和正确的指引，推荐系统在自动化需求方面的广泛使用可能在相当大的程度上损害消费者的福祉。

3. 解决方案

小红书于 2022 年 1 月开始第三轮虚假"种草"治理，在前两轮封禁 68 个涉虚假"种草"品牌及线下商户后，小红书再度封禁了 6 家线下商户，以及 7 个品牌。据悉，自 2021 年 12 月 16 日启动"虚假种草"专项治理以来，小红书共封禁了 81 个品牌及线下商户，处理相关"虚假种草"笔记 17.26 万篇、违规账号 5.36 万个。

之后，小红书采取了一系列行动。①小红书平台加强了信用体系建设。例如，通过用户对推荐产品的打分，给予该博主一定的信任值等级，根据等级确定博主的资质情况，这样用户可以进入博主的主页，查看到博主的信任值，判断推文的可信度，形成完整的反馈机制。②小红书平台引入了第三方的监管机制，进而规范互联网企业的健康运营，对于虚假、恶意营销的情况，进行限流、删文、下架等处理，提高了准入入门槛（宋好，2022）。

4. 营销效果

小红书负责人表示："违规营销的治理，我们一定会长期坚持做下去。它是个持久战，有很多治理难点，不是通过单一平台能够完全克服的。比如，类似微媒通告、红通告等这些第三方接单中介平台，我们今天依然没有找到特别好的方法来打击它们，但我们会持续尝试、找办法。"

参 考 文 献

[1] 36 氪. 2021. 短视频成"侵犯版权"重灾区, 专家呼吁升级"算法推荐"责任规则[EB/OL]. (2021). https://36kr.com/p/1497269307180169.

[2] ALBERT AI 案例. 2022. Crabtree & Evelyn Quickly Discovers Efficiencies and New Customer Insights[EB/OL]. (2022). https://albert.ai/impact/retail-crabtree-evelyn/.

[3] ANDRÉ Q, CARMON Z, WERTENBROCH K, et al. 2018. Consumer Choice and Autonomy in the Age of Artificial Intelligence and Big Data[J/OL]. Customer Needs and Solutions, 5(1-2): 28-37. https://doi.org/10.1007/s40547-017-0085-8.

[4] AVERY J. 2018. Tailor Brands: Artificial Intelligence-Driven Branding[R]//Harvard Business School Case.

[5] BANKER S, KHETANI S. 2019. Algorithm Overdependence: How the Use of Algorithmic Recommendation Systems Can Increase Risks to Consumer Well-Being[J/OL]. Journal of Public Policy and Marketing, 38(4): 500-515. https://doi.org/10.1177/0743915619858057.

[6] BERGER J, HUMPHREYS A, LUDWIG S, et al. 2020. Uniting the Tribes: Using Text for Marketing Insight[J/OL]. Journal of Marketing, 84(1): 1-25. https://doi.org/10.1177/0022242919873106.

[7] BILIBILI 案例. 2020. 借 B 站召集令, KFC 全民复刻原味鸡[EB/OL]. (2020). https://e.bilibili.com/case/kfc.html.

[8] CHEN G, XIE P, DONG J, et al. 2019. Understanding Programmatic Creative: The Role of AI[J/OL]. Journal of Advertising, 48(4): 347-355. https://doi.org/10.1080/00913367.2019.1654421.

[9] COHEN P, HAHN R, HALL J, et al. 2016. Using Big Data to Estimate Consumer Surplus: The Case of Uber[R/OL]. Cambridge, MA(2016-09). http://www.nber.org/papers/w22627.pdf.

[10] COOKE A D J, ZUBCSEK P P. 2017. The Connected Consumer: Connected Devices and the Evolution of Customer Intelligence[J/OL]. Journal of the Association for Consumer Research, 2(2): 164-178. https://www.journals.uchicago.edu/doi/10.1086/690941.

[11] DAABES A S A, KHARBAT F F. 2017. Customer-Based Perceptual Map As A Marketing Intelligence Source[J/OL]. International Journal of Economics and Business Research, 13(4): 360-379. https://doi.org/10.1504/IJEBR.2017.084381.

[12] DEKIMPE M G. 2020. Retailing and Retailing Research in the Age of Big Data Analytics[J/OL]. International Journal of Research in Marketing, 37(1): 3-14. https://doi.org/10.1016/j.ijresmar.2019.09.001.

[13] FENG J, LI X, ZHANG X M. 2019. Online Product Reviews-Triggered Dynamic Pricing: Theory and Evidence[J/OL]. Information Systems Research, 30(4): 1107-1123. https://doi.org/10.1287/isre.2019.0852.

[14] GALÍ N, CAMPRUBÍ R, DONAIRE J A. 2017. Analysing Tourism Slogans in Top Tourism Destinations[J/OL]. Journal of Destination Marketing and Management, 6(3): 243-251. http://dx.doi.org/10.1016/j.jdmm.2016.04.004.

[15] GREWAL D, MOTYKA S, LEVY M. 2018. The Evolution and Future of Retailing and Retailing Education[J/OL]. Journal of Marketing Education, 40(1): 85-93. https://doi.org/10.1177/0273475318755838.

[16] GUO J, ZHANG W, FAN W, et al. 2018. Combining Geographical and Social Influences with Deep Learning for Personalized Point-of-Interest Recommendation[J/OL]. Journal of Management

Information Systems, 35(4): 1121-1153. https://www.tandfonline.com/doi/full/10.1080/07421222. 2018.1523564.

[17] HILLEN J, FEDOSEEVA S. 2021. E-commerce and the End of Price Rigidity?[J/OL]. Journal of Business Research, 125(April 2020): 63-73. https://doi.org/10.1016/j.jbusres.2020.11.052.

[18] ITO A, TAKIZAWA K, MIYAZAWA A. 2017. Fujitsu's Monozukuri Strategy[J]. Fujitsu Scientific & Technical Journal, 53(4): 10-21.

[19] IVANOV S. 2019. Ultimate Transformation: How Will Automation Technologies Disrupt the Travel, Tourism and Hospitality Industries?[J/OL]. Zeitschrift für Tourismuswissenschaft, 11(1): 25-43. https://doi.org/10.1515/tw-2019-0003.

[20] KHRAIS L T. 2020. Role of Artificial Intelligence in Shaping Consumer Demand in E-Commerce [J/OL]. Future Internet, 12(12): 226. https://www.mdpi.com/1999-5903/12/12/226.

[21] KIM T, BARASZ K, JOHN L K. 2019. Why Am I Seeing This Ad? The Effect of Ad Transparency on Ad Effectiveness[J/OL]. Journal of Consumer Research, 45(5): 906-932. https://academic. oup.com/jcr/article/45/5/906/4985191.

[22] KUMAR V, RAJAN B, VENKATESAN R, et al. 2019. Understanding the Role of Artificial Intelligence in Personalized Engagement Marketing[J/OL]. California Management Review, 61(4): 135-155. http://journals.sagepub.com/doi/10.1177/0008125619859317.

[23] LAMBRECHT A, TUCKER C. 2019. Algorithmic Bias? An Empirical Study of Apparent Gender-Based Discrimination in the Display of Stem Career Ads[J/OL]. Management Science, 65(7): 2966-2981. https://doi.org/10.1287/mnsc.2018.3093.

[24] LEE D, HOSANAGAR K, NAIR H S. 2018. Advertising Content and Consumer Engagement on Social Media: Evidence from Facebook[J/OL]. Management Science, 64(11): 5105-5131. https:// doi.org/10.1287/mnsc.2017.2902.

[25] LEUNG E, PAOLACCI G, PUNTONI S. 2018. Man Versus Machine: Resisting Automation in Identity-Based Consumer Behavior[J/OL]. Journal of Marketing Research, 55(6): 818-831. https:/ /doi.org/10.1177/0022243718818423.

[26] LIANG F, YU W, AN D, et al. 2018. A Survey on Big Data Market: Pricing, Trading and Protection[J/OL]. IEEE Access, 6(c): 15132-15154. https://doi.org/10.1109/ACCESS.2018.2806881.

[27] LIU T, ZHENG Z. 2020. Negotiation Assistant Bot of Pricing Prediction Based on Machine Learning[J/OL]. International Journal of Intelligence Science, 10(02): 9-21. https://doi.org/10.4236/ ijis.2020.102002.

[28] LIU X. 2020. De-Targeting to Signal Quality[J/OL]. International Journal of Research in Marketing, 37(2): 386-404. https://doi.org/10.1016/j.ijresmar.2019.10.003.

[29] LU S, XIAO L, DING M. 2016. A video-Based Automated Recommender (VAR) System for garments[J/OL]. Marketing Science, 35(3): 484-510. https://doi.org/10.1287/mksc.2016.0984.

[30] MISRA K, SCHWARTZ E M, ABERNETHY J. 2019. Dynamic Online Pricing with Incomplete Information Using Multiarmed Bandit Experiments[J/OL]. Marketing Science, 38(2): 226-252. http://pubsonline.informs.org/doi/10.1287/mksc.2018.1129.

[31] MONTES R, SAND-ZANTMAN W, VALLETTI T. 2019. The Value of Personal Information in Online Markets with Endogenous Privacy[J/OL]. Management Science, 65(3): 1342-1362. https:// doi.org/10.1287/mnsc.2017.2989.

[32] MÜLLER J, CHRISTANDL F. 2019. Content is King – But Who Is the King of Kings? The Effect of Content Marketing, Sponsored Content & User-Generated Content on Brand Responses[J/OL]. Computers in Human Behavior, 96: 46-55. https://linkinghub.elsevier.com/retrieve/pii/S0747563219300585.

[33] NEUMANN N, TUCKER C E, WHITFIELD T. 2019. Frontiers: How Effective is Third-Party Consumer Profiling? Evidence from Field Studies[J/OL]. Marketing Science, 38(6): 918-926. https://doi.org/10.1287/mksc.2019.1188.

[34] NOLAN S, DANE A. 2018. A Sharper Conversation: Book Publishers' Use of Social Media Marketing in the Age of the Algorithm[J/OL]. Media International Australia, 168(1): 153-166. http://journals.sagepub.com/doi/10.1177/1329878X18783008.

[35] ORDENES F V, LUDWIG S, DE RUYTER K, et al. 2017. Unveiling What Is Written in the Stars: Analyzing Explicit, Implicit, and Discourse Patterns of Sentiment in Social Media[J/OL]. Journal of Consumer Research, 43(6): 875-894. https://doi.org/10.1093/jcr/ucw070.

[36] PEREIRA M M, FRAZZON E M. 2021. A Data-Driven Approach to Adaptive Synchronization of Demand and Supply in Omni-Channel Retail Supply Chains[J/OL]. International Journal of Information Management, 57(May 2020): 102165. https://doi.org/10.1016/j.ijinfomgt.2020.102165.

[37] PITT C S, BAL A S, PLANGGER K. 2020. New Approaches to Psychographic Consumer Segmentation: Exploring Fine Art Collectors Using Artificial Intelligence, Automated Text Analysis and Correspondence Analysis[J/OL]. European Journal of Marketing. https://doi.org/10.1108/EJM-01-2019-0083.

[38] QIN X, JIANG Z. 2019. The Impact of AI on the Advertising Process: The Chinese Experience[J/OL]. Journal of Advertising, 48(4): 338-346. https://doi.org/10.1080/00913367.2019.1652122.

[39] RUST R T, RAND W, HUANG M H, et al. 2021. EXPRESS: Real-Time Brand Reputation Tracking Using Social Media[J/OL]. Journal of Marketing: 002224292199517. https://doi.org/10.1177/0022242921995173.

[40] SALMINEN J, YOGANATHAN V, CORPORAN J, et al. 2019. Machine Learning Approach to Auto-Tagging Online Content for Content Marketing Efficiency: A Comparative Analysis Between Methods and Content Type[J/OL]. Journal of Business Research, 101(April): 203-217. https://doi.org/10.1016/j.jbusres.2019.04.018.

[41] SIMESTER D, TIMOSHENKO A, ZOUMPOULIS S I. 2020. Targeting Prospective Customers: Robustness of Machine-Learning Methods to Typical Data Challenges[J/OL]. Management Science, 66(6): 2495-2522. https://doi.org/10.1287/mnsc.2019.3308.

[42] SOLEYMANIAN M, WEINBERG C B, ZHU T. 2019. Sensor Data and Behavioral Tracking: Does Usage-Based Auto Insurance Benefit Drivers?[J/OL]. Marketing Science, 38(1): 21-43. http://pubsonline.informs.org/doi/10.1287/mksc.2018.1126.

[43] STEINBERG E. 2020. Big Data and Personalized Pricing[J/OL]. Business Ethics Quarterly, 30(1): 97-117. https://doi.org/10.1017/beq.2019.19.

[44] SUTTON D. 2018. How AI Helped One Retailer Reach New Customers[EB/OL]//Harvard Business Review. (2018). https://hbr.org/2018/05/how-ai-helped-one-retailer-reach-new-customers.

[45] TECHWEB. 2021a. 谷歌称"隐私沙盒"对广告收入几乎无影响但隐私方面仍不明朗[EB/OL]. (2021). http://www.techweb.com.cn/cloud/2021-01-26/2822972.shtml.

[46] TECHWEB. 2021b. 阿里"小蛮驴"无人车今年双 11 已送货超 100 万件[EB/OL]. (2021) [2022-04-05]. http://m.techweb.com.cn/article/2021-11-11/2864865.shtml.

[47] TIAUTRAKUL J, JINDAKUL J. 2019. The Artificial Intelligence (AI) with the Future of Digital Marketing[J/OL]. SSRN Electronic Journal: online. https://www.ssrn.com/abstract=3405184.

[48] TÖNNISSEN S, TEUTEBERG F. 2020. Analysing the Impact of Blockchain-Technology for Operations and Supply Chain Management: An Explanatory Model Drawn from Multiple Case Studies[J/OL]. International Journal of Information Management, 52(April 2019): 101953. https://

doi.org/10.1016/j.ijinfomgt.2019.05.009.

[49] VALLS A, GIBERT K, ORELLANA A, et al. 2018. Using Ontology-Based Clustering to Understand the Push and Pull Factors for British Tourists Visiting a Mediterranean Coastal Destination[J/OL]. Information and Management, 55(2): 145-159. https://doi.org/10.1016/j.im.2017.05.002.

[50] VANNESCHI L, HORN D M, CASTELLI M, et al. 2018. An Artificial Intelligence System for Predicting Customer Default in E-Commerce[J/OL]. Expert Systems with Applications, 104: 1-21. https://linkinghub.elsevier.com/retrieve/pii/S0957417418301702.

[51] VERHOEF P C, KANNAN P K, INMAN J J. 2015. From Multi-Channel Retailing to Omni-Channel Retailing[J/OL]. Journal of Retailing, 91(2): 174-181. https://linkinghub.elsevier.com/retrieve/pii/S0022435915000214.

[52] WIRTZ J, PATTERSON P G, KUNZ W H, et al. 2018. Brave New World: Service Robots in the Frontline[J/OL]. Journal of Service Management, 29(5): 907-931. https://www.emerald.com/insight/content/doi/10.1108/JOSM-04-2018-0119/full/html.

[53] YU C, ZHANG Z, LIN C, et al. 2020. Can Data-Driven Precision Marketing Promote User ad Clicks? Evidence From Advertising in WeChat Moments[J/OL]. Industrial Marketing Management, 90(May): 481-492. https://doi.org/10.1016/j.indmarman.2019.05.001.

[54] ZHAO J, XIE F. 2020. Cognitive and Artificial Intelligence System for Logistics Industry[J/OL]. International Journal of Innovative Computing and Applications, 11(2-3): 84-88. https://doi.org/10.1504/IJICA.2020.107119.

[55] 北京商报. 2018. 阿里"未来"酒店的大数据盘算[EB/OL]. (2018). https://finance.sina.com.cn/roll/2018-12-18/doc-ihqhqcir7750286.shtml.

[56] 蔡立媛, 李晓. 2020. 人工智能广告侵犯隐私的风险与防御[J]. 青年记者(18): 93-94.

[57] 蔡文文. 2017. Uber 公司在中国市场的营销策略研究[D]. 电子科技大学.

[58] 曹建峰. 2016. 人工智能:机器歧视及应对之策[J]. 信息安全与通信保密(12): 15-19.

[59] 车成祥. 2016. 市场调研策略分析[J]. 现代营销(7): 80-80.

[60] 陈鹏. 2019. 呼和浩特市旅游形象定位研究[D]. 内蒙古师范大学.

[61] 陈伟. 2019. 人工智能带来客户新体验[J]. 中国电信业(6): 60-63.

[62] 陈钊毅. 2017. 基于客户需求的汽车商品规划方法探析[J]. 消费导刊(4): 69-70.

[63] 丁艺璇. 2020. 用 AI 模拟人工进行合同谈判，Pactum 获 300 万美元种子轮融资[EB/OL]. (2020). https://36kr.com/p/774273318650240.

[64] 光明网. 2016. 出版业"大数据"时代已来临[EB/OL]. (2016). https://www.sohu.com/a/121288704_162758.

[65] 何俊. 2015. 基于社交网络的个性化推荐系统的设计与实现[D]. 贵州大学.

[66] 环球网. 2021. 智能价签帮拣货"菜脸识别"省时间——盒马让科技成为零售门店标配[EB/OL]. (2021). https://hope.huanqiu.com/article/45MpUn5hOjj.

[67] 黄炯华, 黄文群. 2020. 大型新零售企业竞争力评价指标体系构建[J]. 商业经济研究(16): 128-131.

[68] 火星研究院. 2019. 欧莱雅旗下 4 个品牌告诉你：如何在抖音玩一场刷屏又断货的 KOL 营销？[EB/OL]. (2019). https://www.sohu.com/a/305390029_813600.

[69] 机器之心. 2021. 这家初创公司利用 AI 谈判系统帮沃尔玛等巨头省了数百万美元[EB/OL]. (2021). https://www.thepaper.cn/newsDetail_forward_12458137.

[70] 界面新闻. 2021. "先买后付"模式能否搅动流量格局？恐怕没有"复制粘贴"那么简单[EB/OL]. (2021). https://www.jiemian.com/article/6211038.html.

[71] 科特勒, 阿姆斯特朗. 2020. 市场营销：原理与实践（第 17 版）[M]. 北京: 中国人民大学出版社.

[72] 浪潮案例. 2017. 圣琪生物"内外兼修"的数字化转型: 一站式家庭厨房单日销售 2.5 万单[EB/OL]. (2017)[2022-04-05]. https://www.inspur.com/lcjtww/2536348/2536364/2536545/index.html.

[73] 李晓荣. 2019. "英语流利说": AI+教育的创新发展[J]. 企业文明(7): 103-104.

[74] 刘敏. 2018. 新媒体下微信广告价值[J]. 科教导刊(28): 232-232.

[75] 刘珊, 黄升民. 2019. 人工智能: 营销传播"数算力"时代的到来[J]. 现代传播, 41(1): 7-15.

[76] 钱磊. 2021. 符号学理论视角下呼和浩特市旅游目的地形象感知研究[D]. 内蒙古大学.

[77] 钱学艳, 张立海, 罗海杰. 2019. 大数据驱动下的智慧餐饮创新模式研究[J]. 美食研究, 36(3): 26-30.

[78] 乔楠楠, 吕德宏. 2010. 基于聚类分析的商业银行个人理财产品市场细分——以陕西省杨陵区为例[J]. 海南金融, 261(8): 66-68.

[79] 曲越川. 2018. "智慧物流"助力物流行业转型升级[J]. 中国经贸导刊(12): 30-32.

[80] 曲云飞, 郭雪. 2021. 阿里未来酒店: 人工智能型酒店创新发展方略[J]. 营销界, 3: 1-2.

[81] 人民网. 2018. 短视频版权, 如何踩好规制与竞争的平衡木?[EB/OL]. (2018). http://edu.people.com.cn/n1/2018/0716/c367001-30150469.html.

[82] 数据猿. 2021. 知名银行客服中心——文本智能分析技术助力银行"数字新客服"建设[EB/OL]. (2021). https://www.sohu.com/a/484676691_400678.

[83] 宋好. 2022. 小红书申请"小红书元宇宙"商标被驳回[EB/OL]. (2022). https://www.dsb.cn/174491.html.

[84] 搜狐财经. 2020. 美团外卖回应大数据"杀熟": 配送费差异与会员身份无关, 定位缓存偏差所致[EB/OL]. (2020). https://www.sohu.com/a/438866637_100001551.

[85] 田阳. 2021. 美妆品牌"完美日记"营销策略研究[D]. 西北大学.

[86] 汪怀君, 汝绪华. 2020. 人工智能算法歧视及其治理[J]. 科学技术哲学研究, 37(2): 101-106.

[87] 王崇锋, 赵潇雨. 2020. 下沉市场的社交电商商业模式研究——拼多多之胜与淘集集之败[J]. 财务管理研究, 2(3): 43-49.

[88] 王海峰, 张梅. 2004. 市场营销中之"定位"理论探索[J]. 商业研究(4): 14-16.

[89] 王南阳. 2014. 英国报纸调查性报道的困境与突破——以英国《泰晤士报》为例[J]. 传播与版权(11): 106-107.

[90] 王琴琴, 杨迪. 2019. 人工智能背景下本土化智能营销策略研究[J]. 新闻爱好者(11): 55-59.

[91] 王莹莹. 2016. 新媒体时代数字音乐平台音乐精准推送问题探析——以网易云音乐为例[J]. 新媒体研究, 2(10): 55-56.

[92] 魏慧玲. 2014. 文本情感分析在产品评论中的应用研究[D]. 北京交通大学.

[93] 吴钰萍, 刘乐乐, 杜长谚等. 2020. 坚果类农产品全渠道运营模式研究——以良品铺子为例[J]. 科技创业月刊, 33(1): 9-14.

[94] 吴志奇. 2019. "情绪识别"成了 1000 亿元的大生意[EB/OL]. (2019). https://www.jiaheu.com/topic/607912.html.

[95] 向倩雯, 钟涛, 李映辉. 2016. 精准营销时代消费者的隐私保护[J]. 商情(22): 67-67.

[96] 新浪地产网. 2018. 伊链科技: 帮助不将就的年轻人打造区块链租住社区[EB/OL]. (2018). http://news.dichan.sina.com.cn/2018/07/02/1202121.html.

[97] 新智派. 2022. 虚假种草治理瞄准产业链上游, 小红书再封禁含 6 家线下商户在内 13 个品牌[EB/OL]. (2022). https://knewsmart.com/archives/57003.

[98] 徐东辉. 2017. 大数据环境下企业销售数据处理方法与市场感知研究[J]. 科技风(20): 204-204.

[99] 徐航宇. 2017. 仓储搬运机器人控制系统设计与实现[D]. 南京理工大学.

[100] 杨朝雯. 2020. 基于机器学习算法的 Lister 天猫旗舰店数据库营销研究[D]. 兰州财经大学.

[101] 杨舒. 2020. 欧莱雅: 以科技诠释美妆行业未来[EB/OL]// 中国商务新闻网. (2020).

http://www.comnews.cn/article/ibdnews/202006/20200600050995.shtml.

[102] 弋佳. 2011. 市场细分的四大步骤[J]. 企业改革与管理(1): 24-25.

[103] 曾越君. 2014. 在变换的环境中调整战略——市场成熟期、衰退期的产品定价[J]. 企业改革与管理(3X): 93-93.

[104] 张才明. 2015. 海尔集团婴儿家电的大数据营销[J]. 企业管理(2): 71-73.

[105] 张岳峰. 2020. 美国Progressive(前进)保险公司研究报告[J]. 中国市场(15): 33+50.

[106] 赵佳慧. 2019. 大数据背景下网络隐私侵权的探究——以"杀熟"事件为视角[J]. 改革与开放(12): 71-72.

[107] 中国青年网. 2019. 洛可可·洛客发布新战略：设计+研发供应链[EB/OL]. (2019). http://d.youth.cn/newtech/201903/t20190307_11889473.htm.

[108] 周琛，何莎，苏海林. 2022. 全渠道零售库存整合优化比较研究[J]. 合作经济与科技(16): 108-113.

[109] 颛嘉. 2021. 现象级网红车型"养成记"[J]. 上海汽车(7): 1-3.

教师服务

感谢您选用清华大学出版社的教材！为了更好地服务教学，我们为授课教师提供本书的教学辅助资源，以及本学科重点教材信息。请您扫码获取。

》 教辅获取

本书教辅资源，授课教师扫码获取

》 样书赠送

市场营销类重点教材，教师扫码获取样书

 清华大学出版社

E-mail: tupfuwu@163.com
电话：010-83470332 / 83470142
地址：北京市海淀区双清路学研大厦 B 座 509

网址：http://www.tup.com.cn/
传真：8610-83470107
邮编：100084